全面深化改革与体育强国建设研究

——国家体育总局2019年干部进修班、专题研究班论文及课题成果汇编

国家体育总局干部培训中心　编

北京体育大学出版社

策划编辑：吴　珂
责任编辑：吴　珂
责任校对：田　露
版式设计：杨　俊

图书在版编目（CIP）数据

全面深化改革与体育强国建设研究：国家体育总局2019年干部进修班、专题研究班论文及课题成果汇编 / 国家体育总局干部培训中心编. -- 北京：北京体育大学出版社, 2022.1
ISBN 978-7-5644-3341-3

Ⅰ. ①全… Ⅱ. ①国… Ⅲ. ①体育事业－体制改革－中国－文集②体育事业－发展－中国－文集 Ⅳ. ①G812-53

中国版本图书馆CIP数据核字(2021)第213153号

全面深化改革与体育强国建设研究
QUANMIAN SHENHUA GAIGE YU TIYU QIANGGUO JIANSHE YANJIU
国家体育总局干部培训中心　编

出版发行：北京体育大学出版社
地　　址：北京市海淀区农大南路1号院2号楼2层办公B-212
邮　　编：100084
网　　址：http：//cbs.bsu.edu.cn
发 行 部：010-62989320
邮 购 部：北京体育大学出版社读者服务部 010-62989432
印　　刷：北京虎彩文化传播有限公司
开　　本：850 mm × 1168 mm　1/32
成品尺寸：140 mm × 205 mm
印　　张：12.875
字　　数：340千字
版　　次：2022年1月第1版
印　　次：2022年1月第1次印刷
定　　价：98.00元

前　言

2019年4月9日至7月12日，中央党校（国家行政学院）中央和国家机关分校国家体育总局党校第四期处级干部进修班在国家体育总局党校开班，为期三个月，共有来自国家体育总局机关、直属单位、协会和企业等26个单位的26名学员参加了培训。在2018年秋季学期成功试办专题研究班的基础上，经报中央党校中央和国家机关分校批准同意，2019年10月15日至12月13日，中央党校（国家行政学院）中央和国家机关分校国家体育总局党校第五期处级干部进修班暨“体育强国建设”专题研究班在国家体育总局党校成功举办，这是国家体育总局党校首次举办的纳入中央党校序列的专题研究班，为期两个月，共有来自国家体育总局机关、直属单位、协会和企业等27个单位的29名学员参加了培训。

在培训期间，春秋两期班的学员认真学习贯彻落实党的十九大和十九届二中、三中全会精神，秋季学期的学员还认真学习了党的十九届四中全会精神，结合“不忘初心、牢记使命”主题教育，系统学习习近平新时代中国特色社会主义思想，不断增强“四个意识”、坚定“四个自信”、做到“两个维护”，深入学习和研究我国体育改革和发展中的重大理论和现实问题，夯实了理论基础，拓展了世界眼光，培养了战略思维，增强了党性修养，提升了执政本领，进一步提高了领导能力和水平。

以党的创新理论为纲，加强理论研究，问计于实践，提升学员的战略思维、历史思维、辩证思维、创新思维能力，是两期班的新特点，也是党校重视科学研究、成果咨政的重要举措。春秋两期班的学员将习近平新时代中国特色社会主义思想的学习与体育事业发展和自己的本职工作紧密结合，学思践悟，围绕全面深化改革与体育强国建设，针对群众体育、竞技体育、体育产业、体育文化等领域的突出问题进行了理论分析和对策研究，形成了观点鲜明、内容丰富、见解独到、对实际工作有参考价值的多篇论文及多个研究课题。

为了加强对学员研究成果的交流，并向有关决策部门提供咨询参考，我们汇编了本年度学员的研究成果。在收录的论文和研究课题中，有的对内容做了适当压缩，有的对文字进行了修改，但基本都保留了学员研究成果的原意，真实地反映学员们对我国体育改革实践的理论研究、经验总结、问题反思和发展展望。尽管其中有些观点还不成熟或有待商榷，但对我们进一步关注和研究此类问题，仍有积极的启发意义和参考价值。

本书的编辑得到了国家体育总局、北京体育大学有关领导的关心、重视，还得到了北京体育大学出版社的大力支持，在此一并表示衷心感谢。

由于水平有限，书中不当之处敬请读者批评指正。

编委会

目　录

体育发展战略研究

体育服务保障工作研究

体育产业发展研究

体育文化、教育建设研究

小组课题成果

体 育
发展战略研究

发挥主场优势
力争实现 2022 年冬奥会新突破

国家体育总局冬季运动管理中心　段学斌

中国承办冬奥会昭示了我国政治稳定、经济繁荣、文化丰富、社会和谐和更加开放、文明的国家形象，诠释了奥林匹克精神，将激发中国人民的爱国热情、民族自豪感，增强民族凝聚力，同时，将在国内掀起冰雪运动的热潮，传播积极、健康的生活方式。

近年来，以习近平同志为核心的党中央高度重视体育工作，并对体育事业多次做出重要指示、批示，强调体育承载着国家强盛、民族振兴、人民幸福的梦想，体育强国梦与中国梦息息相关，对北京冬奥会也提出了两个目标——“办赛精彩，参赛也要出彩”。怎样完成“参赛也要出彩”的政治任务，怎样发挥主场优势，力争突破以往最好成绩，是值得思考和研究的问题。

历届冬奥会主办国都会充分发挥主场优势去争取更好的成绩，谋求历史性突破。就近两届冬奥会而言，无论是2014年俄罗斯索契冬奥会，还是2018年韩国平昌冬奥会，东道主都发挥了主场优势，突破了往届的奖牌数。作为2022年北京冬奥会的主办国，我们也要深入研究其中的规律，力争实现新突破，达成“办赛精彩，参赛也要出彩”的目标。

一、2022年北京冬奥会参赛优劣势分析

（一）优势

天时：一是习近平总书记多次视察运动队备战情况，亲切慰问冰雪运动员、教练员，发表重要讲话并做出重要指示、批示；二是党中央对冰雪事业的高度重视和亲切关怀、大力支持；三是举国体制的优势和国家对冰雪事业的大力投入；四是运动员、教练员不怕牺牲、排除万难、勇攀高峰的决心和信心。

地利：一是场馆建设以运动员为核心，中国队的冰雪运动员可以更早、更快地适应场地情况；二是我国冰雪运动员对赛区的自然条件了解深入；三是后勤服务保障体系完善、便捷。

人和：一是全国人民的大力支持；二是全国人民积极参与的热情以及为冬奥会奉献的精神；三是全体冰雪项目运动员、教练员团结一心和报效祖国、为国争光的信念。

（二）劣势

一是我国冰雪项目起步晚、基础差、底子薄，长期落后、全面落后，发展不均衡，冰强雪弱；二是在冰雪竞技上，专业运动员少，开展的地区少、项目少；三是大众参与人数较少，普及度不高；四是在训练理念、方法、手段上与世界冰雪强国差距较明显。

二、对冰上项目和雪上项目的参赛分析

（一）对冰上项目的参赛分析

我国冰上项目的优势和潜优势项目集中在短道速滑、花样

滑冰、速度滑冰上，此次冬奥会又增设了短道速滑混合团体接力，对短道速滑来说，又多了一个争金夺银的机会。从历届冬奥会的成绩看，短道速滑应该是北京冬奥会中国队争金夺银的主力项目；花样滑冰和速度滑冰也都有在奥运会上取得金牌的经历，在北京冬奥会上也具备夺取奖牌甚至是金牌的实力；男女冰壶也都有争夺奖牌的希望，但是相对而言有一定的难度；我国的男女冰球队距离世界优秀队伍尚有不小的差距，特别是男子冰球队差距更大。

（二）对雪上项目的分析

在雪上项目中，中国队只有两个小项有一定的实力：一个是自由式滑雪空中技巧，另一个是单板滑雪女子U型场地技巧。这两个项目都属于技巧型项目，中国在这两个项目中都有不错的后备力量，前景比较乐观。但上述两个项目在雪上项目中都属于“小字辈”，真正的“金牌大户”则是冬季两项、高山滑雪、越野滑雪等历史悠久的项目。中国雪上运动基础太过薄弱，短时间内很难迅速缩小差距。中国代表团在雪上项目加大投入，跨项目选材，所有雪上项目都已建队。运动员们刻苦训练，虽然在很多项目上都取得了历史性突破，但要想达到争夺奖牌的水平，还需要更长时间的积累，在北京冬奥会上能够成功参赛并顺利完赛已经实属不易。

三、借鉴俄罗斯和韩国的经验，发挥主场优势，实现新突破的对策建议

2022年北京冬奥会是在我国实现“两个一百年”奋斗目标的历史交汇期举行的重大国际赛事，发挥冬奥会的主场优势，力争取得历史性突破是我国冰雪人必须完成的历史使命。

（一）坚持科技创新、改革创新，以科技做保障、以科技换时间

全面提升冰雪运动科学化训练水平，必须坚持科技引领，强化科技助力，把更多具有潜质，很有机会在北京冬奥会上取得优异成绩的运动员选出来、培养好，使其由备战的生力军尽快成长为参赛的主力军。一是开展训练监控，建立训练监控大数据，对运动负荷、疲劳恢复等方面的关键指标进行系统监控；二是构建综合医疗保障服务体系和多层次伤病康复体系，建立医疗保障绿色通道，组建医疗专家团队；三是强化体能训练在备战过程中的重要作用，通过各队伍自行聘请和冬季运动管理中心统筹配置体能教练相结合的方式，提高体能训练水平；四是提高运动队膳食营养科学水平，各队伍聘请营养专家和驻队营养师随队训练；五是聘请高水平的外教团队；六是依托“科技冬奥”国家重点专项，开展相关科技保障与科技攻关工作；七是做好冰雪项目国家集训队心理咨询与保障服务工作。

（二）恶补人才短板，实现全项目参赛

一是针对各冰雪项目特点研究构建“冠军模型”，制定科学选材标准，不断提高跨界跨项选材的精准性和成功率。二是坚持全国总动员。2018年共有2万余人参与跨界跨项选材，截至目前，各级各类冰雪项目国家集训队共有运动员3257名，其中2305名是通过跨界跨项选材选出来的运动员，为备战人员储备工作奠定了坚实基础。三是强化政策支撑，配合国家体育总局出台多项跨界跨项选材激励政策，鼓励更多地区加快发展冰雪运动。在抓好选材工作、实现“全项目开展”的基础上，要坚持以运动员为中心、以教练员为首要、以条件保障为基础，着力打造公平竞争平台，建立优胜劣汰机制，在科学、反复比选的基础上，大规模

聘请符合国家集训队建设发展、世界顶级水平的教练团队，精心组建冰雪项目国家集训队。

（三）加强冬奥会冰雪队伍的政治建设

一是坚持以习近平新时代中国特色社会主义思想为指导，牢固树立“四个意识”，坚定“四个自信”，做到“两个维护”，把抓好冰雪项目国家队思想政治工作作为重中之重，不断增强运动员、教练员的使命感、责任感、荣誉感，着力打造能征善战、作风优良的冰雪项目国家集训队。二是强化思想政治工作。把党支部建在所有冰雪项目的国家队中，充分发挥党总揽全局、协调各方的领导核心作用，牢牢把握训练和参赛工作政治方向，把党的政治建设贯彻到备战2022年北京冬奥会工作各方面和全过程，坚持政治建队、思想建队、作风建队，牢固树立为国争光意识和祖国培养意识，大力弘扬奥林匹克精神和中华体育精神，积极开展爱国主义教育和集体主义教育。三是坚持问题导向，系统备战。全面梳理备战工作存在的问题，以问题为导向，组织制定与实施备战2022年北京冬奥会体系化工作方案，努力提升备战水平，实现系统备战。四是坚持对标国际，科学备战。坚持“走出去、请进来”，对标国际，学习先进训练理念和方法，加大科技助力，重视体能训练，深入研究训练和竞赛规律，实现科学备战。

（四）借鉴俄罗斯和韩国举办冬奥会的成功经验，力争实现新突破

在索契冬奥会上，俄罗斯充分发挥东道主优势，成功地将挪威、加拿大等传统冰雪强国甩在身后，时隔20年再度登上了冬奥会金牌榜的榜首。而在上一届温哥华冬奥会上，俄罗斯队仅获得3枚金牌，排名在前十名之外，而且只在冬季两项和越野滑雪

两个项目上收获金牌。时隔四年，俄罗斯充分发挥东道主优势，多点开花。特别是短道速滑项目，在名将安贤洙的带领下一举改写了该项目的传统格局，夺金数量甚至超过了韩国、中国等亚洲传统强队。同时，在打分项目上，俄罗斯也重振雄风，收获了花样滑冰的团体、女单和双人滑3枚金牌，其中花样滑冰团体项目是索契冬奥会的新增设项目，可谓是为东道主量身定做。当然，最终助推俄罗斯牢牢占据榜首位置的关键项目当属雪车和雪橇。这些项目因为场地原因非常有利于东道主选手，通过熟悉场地条件，在有限的时间内可以大幅度提高运动成绩。在索契冬奥会上，俄罗斯队获得了男子钢架雪车、雪橇男子双人赛和雪车男子四人赛3枚金牌，将东道主优势发挥到了极致。

从平昌冬奥会的经验来看，对于竞争激烈而且偶然性太强的项目，哪怕是东道主占有天时、地利、人和的优势，也必须冷静看待，不可在这样的项目上施加过多的压力。比如韩国队赛前曾扬言要争取包揽短道速滑项目的8枚金牌，虽然他们成功维持住了在中长距离项目上的优势，但最终也只是收获了3枚金牌。从平昌冬奥会可以看出，短道速滑已经不再是中韩争霸的传统格局，随着荷兰、意大利、匈牙利等欧洲队伍的崛起，在这个项目上，留给主办国发挥东道主优势的空间已经越来越小。

在平昌冬奥会上，韩国队最终只以5金8银4铜的成绩位居金牌榜的第7位。虽然东道主在传统强项短道速滑项目上发挥得不够理想，但是韩国队其他2枚金牌的获得都与东道主优势的发挥有着直接关系。除了来自新增项目速度滑冰男子集体出发赛的金牌之外，韩国队的另外一枚金牌来自钢架雪车男子单人项目，韩国选手尹诚彬成为第一位获得冬奥会雪橇类项目金牌的亚洲选手，而且韩国队还获得了雪车男子四人赛的银牌。韩国队在雪车和雪橇项目的出色表现与索契冬奥会的东道主俄罗斯队有异曲同工之处。

综上所述，虽然国际奥委会一直在着力控制奥运会的比赛规模，但是从索契冬奥会到平昌冬奥会，增项一直是一个无法回避的主题。而且在这两届冬奥会上，东道主都从增项中明显获益。合理运用奥运会的增项规则，对发挥东道主的优势、突破以往的最好成绩，能起到不错的效果。在推动增项的同时，可以有目的和有针对性地提早布局，为创造好成绩打下坚实的基础。

北京冬奥会新增的7个项目是：短道速滑混合团体接力、女子单人雪车、跳台滑雪混合团体、自由式滑雪空中技巧混合团体、自由式滑雪男子大跳台、自由式滑雪女子大跳台、单板滑雪障碍追逐混合团体。

从新增项目来看，短道速滑和自由式滑雪空中技巧都是我国优势项目，无疑为我国运动员创造了争金夺银的平台，有利于我国运动员发挥主场优势，实现冬奥会成绩的突破。

参考文献

[1] 习近平.决胜全面建成小康社会　夺取新时代中国特色社会主义伟大胜利——在中国共产党第十九次全国代表大会上的报告[M].北京：人民出版社，2017.

[2] 张晓松，高鹏，张泽伟.习近平会见全国体育先进单位和先进个人代表等[EB/OL].（2017-08-27）[2019-07-01].http://www.gov.cn/xinwen/2017-08/27/content_5220823.htm.

[3] 张晓松，鞠鹏，谢环驰，等.习近平勉励冰雪运动员：把握北京冬奥会的历史机遇[EB/OL].（2019-02-02）[2019-07-01].http://www.xinhuanet.com/politics/leaders/2019-02/02/c_1124079607.htm.

发展大众冰雪运动研究

国家体育总局自行车击剑运动管理中心　权憲荣

习近平总书记在中国共产党第十九次全国代表大会的报告中提出“广泛开展全民健身活动，加快推进体育强国建设，筹办好北京冬奥会、冬残奥会。加强中外人文交流，推进国际传播能力建设，讲好中国故事，展现真实、立体、全面的中国，提高国家文化软实力”。发展体育产业，首先有益于国民健康水平的提升，同时也能带动经济的发展。随着“带动三亿人参与冰雪运动”目标的提出以及2022年北京冬奥会和冬残奥会的日益临近，全国各地尤其是北京地区的冰雪运动极大地带动了体育产业的发展。本文将结合目前冰雪运动的开展情况，探讨如何更好地发展大众冰雪运动，从而对体育产业产生积极影响。

一、发展大众冰雪运动的重要意义

发展大众冰雪运动不仅有利于促进我国体育事业的发展，提高国际影响力，还有利于满足群众多样化的体育文化需求，提高全民健康水平，提升全民生活质量和幸福感。发展大众冰雪运动对于建设健康中国和体育强国、落实全民健身国家战略、促进体育产业发展具有重要意义。

二、大众冰雪运动发展的现状

（一）体育产业发展概况

体育产业是指为社会提供体育产品的同一类经济活动的集合以及同类经济部门的综合。国家统计局的报告显示，我国2017年体育产业的增加值为7811亿元，与上年相比实现了20.6%的增长。目前，体育产业占我国国内生产总值（GDP）的比例已达1%。尽管和往年相比已经突破了1%的关键线，但是依然还有很大的上升空间。

（二）大众冰雪运动的现状

冰雪运动包括冰上运动和雪上运动两大类型。中国人民大学中国调查与数据中心在2018年的随机抽样显示，我国约有2.7亿人参与冰雪运动，其中80%的民众初次参加冰雪运动的年龄小于30岁。截至2018年年末，北京市有 2154.2万常住人口。其中60岁以下的人口比例为83.1%。根据《北京市人民政府关于加快冰雪运动发展的意见》的内容，到2022年，参与冰雪运动的人口应该达到800万，占比37%左右。除去10.5%的14岁以下人口，基本上每两个人中就有一个人将参与冰雪运动。以下将从场馆建设、健身活动和跨界融合三个方面结合现状，来讨论大众冰雪运动如何助力体育产业发展。

三、大众冰雪运动的未来发展

（一）冰雪运动场地建设和设施管理

冰雪运动既包括高山滑雪和越野滑雪等室外场地的雪上运动，也包括冰壶、速滑等室内场地的冰上运动。冰雪运动对体育场地（馆）的建设有一定的要求。因此，场地（馆）的建设与后期运营维护都是规划的重点。冰雪运动，特别是雪上运动，其体育运动空间与其他物理空间有很大程度的融合渗透。雪上运动的空间可以融合包括森林、湖泊、山地等自然资源，打造健身休闲的产业区。这样的产业区不仅包括了健身休闲设施，还兼具现代的商业娱乐功能。例如，石景山区老山现有的五公里道路，改造为越野滑雪项目的训练场地，充分利用了自然山体资源，与老山郊野公园合为一体，既满足了专业运动训练的需求，也为大众冰雪运动提供了场地，是两者相融合的体现。

除了新建场馆（地）外，旧场馆的可持续发展也是合理利用资源的表现。2008年北京奥运会场馆中的鸟巢、水立方、国家会议中心和五棵松体育中心等都在奥运会结束后继续投入使用，服务城市发展的方方面面。2008年北京奥运会中使用过的部分场馆也是本次2022年北京冬奥会的场馆。这样，通过在原有的基础设施上进行改造，能够降低冰雪运动场地建设的成本。比如，2008年北京奥运会的小轮车赛场就将改造为坡面障碍技巧和跳台滑雪的训练场地，而值得一提的是，小轮车赛场的场地本身就是依山而建，有天然的起伏和落差。

首钢老工业园区是北京2022年冬奥会和冬残奥会组织委员会办公地点，也是奥运会跳台滑雪的比赛场地。利用经过修缮和改造后具备赛事配套服务功能的周边老厂房和工业构筑物，跳台滑雪的比赛场地充分考虑了首钢工业遗存的利用价值。这是推动经济结构优化、促进产业结构升级后，工业转型为体育文化产业的展现。

冰雪运动的基础设施建设，一方面是对现有资源本身的合理再利用，另一方面也包括企业的积极参与。例如，启迪冰雪集团响应国家冰雪产业政策号召而组建，是社会资本发展冰雪运动的代表。启迪冰雪集团在这几年的发展过程中，已经积攒了很多经验，有比较完善的建设和运营体系。冰雪运动的商业化还需要更多像这样的社会资本来参与，从而助力体育产业发展。

（二）冰雪休闲活动

石景山区承担着国家滑雪队部分训练任务。为了冬季运动的推广，石景山区全方位、多角度大力推动冰雪文化走进各个年龄层，在社区、学校等多个区域都开展了各种各样的活动，让大众有机会广泛接触冰雪活动。特别是针对中小学生，还组织了陆地冰壶锦标赛等各种中小学生体育赛事。除了针对青少年开展的各种活动外，适合其他年龄段的大众活动也应适当增加或是更加多样化。

（三）冰雪运动的跨界结合

冰雪运动可以融合时下文化、旅游、科技等其他国民经济产业的热点，形成体育文化、体育旅游、体育科技的跨界结合；形成以体育内容为主、以不同的形式为辅的跨界结合，借助多种手段丰富体育运动。

1. 冰雪运动与文化IP联动

我国冰雪运动的历史由来已久，发展至清代已有了“冰嬉”一词作为各种冰上运动的统称。2019年在北京故宫午门举办了“贺岁迎祥——紫禁城里过大年”的展览活动。“游艺行乐”作为六大主题之一，介绍了清代冰嬉的场景，包括冰嬉活动、用具等内容。活动期间获得了社会广泛的关注，大众的参与度非常高。故宫约600年的历史，见证了无数历史人物与事件，每件文物背后都是一段故事，都有其文化价值。作为一个巨大的IP（知识产权）综合体，冰嬉可以作为其子IP与冰雪运动联动，实现历史与现代的结合。比如，推出各种各样的冰雪系列文创产品和奥运纪念品，推动体育产业的发展。

2. 打造冰雪运动旅游品牌

北京地区在2019年春节期间接待了811.7万人次的游客，实现旅游收入81.85亿元。2018年冰雪产业白皮书中提到，南方跨省和出国参与冰雪项目的人数与北方相比高出23%。南方由于气候条件的限制，部分群众需要通过旅游来满足冰雪运动需求。在国际上，欧美地区的冰雪旅游业历史悠久，已经形成了一定的规模和知名度。借鉴国外打造冰雪特色品牌的经验无疑可以更好地发展体育产业。国内，可以参考哈尔滨国际冰雪节、查干湖冬捕旅游节等已经有一定规模和知名度的旅游品牌。

北京也在借助大量的冬奥会资源，结合城市自己的特色，打造满足不同人群需求的冰雪旅游项目。今年，北京市文化和旅游局集中推介了30条特色的冬季旅游路线，集中为一二日游。未来，在此基础上重点打造类似于度假村式的集购物、休闲娱乐、运动为一体的模式，这样可以减少只具备滑雪功能的单纯去运动场所的耗时；在运动之余，有各种丰富的活动来满足不同人群的需求；除了室外路线，也需要丰富室内路线来补充冬季超低温下不适宜进行户外冰雪运动的大众需求。

3. 冰雪运动与科技发展相结合

冰雪运动对装备和气候条件有一定的要求。大众对冰雪运动产生兴趣首先需要了解这项运动，感受它的魅力。VR（虚拟现实技术）可以利用计算机模拟出虚拟环境，从而给人带来真实的环境沉浸感。目前，国内生产VR滑雪模拟器的企业已有十余家。VR滑雪模拟器不仅具有滑雪场景模拟，也有雪质情况、肌肉力量信息等技术参数模拟，力图复现真实的滑雪场景。但是由于技术成本和发展时间的限制，VR滑雪模拟器广泛走入大众生活还存在一定的局限性。此外，利用5G（第五代移动通信技术）与VR的结合，能够更加容易地推动VR深入大众生活，营造出一个更加真实的冰雪运动环境。随着5G的发展，VR的延时性降低，这种身临其境的体验感能够带动更多的人发现冰雪运动的乐趣。

参考文献

[1]习近平.决胜全面建成小康社会 夺取新时代中国特色社会主义伟大胜利：在中国共产党第十九次全国代表大会上的报告[M].北京：人民出版社，2017.

[2]黄海燕.新时代体育产业助推经济强国建设的作用与策略[J].上海体育学院学报，2018，42(1)：20-26.

[3]杨国庆，王凯，叶强，等.北京冬奥会背景下我国冰雪运动推广与发展研究进展：基于2008—2017年的文献分析[J].北京体育大学学报，2017，40(12)：95-100.

[4]易观.2018冰雪产业白皮书[R].2018.

[5] 北京市人民政府.北京市人民政府关于加快冰雪运动发展的意见（2016—2022年）[R].2016.

[6]国家统计局.2017年全国体育产业总规模与增加值数据报告[R].2019.

国家体育总局训练局建设发展的若干建议

国家体育总局训练局　魏静

体育训练基地为国家队提供了良好的训练条件和完善的生活保障，是竞技体育系统的重要组成部分，为我国竞技体育水平的提升发挥了重要作用。随着经济的快速发展，为推动竞技体育向更好、更快、更高、更强的方向发展，进一步增强竞技体育综合实力，建设世界一流的“训、科、医、教、服”一体化训练基地已成为当前最紧迫、最重要的任务。世界各国也把建设设施先进、科研性强、功能完善的体育训练基地，作为提升竞技体育水平的重要载体。国家体育总局训练局作为新中国成立最早、产生冠军最多的综合性国家训练基地，在服务保障国家队训练备战过程中其自身功能不断完善，但与世界一流训练基地相比还有一定的差距。本文对照《体育强国建设纲要》，结合训练局实际，梳理目前存在的问题，并提出相关的对策建议。

一、训练局建设发展现状

训练局建于1951年，是存在时间最长、规模最大、项目最全、培养世界冠军最多的综合性国家体育训练基地。拥有体操馆、游泳馆、乒乓球馆和篮球馆等10个国际标准的专业性场馆，总建筑面积为8万余平方米。10个夏季奥运项目13支国家队，近千名运动员和教练员长期在训练局驻训。其主要职能是为国家队提供运动训练、康复医疗、文化教育、生活保障等服务。

训练局在近70年的发展历程中得到了党中央的亲切关怀和全国人民的大力支持，几代党和国家领导人都先后来到训练局视察并慰问运动员、教练员和工作人员。训练局被称为中国竞技体育的发源地，一批批从这里走出去的优秀运动员在国际体坛上为国家赢得荣誉与尊重，为国人带来骄傲与振奋。我国第一位乒乓球世界冠军容国团、第一位举重世界冠军陈镜开、第一次包揽世锦赛7项冠军的中国乒乓球队、第一支团体世界冠军队伍中国女排都是从训练局走出来的。

截至2016年里约奥运会，训练局的驻局运动队共获得1170个世界冠军，共有184位奥运冠军获得169枚夏季奥运会金牌，占中国夏季奥运会获得金牌总数（227块）的74.45%。训练局很好地诠释了更快、更高、更强——更团结的奥林匹克精神，见证并演绎了中华人民共和国竞技体育的成长与辉煌，被亲切地誉为“世界冠军的摇篮”“中国奥运军团的大本营”。

训练局全体职工在局党委的正确领导下，紧紧围绕保备战、促备战这个中心工作，发扬不怕困难、顽强拼搏的体育精神，全力做好国家队运动员训练保障工作，取得了辉煌的成绩。2002年训练局荣获全国“五一劳动奖章”，2008年被党中央、国务院授予“北京奥运会、残奥会先进集体”荣誉称号等，2009年训练局荣誉馆被中宣部授予“全国爱国主义教育示范基地”荣誉称号等，2013年被国际奥委会授予“体育–生活的学校”称号，2015年被中央精神文明建设指导委员会授予“第四届全国文明单位”荣誉称号等。

二、训练局建设发展中存在的问题

在体育改革不断深化和体育强国建设不断推进的过程中，训练局迎来了发展的新机遇，同时也面临着巨大的挑战。管理机制、经费来源、管理理念等因素都制约着它的发展。

（一）场馆设施老旧，综合功能不强，科技含量不高

训练局分东西两院：东院是运动员的训练区，包括10个训练场馆和行政办公楼；西院是运动员的生活区，包括公寓、学校、餐厅、康复中心等生活保障设施。院区大部分建筑是20世纪五六十年代建造的，后续根据需要建造了一些新馆，改造更新了老馆，使用年限都在20年以上。由于基地建设年代久远，使用时间长，存在设施老旧、维修率高的问题。目前训练场馆还是以提供训练场地满足基本训练需求为主，缺乏先进的配套训练科研设备，场馆功能单一，科技含量和智能化水平低。

（二）科研服务能力低，无法满足高水平运动队训练需求

训练局承担着国家高水平运动员备战奥运任务，科研服务能力对运动员竞技体育水平的提高起着至关重要的作用。侯海波在《体育强国大型训练基地的科研配置和科技服务》[①]中提出，大型综合训练基地不仅需要具备良好的硬件设备，对相关软件的服务能力也有很高的要求。多功能和综合性训练基地在国外较为普遍。注重服务、管理、医疗、科研等成为训练基地发展的关键，也是提高训练质量的保证。科研团队、科研信息、科技服务（体

① 侯海波. 体育强国大型训练基地的科研配置与科技服务[J]. 体育科研，2003，24（3）：41-43.

能测验、生理指标测试、力量测试、医务监督、伤病治疗等全方位服务）等方面，是现代训练基地的核心环节。

目前训练局还只是保障队伍的训练场地和时间，促进运动员竞技技能提升的科研服务水平相对较低，缺乏专业人才，没有建设完整的科研团队，没有形成科研系统，科研医疗信息资料的收集管理方式还比较落后，没有建立完整的数据库，达不到信息化管理水平。需要利用大数据云技术整合资源，为教练员制订训练计划，为运动员了解自身机能提供针对性指导，使运动员的训练、康复、医疗得到有效保障和衔接。

（三）人力资源结构不够合理，工作人员以后勤保障服务为主，科研技术人员不足

近几年训练局通过招聘各专业的大学生等高学历人才，并加强在职职工培训，干部职工的学历水平和能力素质不断提高，但人员服务意识不强、积极性不高。大部分人员做行政管理工作，运动训练的专业技术人员偏少，缺少精通训练学、运动生物力学、运动心理学、运动生理学、营养学等与运动训练密切相关的专业人才，在体能测试与训练指导、伤病治疗和康复、营养配餐等方面，不能为运动员竞技水平的提升给予科技助力，制约着训练基地的科技服务能力提升。

（四）运行机制不够灵活，管理服务水平落后、方式单一

训练局是国家行政事业单位，经费来源主要依靠国家财政拨款，经营收入作为补充，受财政拨款的单一性限制较大。场馆对外开放与国家队权益之间也存在矛盾。场馆及其配套设施的消耗、磨损都呈现逐年增加趋势，运行维护成本逐年增大。单靠财政资金投入，不利于国有资产保值增值。运动员公寓分南北两

楼，南公寓20年没有整体更新，北公寓2008年改造后也已使用10多年，结构不合理、功能不完善，老旧破损严重，卫生条件差，管理服务水平落后，安全隐患突出。房间按队伍编制数分配给各运动队自行调配使用，造成管理不便、利用率不高的问题。运动员每天坐班车往返东西两院，外出训练比赛也要班车接送。目前训练局有自已的车队和劳务外派司机负责运动员的交通出行，但车辆维护保养成本高，人员管理难度大，交通安全压力大。

三、对训练局建设发展的建议

建立高水平体育训练基地已成为我国体育事业发展不可或缺的一部分。训练局作为国家级训练基地，要以运动员（队）为中心，以训练效益为导向，不断提升科研能力和科技服务水平，以先进的管理模式、精细化的服务打造世界一流的“训、科、医、教、服”一体化训练基地。

（一）探索市场经济下的发展新模式，形成国家办和社会办相结合的管理运行机制

在市场经济快速发展的今天，单纯依靠国家财政投入会面临资金困境，应构建多元投入的经费保障机制，引入社会资本弥补财政资金投入不足问题，借国家和社会合力来推动体育基地扩容提高。允许知名的体育器材制造商投资冠名训练场馆，为场馆科技建设提供资金和技术支持，提升场馆硬件设施，注入科技含量。运动员生活保障推行市场化，与大型酒店管理集团、社会运输服务公司和餐饮集团合作，利用它们的资金优势、先进的管理理念和专业的服务团队，共同为运动员提供优质安全的生活服务。

（二）重视人力资源建设，培养科研人员，建设科研团队

人力资源是战略性资源，能否培养和造就一支优秀的人才队伍，是实现训练局未来发展目标的关键。因此，应创新人事管理方式，建立有效的激励机制，调动人员的积极性、创新性。

一方面应加强现有人员的培养，为他们创造学习深造的条件和渠道，提升专业技术水平。合理配置人力资源，让专业的人干专业的事，发挥他们的作用，将工作重心从提供简单的后勤服务保障，向参与运动队的训练科研服务转移。打通技术人员职称评定的上升通道，建立有效的激励机制，防止人才外流。

另一方面引进人才，充分利用高校科研院所和企业的人才资源，打破人才交流壁垒，建设科研团队。

（三）引入质量管理体系，提升精细化服务水平

管理服务是训练基地扎实开展工作的关键核心之一，工作质量直接影响运动员训练和备战任务的完成，高效的管理服务为竞技体育训练提供强有力的保障，为运动员争夺奖牌保驾护航。引入质量管理体系，将各种资源优化整合，合理配置，发挥“训、科、医、教、服”一体化管理的最大效益，理顺办事程序，提高办事效率，满足运动队各项需求。

建立完整具体的工作标准、工作内容及流程，制定精细化管理体系和运行模式工作手册。在计划、落实、检查各阶段注意过程管控，明确服务人员行为规范，确立定性定量指标考核方案，明确奖惩标准，激励和调动工作人员为运动队提供优质服务的积极性。通过实施质量管理体系，培养一批管理人才，提升人员素质，促进基地建设发展。

坚持和完善中国特色体育治理体系

国家体育总局体育科学研究所　靳大力

坚持和完善中国特色体育治理体系，是推进国家治理体系现代化的重要内容。党的十九届四中全会审议通过的《中共中央关于坚持和完善中国特色社会主义制度 推进国家治理体系和治理能力现代化若干重大问题的决定》，明确提出“聚焦增强人民体质，健全促进全民健身制度性举措”，对坚持和完善中国特色体育治理体系做出了明确的部署。2019年8月，国务院办公厅印发的《体育强国建设纲要》，提出要“进一步转变政府职能，充分调动社会力量，构建管办分离、内外联动、各司其职、灵活高效的体育发展新模式，实现体育治理体系和治理能力现代化”，对推进体育强国建设具有重要的意义。

一、中国特色体育治理的制度优势

党的十九届四中全会系统阐释了我国国家制度和国家治理体系13个方面的显著优势，指出“中国特色社会主义制度是当代中国发展进步的根本保障”。中华人民共和国成立70年来，党在领导中国体育事业的发展中，初步形成了中国特色社会主义体育治理体系总体框架，为中华人民共和国体育事业发展提供了坚实的制度保障。

（一）坚持党的集中统一领导

在一个拥有近14亿人口的大国发展体育事业，让大多数的人民群众享受体育发展福祉，需要一个坚强的领导核心，需要以“一张蓝图绘到底”的毅力久久为功。中华人民共和国成立以来，中国体育以“发展体育运动，增强人民体质”为基本方针，保持了长期稳定快速的发展。在体育强国建设新征程中，必须始终坚持党的集中统一领导这个“总纲”，自觉以习近平新时代中国特色社会主义思想为指导，贯彻习近平总书记对体育工作的重要论述和指示批示精神，确保体育强国建设的正确方向。

（二）坚持集中力量办大事

“全国一盘棋，调动各方面积极性，集中力量办大事”是我国国家制度和国家治理体系的显著优势之一。历史上，举国体制对中国体育事业发展起到了至关重要的作用。中华人民共和国成立前，人民体质羸弱，资源贫乏。中华人民共和国充分利用社会主义集中力量办大事的优势，建立起集中有限资源有效配置的竞技体育举国体制，并以竞技体育带动群众体育发展。中华人民共和国成立70年来，群众体育蓬勃发展，人民健康水平持续提高，城乡居民国民体质合格以上比例达90%以上，体育场地由中华人民共和国成立之初的4982个增加到2019年的310万个；竞技体育成绩辉煌，截至2018年年底，我国运动员创超世界纪录1332次，获得世界冠军3458个，奥运冠军237个，为祖国赢得了巨大荣誉。21世纪以来，英国、日本等国家也逐步加强了竞技体育领域的“国家在场”，实现了竞技体育的快速发展，可以说，集中国家力量是体育特别是竞技体育领域的国际共识。

（三）坚持弘扬中华体育精神

没有顽强拼搏的意志品质，就难以在体育领域取得优异成绩。中国体育傲人的成绩的取得离不开运动员、教练员及体育工作者的爱国热情、担当精神以及敢战能赢的豪气。2007年，国家体育总局局长刘鹏在以往论述的基础上，将“中华体育精神”概括为“为国争光、无私奉献、科学求实、遵纪守法、团结协作、顽强拼搏”，中华体育精神是在体育技战术之上的思想力量，为中国体育事业发展提供了精神动力和思想支撑。

衡量一个国家体育发展模式的好坏，要看是否满足这个国家的实际需要，是否能促进国家体育事业的发展，是否符合体育一般发展规律。历史上，中国体育发展模式最大限度地推动了体育事业发展，举国体制在推动竞技体育摘金夺银方面具有鲜明的制度优势，以竞技体育带动群众体育和体育产业发展符合体育发展规律。

二、体育治理体系现代化面临的问题

党的十九届四中全会是在体育战线开启体育强国建设新征程的关键时期为体育工作者指明方向的会议。没有体育治理体系和治理能力现代化，就没有体育强国。党的十九届四中全会给体育治理体系和治理能力现代化提出了明确的任务，“聚焦增强人民体质，健全促进全民健身制度性举措”，并将此项工作定位为民生保障，为下一阶段体育改革发展指明了方向。完成这一任务，必须认清当前体育治理体系中存在的问题。

从思想观念看，中国儒家文化有重文轻武的传统，重道德体验轻体格锻炼的倾向对人民群众的体育观念产生了重大影响。人民群众开展体育锻炼以“修身养性”为主要目标，没有“更快、更高、更强——更团结”的追求。新中国成立后，很长一段时间以来，人民的生活水平徘徊在温饱线上下，对体育的需求受到遏制。随着人民生活水平的显著提高，人们对体育健身有了新要求，但是体育观念发展速度还远远滞后于经济发展速度，且发展的不平衡不充分问题非常明显。具体来看，“主动健康”的观念尚未深入人心，经常参加体育锻炼的人群占比不高。对体育在个体发展、社会进步中的功能尚没有清晰的认识，地方政府与市场主体推动体育发展的主动性、积极性不够。从治理主体看，治理体系的现代化首先应是政府、个人、社会、市场“四位一体”。实际上，我国原有的以政府为单一主体，行政指令为单一机制的体育，在管理体制和运行机制方面一直处于改革之中。改革的重点是理顺体育行政部门、体育事业单位和体育社会组织之间的关系，实质上是将日益成长的社会力量、市场力量纳入体育治理当中来，实现在党的领导下，一元主导，多元合作，共同管理体育事务。通过1994年和1997年两次机构改革，在项目管理上实现了政事分开，逐渐形成了全国性单项体育协会和运动项目管理中心“两块牌子、一套人马”的管理模式，既负责运动项目的竞技比赛，也负责运动项目的普及推广。但在运行中，协会实体化还不够，社会和市场的力量还不足。部分运动项目的试点改革，还没有摸索出政府、社会、市场在治理体系中协调配合的规律，政府“有形的手”、市场“无形的手”和社会“自治的手”权责界限如何划分，如何统筹形成最大合力，还有待进一步探索破题。

“依法治体”是体育治理体系现代化的主要标志，也是必然要求。1995年颁布实施的《中华人民共和国体育法》是体育领域法治化建设的重要里程碑，标志着我国体育领域进入依法治理新阶段。随后，有关部门相继出台了《公共文化体育设施条例》《反兴奋剂条例》等一批部门规章和规范性文件，中国体育领域法治化水平不断提升。但是随着体育改革的深入，体育领域的法治建设还有一些空白，具体表现在中央和地方在公共体育服务供给中的权责不明晰，运动员培养转型的法律保障不健全，体育产业法治建设滞后，体育仲裁结构缺失，等等。

三、实现体育治理体系现代化的建议

随着中国特色社会主义进入新时代，在中国特色社会主义建设道路上，体育扮演着不可或缺的角色，承担着特殊的使命和任务。发展好中国特色社会主义体育事业，关键要实现体育治理体系现代化。

（一）推进人民群众体育观念现代化

思想是行动的先导，人民群众体育观念的现代化是实现体育治理体系现代化的前提。要进一步加强教育引导，充分利用8月8日全民健身日等关键节点，合理利用互联网等新媒体平台，促进人民体育观念的更新，让更多人民群众自觉参与体育运动，体验体育乐趣，对自身健康负责，享受人类文明成果。

（二）建立多元主体办体育的体育发展新模式

现阶段，体育改革的大趋势就是在政府主导作用下，更加充分地发挥社会和市场的作用。这就需要培训体育社会组织，引导和支持市场主体发展，满足人民群众在健身中的个性化、多元化需求。协调体育治理中政府、社会、企业和个人的权责关系，形成多元主体共同发力的体育发展新模式。

（三）加强体育法治建设

在全面依法治国的方略下，加强法治建设，依法治体。首先要完善立法，在体育社团改革、体育产业发展等实践重点领域，尽快填补立法空白。其次要严格执法，提高当前体育行政部门在行政许可、监督等方面的执法能力。最后，要依法保护人民群众参加体育活动的权利。

参考文献

[1]贺业志.中国传统文化视域中的体育精神论析[J].东岳论丛，2018，39(12)：185–190.

[2]鲍明晓.构建举国体制与市场机制相结合新机制[J].体育科学，2018，38(10)：3–11.

[3]杨桦.深化体育改革推进体育治理体系和治理能力现代化[J].北京体育大学学报，2015，38(1)：1–7.

[4]杨桦.中国体育治理体系和治理能力现代化的概念体系[J].北京体育大学学报，2015，38（8）：1–6.

[5]浦义俊，吴贻刚.镜鉴与反思：美国竞技体育发展中的政府治理及其困境[J].山东体育学院学报，2016，32（4）：8–15.

坚持以人民为中心推进全民健身工作的实践与思考

国家体育总局办公厅　翟伟

党的十九大报告明确将“坚持以人民为中心”作为我们党建设新时代中国特色社会主义的基本方略。体育事业作为党的事业的重要组成部分，应该坚持以人民为中心。习近平总书记指出，“体育强国的根本标志是让全体人民都享受体育锻炼的权利，让人民实现对幸福生活的追求”，这与“发展体育运动，增强人民体质”的指导思想是一脉相承的，是从本质上回答发展体育事业“为了谁、依靠谁”这一根本问题。在体育事业发展过程中，全民健身作为最贴近人民群众、最直接服务于人民群众的一项工作，更应该坚持“以人民为中心”的原则，引导人民群众广泛参与，促进人民群众共享成果，不断提高人民群众的幸福感和获得感。

一、坚持以人民为中心，推动全民健身工作的基本内涵

习近平总书记深刻指出：“没有全民健康，就没有全面小康。”大力发展以人民为中心的体育，不断增强全体人民的身体

素质，提高人民的健康水平和生活品质，不断增进人民福祉，是体育工作，尤其是全民健身工作的根本任务。

（一）坚持从人民群众的愿望和需求出发

全民健身工作要想群众之所想、急群众之所急、解群众之所盼。当前，广大人民群众盼有活力的基层体育组织，盼有用得上的场地，盼有喜欢参与的活动，盼有适合参与的赛事，盼有科学管用的健身指导。开展全民健身工作要围绕这些问题，集中力量解决体育公共服务供给能力与人民群众迅速增长的需求不相适应的矛盾，让老百姓真切感受到党和政府的关心和温暖，感受到我们党始终践行全心全意为人民服务的宗旨。

（二）努力让广大人民群众参与

体育事业是人民的事业，开展全民健身工作就要引导人民群众树立运动使生活更美好的理念，让群众自觉参与；加强组织引导，让群众广泛参与；主动“拆围墙”“破壁垒”，把体育大门打开，让群众方便参与；完善和落实相关法律法规，让群众有权利参与，努力实现“人人参与体育、人人共建体育、人人享受体育”的局面。

（三）切实让人民群众共享体育发展成果

不断加大对体育公共服务体系建设的投入，提供更为多元的科学健身服务，加大先进健身科技应用，营造文明健身氛围，使全民健身事业跟上新时代发展步伐，充分体现中国特色社会主义优越性。要发挥全民健身对增强国民体质、增进社会和谐等方面的积极作用，推动全民健身与全民健康深度融合，更好地共享经济社会发展和体育事业进步带来的健康与幸福。

二、坚持以人民为中心，推进全民健身工作的现状

发展体育事业为了人民，做好体育工作依靠人民。一直以来，全国体育系统将人民群众对体育的需求和期盼作为工作的出发点，想方设法让人民共享体育事业发展成果，享受体育运动带来的健康和快乐。

（一）围绕服务人民全力构建公共体育服务体系

在国务院出台的《关于加快发展体育产业促进体育消费的若干意见》中，明确将全民健身上升为国家战略，为全民健身工作注入了强大力量。各省（自治区、直辖市）各级政府和体育主管部门认真履行职责，初步构建起了覆盖城市社区和城镇乡村的全民健身公共服务体系。

体育活动场地和群众健身设施数量不断增加。目前，我国体育场地已超过170万个，人均体育场地面积达到1.57平方米，全国各市、县、街道（乡镇）、社区（行政村）已经普遍建有体育场地，配有体育健身设施。行政村农民体育健身工程58万多个，覆盖全国超过80%的行政村，其中自然交通和经济条件相对较好的行政村，农民体育健身工程已基本达到全覆盖。

群众性体育组织不断壮大。据不完全统计，目前活跃在城乡基层社区以健身团队为主体的未登记体育社会组织的数量超过百万个，网络体育组织超过80万个，并呈快速发展之势。全国县级以上体育总会平均覆盖率达到72%，全国全民健身站点平均已达到每万人3个。青少年体育社会组织不断涌现，全国各类青少年体育俱乐部超过6000个。

体育健身指导人员队伍不断壮大。社会体育指导员超过200万人，全国公益社会体育指导员比例超过了1.5‰的标准。全

国各省（自治区、直辖市）平均每年接受体质测试的人数达到10.64万人。

群众体育赛事活动显著增加。每年参与大型全民健身示范性活动总人数超过1亿人次。天津全运会以“我要上全运”为主题的全运会群众体育项目选拔赛全国共举办赛事数万场，参赛群众达数百万人。2018赛季中超联赛上座总人数577.6万人，场均人数为2.4万人，电视观众为4.3亿人；2018年全国共举办马拉松及相关运动规模赛事1600场，累计参赛人次593.8万；目前全国雪场的数量已经超过740家，全年滑雪人次约为2000万，极大地丰富了人民群众的体育生活。

（二）围绕提升人民体质深入实施全民健身计划

目前，国务院形成了按照经济社会发展五年规划周期印发全民健身计划的制度，并建立了国家、省、市、县级人民政府层层制订印发《全民健身实施计划》的顶层设计体系，为形成政府主导、部门协同、全社会共同参与的全民健身工作格局提供了政策保障。各级各地深入实施《全民健身计划》，使得我国经常参加体育锻炼的人数近4亿人，占比超过34%；城乡居民达到体质测定标准合格以上的比例为89.6%。学生参与体育锻炼的政策体系更加完善，老年人、残疾人参加体育锻炼的人数有明显增长。全民健身为全面建成小康社会提供了强大的人力资源保障。

（三）围绕人民满意积极构建全民健身工作格局

为加快推动全民健身事业发展，形成工作合力，提高人民群众满意度，2016年国务院批准制定了全民健身工作部际联席会议制度，这是全民健身工作机制的重大突破创新。每年的联席会议主要研究《全民健身计划》的实施，健全工作机制，安排部署全民健身工作。目前，全国绝大多数省、市、县都已经参照国务院的做法，建立了全民健身工作联席会议制度，为落实全民健身国家战略提供了坚强的领导组织保障。2018年国家体育总局在全国开展“全民运动健身模范市和全民运动健身模范县（市、区）创建”工作，目前共有30个省（自治区、直辖市）的155个市、县（市、区）进行了申报并通过了省级审核，其中，模范市申报数量为43个，模范县（市、区）申报数量为112个。2019年，将严格标准、规范程序，评出各方公认的、具有影响力和辐射价值的模范市、县样板，起到推动工作和示范带动作用。

三、全民健身工作与人民群众需要不相适应的主要问题

虽然我国全民健身事业取得了长足的进步，但是面对新时代的要求，面对人民群众日益增长的体育健身需求，全民健身工作仍然存在各种不充分、不平衡、不适应的问题。

（一）工作开展不平衡

首先是地区间不平衡，西部地区落后于东部和中部地区。从“十二五”规划目标任务的完成情况看：东部地区的平均水平是92.12%，中部地区的平均水平是90.74%，西部地区的平均水平是74.44%。其次是城乡间不平衡，城市中享有更多的全民健身资源、更科学的健身服务、更丰富的健身活动，而农村地区在资源、服务、活动等方面都相对不足。目前仍有9个省（自治区、直辖市）行政村农民体育健身工程没有达到50%以上。最后是体育健身的参与人群分布不平衡，青少年和中老年参与度较高，中青年参与度较低。

（二）全民健身公共服务体系尚需完善

体育场地设施的建设和使用与群众的需求还存在较大差距，

尤其是广大农村和经济欠发达地区，不仅没有室内健身场所，户外的体育设施也相对简陋，数量和种类都偏少。公共体育场馆和学校体育设施对社会开放程度和利用率依然不高。全国公共体育场馆平均开放率为86%，还有7个省（自治区、直辖市）开放率在80%以下。全国有15个省（自治区、直辖市）学校体育场地开放率在50%以下，只有5个省（自治区、直辖市）学校体育场地开放率在80%以上。新建小区配套体育设施“同步设计、同步建设、同步投入使用”的政策落实不到位，对于有些小区健身用地没有预留或面积不达标、设计不合理等问题缺少刚性的约束，监督处罚措施不到位。全国公益社会体育指导员有8个省（自治区、直辖市）只有1.0‰，还有4个省（自治区、直辖市）仅为0.5‰。

（三）参与全民健身的社会力量动员不够

目前，全民健身工作主要还是政府主导，社会力量的作用还没有充分发挥。政府体育主管部门简政放权、政社分开、管办分离还不彻底，限制了各类社会力量作用的发挥；引导和鼓励社会力量参与全民健身的优惠政策明显不足，制约了各类企业投资全民健身事业的积极性。体育社会组织有待发展壮大，各级体育社会组织发展相对缓慢，数量偏少，作用发挥不够，职能弱化明显。到2014年年底，县级以上体育总会仅有8个省（自治区、直辖市）的覆盖率达100%。

（四）公共财政的投入依然较低

目前，各级政府“全民健身经费纳入财政预算”虽然基本实现了全覆盖，但是，各级政府财政，尤其是县级财政对全民健身工作经费的预算支出还有较大不确定性，有待制度化，投入数额总量和人均都偏低，经费投入部分依赖体育彩票公益金的局面尚未改变。同时，全民健身的多元筹资渠道尚未真正建立，单靠财政投入的单一模式影响了全民健身事业的快速发展。

四、更好地坚持以人民为中心，开展全民健身工作的对策与思考

在新时代，特别是在全国人民奋力实现全面小康、向社会主义现代化迈进的关键时期，如何更好地坚持以人民为中心，开展全民健身工作，成为体育领域必须认真思考的课题。在总结以往经验、正视问题的基础上，应重点从以下几个方面着手，发展以人民为中心的全民健身事业。

（一）健全完善全民健身工作制度和机制

不断强化全民健身工作的制度保障，切实将全民健身工作纳入国民经济和社会发展规划、年度工作计划，纳入健康中国建设考核体系，不断提高各级党委政府对全民健身工作的重视程度。不断完善和强化党委领导、政府主导、部门协同、全社会共同参与、齐抓共管的工作格局。紧紧围绕群众身边的健身组织、健身设施、健身活动、健身赛事、健身指导、健身文化，加快建设水平较高、内容完备、覆盖全域的全民健身公共服务体系，并采取政策倾斜、财政补贴等手段，促进体育公共服务在东西部地区间、城市和乡村间、不同人群间的均等化。

（二）千方百计解决人民群众“健身去哪儿”的难题

大力推进群众身边的健身设施建设，加快新建、改建体育场馆，在大型体育场馆中增加便民健身场所，新建居住区和社区按照规定和标准配建全民健身设施，利用彩票公益金新建专项体育

设施，使群众的健身活动场所更加便捷。大规模增加嵌入式健身设施，在公园、公共绿地、河堤、城市屋顶等增建健身设施，利用城市拆迁改造产生的“金角银边”，建设便民利民惠民的健身设施。大力推动健身设施的智能化，利用互联网等新技术手段配置、整合健身场所资源，搭建共享健身网络平台，为市场力量建设和运营群众身边的健身设施提供条件，激发市场活力，方便百姓健身。

（三）推动全民健身与全民健康深度融合

加强部门合作，促进体医融合，建立体医深度融合理论体系，加强学术研究，设立学科专业，加强学术交流。充分发挥体育健身作为非医疗干预手段，在主动健康、积极健康中发挥有效作用，大力培养既能进行医疗诊断又能开具运动处方的全科医生和家庭医生、健康指导医师等相关人才，开发更多的运动健身、康复训练设施。引导人民群众通过健身把医疗费用降下来，把健康寿命提起来，通过全民健康促进全民幸福。

（四）发挥产业带动全民健身的优势和作用

打造包括竞赛表演、健身休闲、场馆服务、体育中介与培训以及体育传媒等环节的体育产业链，提高体育服务业比重；引导体育用品企业向服务业延伸发展，打造龙头企业和体育产业集群，形成全产业链优势；推动东、中、西部体育产业良性互动发展，区域体育产业协同发展，实现体育产业链的空间联动效应；加大扶持力度，培育一批特色鲜明、大中小企业协同发展的体育产业集聚区和产业带；加快发展健身休闲项目，实施冰雪、水上、山地户外、航空、汽车摩托车、马拉松、自行车、武术等运动项目产业发展规划，加快发展群众喜闻乐见、参与门槛较低、市场容量较大的运动项目，推动发展时尚运动项目和民族民间健身休闲项目。通过大力发展体育产业，积极推进体育产业的供给侧结构性改革，不断丰富多样化、多层次的体育供给，不断满足人民日益增长的体育需求。

（五）鼓励社会力量投入全民健身

完善政府购买服务政策，加大政府购买服务力度，将可以由社会力量承担的全民健身工作交由社会力量承办，向社会和市场释放更多体育资源，激发民间资本参与全民健身的动力。大力扶持专业性强、信誉好的市场主体，发挥其在活动组织、赛事开展、健身指导、人员培训等方面的作用，支持其为全民健身提供个性化、多元化服务。

（六）大力发展“体育+”和“+体育”

推动体育与教育、文化、科技、旅游、养老等领域协同发展。支持建筑地产、交通运输、装备制造、网络信息、食品、药品等企业开发体育相关产品和服务，形成体育公共服务的融合发展业态。积极探索建设城市体育服务综合体，加快体育产业与休闲商业、教育产业的融合发展。支持现代科技成果和信息技术在体育领域中的应用与发展，促进以云计算、物联网、大数据、人工智能、机器人为代表的新一代信息技术与全民健身服务、运动装备制造、体育新产品研发等领域的融合创新。引导企业研发运动器材装备，重点支持可穿戴运动设备和智能运动装备的发展。

（七）推进体育场馆运营与管理改革

开展国有体育场馆资产所有权、经营权分离改革试点，在保持资产国有属性的前提下，将经营权交给社会力量进行经营开发，遵循产业发展规律，利用市场合理配置资源，积极盘活各类场馆资源。在场馆建设上，坚持将赛事需要与赛后利用有机结合，而且更加注重赛后利用，探索场馆设计建设与运营管理一体化的模式。积极推动各级各类公共体育设施免费、低收费开放，特别是积极协调教育部门，加快推动学校体育场馆向社会开放的工作。

（八）不断完善全民健身组织领导和激励机制

推动各级党委政府建立和完善全民健身工作联席会议机制，继续推动地方积极创建全民运动健身模范市和模范县（市、区），并采取多种途径对模范市和模范县的先进经验进行宣传推广，示范引导周边地区积极发展全民健身事业。同时，对各类体育社会组织进行有效管理，推动它们由自治到善治。切实加强对社会体育指导员的管理和培训，通过职业技能大赛、健身指导展示活动等平台，激励广大社会体育指导员精进业务，从而更好地服务于全民健身。

在全国人民奋力实现全面小康、向社会主义现代化迈进的关键时期，只有更好地坚持以人民为中心，推进全民健身工作，发展以人民为中心的体育，才能更好地满足人民群众日益增长的体育健身需要，让全体人民在体育健身中增强体质，感受运动快乐，提升生活品质，进而感受中国特色社会主义的优越性，激发为实现中华民族伟大复兴而努力奋斗的巨大力量。

参考文献

[1]中共中央，国务院.“健康中国2030”规划纲要[EB/OL].（2016-10-25）[2019-06-30].http://www.gov.cn/xinwen/2016-10/25/content_5124174.htm.

[2]国家体育总局.体育发展“十三五”规划[EB/OL].（2016-05-05）[2019-06-28].http://www.scio.gov.cn/32344/32345/37799/39507/xgzc39513/Document/1644070/1644070.htm.

[3]中华人民共和国国务院.关于加快发展体育产业促进体育消费的若干意见[EB/OL] .（2014-10-20）[2019-07-01].http://www.gov.cn/zhengce/content/2014-10/20/content_9152.htm.

[4]谭琳.论习近平体育思想的人民性[J].武汉体育学院学报，2019，53（4）：5-10.

[5]习近平会见全国体育先进单位和先进个人代表等时强调发展体育运动增强人民体质促进群众体育和竞技体育全面发展[N].人民日报，2013-09-01(1).

全民健身与全民健康协调发展研究

国家体育总局拳击跆拳道运动管理中心　李向东

2014年10月国务院颁布了《关于加快发展体育产业促进体育消费的若干意见》，首次提出把全民健身上升为国家战略。2015年党的十八届五中全会审议通过《中共中央关于制定国民经济和社会发展第十三个五年规划的建议》，把建设“健康中国”作为亟待实现的重要目标。2016年10月，《“健康中国2030”规划纲要》颁布，其秉承了以人民健康为中心、促进全民健康的奋进目标，提出了“共建共享、全民健康”的工作宗旨。这不仅对深化卫生健康改革有建设性价值，同时对促进全民健身运动也具有重大的指导性意义。

全民健身与“健康中国”之所以上升为国家战略，充分说明党的十八大以来优先发展全民健康的战略方针已逐步形成，全民健康已成为十分重大的时代主题。而全民健身与全民健康的平衡发展，迫切需要全民健身的工作重点从一般性增强体质向公共健康领域和疾病预防的方向延伸，进而实现全民健身和全民健康的高效对接。习近平总书记在党的十九大报告中提出的“健康中国”的治国理政方针，为我们更加明确地指出了全民健身与“健康中国”两大发展战略前进的方向，为中华民族绘制了一幅“全民健康就是全民小康”的美好蓝图。

一、全民健身与全民健康的关系

没有全民健身就没有全民健康和全面小康，因此，全民健身是实现最终目标的基石，而广泛调动民众参与体育健身是夯实这一基础的前提。

（一）全民健身的主导地位

1. 全民健身是全面建成小康社会的重要保证

全民健身是增强体魄、健康生活的基本保证，同时也是加快我国全面建成小康社会的重要内容。而全民健身水平和身体素质的提高，对促进人的全面发展，丰富群众多元化的精神文化生活，推动当前以经济建设为中心的全社会协调、稳定发展，提升综合国力，加大各相关领域深度融合等诸多方面都有不可替代的作用，并为加快我国全面建成小康社会进程提供强大的动力。

2. 全民健身与建设“健康中国”目标一致

国家提出“健康中国”的宏伟目标是落实“四个全面”的重大举措，是从促进我国经济社会发展的大局出发对促进全民健康所做出的战略性部署。全民健身运动之所以能成为一种大众都可以接受并积极参与的健康生活方式，是因为其运动形式多样、技术结构简单、大众喜闻乐见，同时具有受众面广、渗透性强、不同人群均可参与并乐在其中。就运动效果来说，无论是传统体育项目，还是现代流行的体育项目，或是当前世界上最新兴、时尚的体育运动，这些不同的运动形式不仅对身体健康产生积极、有益的效果，而且对锻炼者调整心态、释放精神压力、体现公平公正、加强社会诚信和规则意识等优秀品质和道德素养的全面提升都具有深远和积极的意义。

（二）全民健康的重要意义

健康包含物质、精神和行为等方面，它涉及人的身体、心理、社交、环境和生活方式等诸多要素。健康不仅能使一些疾病得以治愈，更重要的是能够创造更健康的生命状态，延长健康生命时间，提高生命质量，使整个社会围绕生命健康的主旨创造更多的价值。

《2014年国民体质监测公报》显示，国民身体健康指标虽整体呈现上升，但男性在综合力量指标方面却趋于下降，臂力、握力皆未能达标。另据教育部《2014年全国学生体质与健康调研报告》，大学生整体身体素质指标也在逐年下降并呈现低龄化。目前，我国慢性病患者日趋增加，慢性病已成为威胁人民健康的“头号杀手”。据统计，我国有70%的人口处于亚健康状态，慢性病患者超过3亿，医疗费用占总量的70%。高血压患者超过2亿，心血管疾病患者2.9亿，糖尿病患者近2亿（三者互相影响）。癌症患者逐年增多，每分钟就有8人被确诊为癌症。世界卫生组织认为，影响个人健康的要素60%是行为和生活方式，17%是自然和社会环境，15%是遗传，8%是医疗。心血管疾病、糖尿病等慢性病多由不健康的生活方式所致。目前国人容易步入三大误区而导致健康隐患：不良生活习惯、过度吃药治疗、乱用保健品。美国《保健事务》杂志报道，我国人群的各项健康体态指标中腰围的增长速度是全球最快的，而腰围的增长会造成很多健康隐患。目前我国个人拥有千万以上资产的近300万人，伴随着各种精神压力的增加，60%的人均对自己的健康状况表示极度的担忧。仅在2013—2015年就有19位个人资产过亿的公司老总因病去世，而夺去他们生命的“头号杀手”就是癌症和心脏病。除工作、生活和精神压力大等原因外，缺乏经常性的体育运动而造成身体健康水平下降也是导致生命停息的重要因素。

（三）全民健身与全民健康的辩证关系

加速全民健身步伐，不断缩小我国民众与世界发达国家健康指标的差距，最终实现全民健康，二者互为因果、相辅相成、缺一不可。

1. 全民健身是全民健康的前提

中华人民共和国成立以来，提高国民健康水平是中国共产党执政的重要方针之一，毛泽东同志曾经为中华人民共和国体育工作题写了“发展体育运动，增强人民体质”的工作方针。党的十八大以来，国民健康问题备受重视，特别是在党的十八届五中全会上，首次提出了“健康中国”这一关乎全国人民身体健康、加快实现现代化强国的重要方略。这充分表明，随着时代的进步与发展，体育运动必将助力全民健康，共创健康、美好的生活。

《“健康中国2030”规划纲要》提出要将“以疾病治疗为中心”转向“以促进健康为中心”，营造一个大卫生、大健康的环境，着力维护国民健康生命周期的全过程。当前的研究与实践证明：绝大多数非传染慢性病都可以通过不同的运动健身方式来实现预防和疗愈。而长期坚持科学、合理和有针对性的健身运动对提高身体素质、减少疾病都会产生积极的作用。科学健身具有抵御疾病、预防疾病、消除病痛的功能。

全民健康不是简单表现为一般传统意义上的身体健康，而应涵盖身体、心理、思想道德、环境适应性健康等范畴，只有以全民健身为载体才能实现。而正是全民健身对促进全民健康具有如此重要的作用，因此，必须要花大力气，全方位、立体化地将全民健身和全民健康高度融合。

2. 全民健康是全民健身的目标

首先要普及和宣传健康生活的内涵与全民健康的理念，形成科学合理的健康教育体系，从生命的源头抓起，从大中小学校甚至幼儿园抓起，加大健康知识宣传力度，扩大受众范围，才能最终实现提高全民健康素养的目标。在党和政府的引领、支持下，整合资源并调动社会各方参与，不断健全、完善全民健身场所，以吸引广大群众的广泛参与，使其积极主动地投入健身运动中。进一步加强体医结合，导入非医疗健康干预手段，为重点人群开出针对性的运动处方，指导他们安全、合理、适量地开展健身。我们推进“健康中国”战略目标的主要目的是使我国参与全民健身的人群和全民健康相关指标接近或达到世界中高标准，因此，通过不同的健身方式促进全民参与健身运动是最终实现全民健康目标的重要途径和关键手段。全民健身是“健康中国”建设中必不可少的重要内容。实践证明：体育运动不仅是一种健康的生活方式，更可以强健人们的体魄，塑造人们团结合作、坚韧不拔、顽强拼搏的意志品质。体育运动不仅是“健康中国”中的重要内容，更是实现全民健康的关键所在，是推进“健康中国”战略实施的必要前提条件，在这个前提下，人们才可以通过不懈的努力，最终实现全民健康的宏伟目标。

二、实现全民健身和全民健康的基础条件

党的十八大以来，为了让我国从一个体育大国向体育强国的目标迈进，党和国家从治国理政的战略高度出发，对提高体育竞技水平、广泛开展全民健身运动、加快体育产业发展予以谋篇布局。

（一）构建全民健身公共服务体系，实现全民健身公共服务的精准化供给

实现运动促进健康的关键是做到全民健身公共服务体系的不断完善，这是实现精准化供给的前提条件。因此，必须把共建、

共享落实到全民健身公共服务体系构建的全过程，真正实现在共建中共享、在共享中共建的有机结合。我们要从供给侧和需求侧两端共同发力，由政府牵头调动全社会力量，促进运动和健康的平衡发展。改进、创新全民健身服务的供给方式，为百姓健身量身打造出富有特色的产品，通过政府购买服务，引导、培育、鼓励社会力量参与，加快城市、乡村的全民健身公共服务体系的建设发展，利用社会多元化资本合作等各种方式，实现供给效率最大化。体育部门、卫生和教育系统所辖的各相关行业要密切配合、各司其职，形成合力；要优化资源配置和保障服务供给，实现健身大概念和健康产业发展的更新和升级，以满足人民为实现健康生活目标而对健身公共服务体系的迫切需求。要以提升服务质量为问题导向，把“六边”工程落到实处，全面推动全民健身和全民健康在理念、组织、设施、活动、队伍、管理、体制等方面的高度融合。要推进全社会的资源共享，让城市和乡村、经济发达和经济暂时落后等地区的人群均可享受良好的健身、医疗、卫生等公共服务，特别是让身在基层、偏远地区的人们感到健身、医疗和卫生等公共服务保障的温暖，以实际行动打通公共服务“最后一公里”。从经济可全面惠及的角度，要加大对基层、边远区域或贫困地区公共服务体系建设的投资和扶持，让所有民众真正公平享有社会发展进步的权利，并通过各方的不懈努力，最终实现大众健身服务场所全覆盖。要强化个人健身责任和义务，以点带面，最终提高全民族的体育素养，根据自身特点和状况形成自主自律、量力而行的健身行为，精确把控影响自主健身行为的因素，建立正确的健身理念，养成经常运动的良好习惯，形成持之以恒、追求健康的生活方式。

（二）合理规划建设全民健身与全民健康各项设施

全民健身规划要纳入政府“多规合一”的工作实际中，各级相关政府部门需在建设空间、健身环境和项目设置等方面对全民健身和全民健康的近期和长远规划做出精心设计和周密安排。像近几年兴起的体育特色小镇的典型特点就是“多规合一”，是集体育、旅游、文化、健康、养生、餐饮等多种消费形态于一体的合理规划、自然结合，并在空间与项目上得以完美体现。

要使全民健身和全民健康这一体育文化意识成为现实，其首要的物质基础就是体育设施。体育基础设施是各类人群进行体育锻炼、体育活动的聚集地。当我们有随处可见的体育健身设施可供运动，到处都有进行各项运动的人群，就必然会营造出全民参与运动健身的良好氛围，吸引和带动更多的人投身到运动之中，使运动与体育健身意识融为一体并产生社会共振。这种良性循环所带来的社会影响和由此而产生的实际效果是非常巨大的，对加快全民健身与全民健康的发展具有十分重要的意义。要在近期内扩大我国体育人口，必须加快全民健身和全民健康的全面协调发展，要吸引和带动更多的人参与体育运动，但伴随着运动人群的增加，对运动场地、设施等也会产生更大的需求。笔者认为，提高体育基础设施建设规划要求的主要内容应包括：首先在新建住宅小区功能设计上要抓好体育健身区的配套建设，要将健身设施融入整体工程规划体系，在小区内形成一个设施较完备的体育健身区域，以便小区居民开展健身活动。新建学校的体育场馆在规划设计上要做到在保障教学任务完成的同时可向社会公众开放，要设计合理的人员分流运动隔线，做到在周末、公众节假日全面对外开放，充分利用学校的体育设施资源，使之发挥更好的社会效益，并产生一定的经济效益。在新建、改建、扩建的机关和企事业单位要鼓励修建配套的体育场馆，并让这些场馆发挥社会功能，最大限度地对大众开放。虽然农村可用场地较多，但其缺乏基本健身器材，民众居住也比较分散，因此，运动场地的选址和安装简易实用的健身器材就显得更加重要。这些都需要政府和热心公益事业的企业的帮助和支持。相比之下，市区人口多，聚居相对集中，为满足不同人群的健身需求，应在具有不同城市功能的区域规划更具特色的体育场馆，并引入更加先进科学的经营管理机制，最大限度地挖掘体育场馆的潜能，以满足不同人群以不同运动形式参与健身的需求。还可将城市广场或空闲场地作为交谊舞、集体舞、广场舞等活动场所。另外，像长期闲置的场地，如老旧商业区、库房、废旧厂房等都可进行简单的改造，使之成为市民健身活动的场所，最终做到城市、乡村健身场地设施的全覆盖，最大限度地满足不同人群的运动健身需求。

三、加快推动全民健身与全民健康协调发展的途径

习近平总书记就加快推进全民健身与全民健康的协调发展做出重要指示，他不仅深刻阐述了新时代全民健身与全民健康协调发展的辩证关系，更强调了全民健身在全民健康和实现全面小康的战略地位，强有力地推动了全民健身与“健康中国”战略在我国的全面实施。

（一）构建“全民健康工程”的理念

健康是人民幸福和社会发展的基础，是全国人民对美好生活的共同追求。围绕“健康中国”战略和《“健康中国2030”规划纲要》，立足我国的国情、国民健康素质和现实需要，应从以下方面重点开展“全民健康工程”的理念体系建设和宣传推动工作。

强调主动健康，发挥人自身在健康保护和管理中的主体作用，做到“我的健康我做主”；尽快做到关口前移，“治未病”，防患于未然，实现由治病向预防转变；提倡科学生活，传播新健康生活理念，以合理饮食、适量运动、积极心态、有益社

会等实现自我塑造和健康；重视运动健康，大力发展体育运动、体育产品和体育教育，提升全民体育素质；大力弘扬中华传统医学，开拓传统中医在提高人体免疫、促进生命健康中的独特功效，推动传统中医与现代医学的有机融合；搭建立足基层、服务百姓、系统全面、切实可行的全民健康服务管理体系；注重环境友好，提高全民环境意识，引导人们关注环境、善待环境、保护环境，发展绿色产品，提倡绿色服务；促进产业之间的融合，构建健康联合体，促进健康与旅游、休闲等多业态的结合，催生健康新行业、新产品、新模式。

以积极推进主动健康、积极健康、自主健康、强化预防等为重点，以打造国家健康智库、提供健康智力支持，探索构建全民健康服务管理新体系、新模式、新路径为目标，以国际化、数字化、社会化、市场化为原则，以健康城、体育医院、健康驿站、健康快车、健康管家和健康服务卡为载体，整合运用多方资源，着力推动心脑健康、脊柱健康、抗衰健康、体育健康、药食健康、老年健康、女性健康、成长健康、职业健康、家庭健康等系统健康工程建设，促进健康服务进社区、进企业、进机关、进学校、进商圈，优化全民健康环境，提升全民健康素养，促进健康中国战略目标的最终实现。

（二）加强医疗卫生与全民健身的结合与发展

在第十二届人大第五次会议上，来自体育领域的专家、学者就我国目前全民健身现状和出现的亟待解决的问题提出很多有建设性的意见和建议，大家认为加快“体医结合”、促进体育与全民健康的协调发展已成为体育工作发展的重中之重。就目前来看，可参考浙江省正在积极推进的“体育设施进公园”发展计划，以满足人民日益增长的游览、观光、休闲和体育锻炼需求。随着当前经济增长和人民群众对健身需求的不断增加，相比一些较远的公园或健身房，出于便利，群众更倾向于在家门口或附近公园、绿地等进行锻炼或健身。另外，就基层来说，不少乡村的体育锻炼设施仍相对缺乏，需要加快改进和建设步伐。从目前来看，随着年龄增长、运动能力下降，一些慢性疾病在高龄人群中呈高发态势，集中表现在心血管疾病、高血压、糖尿病等病症，因而更显示出预防的重要性，而体育运动不仅可以为这些高发病人群提供相应的预防手段，也可以为已病患者提供减轻病痛的行之有效的康复办法。医疗卫生部门偏重于临床治疗，体育运动则侧重于健身，将二者合理有效地结合起来，并全面深化“体医结合”的丰富内涵，将会促进我国全民健身运动的健康发展。在强化“体医结合”的同时，乡镇医疗卫生部门要尽快建立具有综合功能的卫生、医疗为一体的服务体系，在不断检验体育运动对疾病预防、康复的作用的基础上积极推广“运动处方”。要尽快培养专业型、复合型人才，创新、改革体育、医疗卫生的教学模式，使之互为支撑，进而为医疗卫生与体育产业的发展提供强有力的人才供给。

尽快实施和落实全民健身计划、推动“全民健康工程”建设对全面提高人民身心健康显得尤为重要。本研究认为：从提供公共服务、规划建设健身设施、“体医结合”等不同角度实现协调发展，对构建“健康中国”、提高全民健康水平具有重要的现实指导意义。

参考文献

[1] 胡鞍钢，方旭东.全民健身国家战略:内涵与发展思路[J].体育科学，2016,36(3)：3–9

[2] 刘国永.实施全民健身战略，推进健康中国建设[J].体育科学，2016，36(12)：3–10.

[3] 冯建中.全民健身“三纳入”要常态化[EB/OL].（2011–09–07）

[2019-07-05].http//news.xinhuanet.com/sports/2011-09/07/c_121996104.htm.

[4] 王恒志，郑昕，刘金辉.全民健身计划：健康中国建设有力支撑[EB/OL].（2016-06-24）[2019-07-08].http://sports.qq.com/a/20160624/002398.htm.

[5] 郝建峰.新时期全民健身与全民健康融合研究[J].广州体育学院学报，2019，39(2)：9-12.

[6] 李玉周，王婧怡，江崇民.健康中国视域下全民健身促进全民健康的多元价值研究[J].西安体育学院学报，2019，36(2)：151-155.

[7] 刘国永.机遇和挑战：全民健身上升为国家战略的思考[J].体育文化导刊，2015(3)：1-6.

[8] 彭国强，舒盛芳.美国大众体育战略演进的历程、特征与启示[J].中国体育科技，2018，54(2)：30-39.

[9] 黄海燕.新时代体育产业助推经济强国建设的作用与策略[J].上海体育学院学报，2018，42(1)：20-27.

推进基层全民健身网络建设研究

国家体育总局人力资源开发中心　刘洋

党中央、国务院对体育产业的高质量发展给予了高度重视和特别关怀。2019年，国务院办公厅发布《关于促进全民健身和体育消费推动体育产业高质量发展的意见》，强调体育产业在满足人民日益增长的美好生活需要方面发挥着不可替代的作用，要推动体育产业成为国民经济支柱性产业。产业发展以消费为基础，而体育健身培训消费又是拉动体育观赛、旅游等其他消费的核心，因此建立健身消费长效机制对于发展体育产业有着系统性、基础性的作用。同时，全民健身也是关系全民健康的重大工程，党的十九届四中全会提出要坚持关注生命全周期、健康全过程，完善国民健康政策，让广大人民群众享有公平可及、系统连续的健康服务，聚焦增强人民体质，健全促进全民健身制度性举措。

本文旨在讨论以社会体育指导员为节点，建设基层全民健身网络，进一步增强社会体育指导的普遍性、科学性、长期性，从满足人民基本的健身需求出发，提供优质的全民健身公共服务产品，完善社会健身公共服务，进而提升人民健身需求的层次，平稳扩大体育消费。

一、全民健身发展现状及问题

（一）全民健身发展现状

近年来，随着国家大力提倡全民健身，公众参与健身的意识得到极大加强。我国经常参加体育锻炼的人数超过4亿人，占比达到35%；体育场地不断增加；群众性赛事活动不断丰富。

社会体育指导员队伍不断壮大，工作体系逐步建立，已经成为建设全民健身公共服务体系和全民健身志愿服务体系的重要力量。截至2018年年底，全国共有职业社会体育指导员24万人，公益社会体育指导员约235万人。

（二）全民健身发展存在的主要问题

1. 可供选择的全民健身消费产品供给不足、结构不合理

健康需求是人民日益增长的美好生活需求中的重要一环，人民群众参与健身消费的愿望日趋强烈，但制约持续进行体育消费的因素依然不少，突出表现在可供选择的全民健身消费产品供给不足、结构不合理，企业经营资质不规范，健身指导人员水平良莠不齐，场地提供的服务产品因场地租金高而收费高，网络提供的服务产品缺乏及时反馈、缺乏稳定性，等等。

2. 全民健身消费黏性不够

全民健身消费市场作为全民参与健身运动的重要途径，将在体育产业中占据越来越大的比重，但健身消费具有一定门槛，不具备基本运动技能的消费者，很难产生体育消费黏性。互联网时代，虽然出现了各种各样的体育App，为人们参与健身消费提供了更多的选择，但这些App往往也存在比较普遍的缺陷，即在培养健身习惯方面缺乏有效手段。当吸引力下降时，如果体育App还没能有效帮助健身参与者养成健身习惯，产生黏性，这部分健

身参与者就很可能流失，不再在App上进行消费。

3. 基层自发形成的健身团体缺乏有效管理

以目前比较具有号召力的跑步运动为例，不同职业、不同年龄的跑步爱好者，在共同兴趣的驱使下聚集到一起，自发形成“跑团”组织。跑团的成立可以对跑步者进行有效动员，但难以做到有效管理，诸如跑团占用主干道路跑步带来安全隐患等现象屡见不鲜。跑团松散的结构，使其组织者对内缺乏约束力，且组织者往往存在不固定的情况。这给管理此类基层健身团体造成很大难题。

4. 社会体育指导员供给不平衡、不充分

虽然我国公益和职业两类社会体育指导员近年来保持着快速发展的势头，但也面临着发展不平衡、不充分的共性问题，如社会体育指导员数量、结构、分布落后于人民日益增长的健身需求，在传播健康生活方式、提高健康生活素养方面的知识技能储备不足，以及两类社会体育指导员并存会带来认识混淆，等等。同时，公益社会体育指导员还存在专项技能素质、服务质量、上岗率不高的问题，而职业社会体育指导员则存在人员后续管理及能力提升手段单一的问题。

综合以上所述，本文认为有必要通过建设基层全民健身网络的方式推动全民健身发展。

二、建设基层全民健身网络的理论及现实依据

（一）有利于增强体育消费，促进体育产业发展

《体育强国建设纲要》（以下简称《纲要》）明确提出以2035年实现“体育产业更大、更活、更优，成为国民经济支柱性产业”为目标，加快发展体育产业。扩大体育消费是其中一项重

要任务，全民健身培训消费是拉动体育产业整体发展的核心，体育观赛、体育旅游等消费都需要参与者具有一定运动技能，全民健身培训正是获得这些必要技能并形成消费黏性的有效途径，因此建设基层全民健身网络，以体育健身、培训为基础促进体育消费将是系统性发展体育产业的重要举措。

（二）有利于抓好“六个身边”工程，促进全民健身发展

《纲要》指出应紧紧围绕便民惠民，抓好全民健身“六个身边”工程建设，健全群众身边的体育健身组织是其中的第一项工程。鲍明晓提出“组织化生存、社会化和产业化运作是现代体育的基本特征”，要增加各类体育组织数量，突出基于运动兴趣和自愿服务的特点，建立新型体育组织网络体系。为此，完善覆盖城乡、规范有序、富有活力的全民健身组织网络，建立组织社会体育指导员广泛开展指导服务的全民健身参与长效机制尤为重要。

（三）有利于形成基层健身文化，形成健身参与长效机制

基于社交构建基层健身团体，再形成基层体育网络。该网络可以用在健身参与者之间，使其形成相互督促、帮助的形式，提供持续参与健身的约束力。同时，基层健身团体之间的互动有利于增强团体内部团结，增强团体之间的沟通联系，相互促进健身参与积极性，提高健身能力水平，形成热爱健身的基层体育健身文化，并通过家庭实现健身文化的代际传递。同时，建设基层全民健身网络，广泛开展群众性体育活动，提升消费者运动技能水平，为参与需要更高运动水平和身体素质条件的体育消费提供必要条件，增加体育消费黏性，保持体育消费逐步升级，形成全民

健身参与长效机制。

（四）有利于引导健身产品及服务的供给侧改革

通过形成规模的全民健身网络，可以有效提高健身消费者对于消费产品质量的鉴别力，促进信息对称，挤压低质产品及其供应者的市场生存空间，有效发挥市场作用，将资源引导至优质产品及其供应者，为市场良性发展创造条件。同时，健身网络将消费者需求有效汇总并反馈给供给方，从而引导健身产品及服务的供给侧改革。

三、基层全民健身网络建设途径构想

（一）基层全民健身网络基本含义

本文构想的基层全民健身网络，是由政府主导搭建互联网平台，促使全民健身参与者根据自身爱好、运动技能水平等情况，通过双向互动的比选方式，围绕社会体育指导员自发形成相对稳定的基层健身团体。发挥社会体育指导员对内引领和对外接口的作用，以团体内部活动为主，开展日常线上运动课程和线下体育活动，同时根据团体内群体需求，对接各类人员、场地等社会体育资源，开展分门别类的体育活动。通过社会体育指导员之间的衔接，发挥社会体育指导的节点作用，将基层健身团体整合为基层体育网络，从而为开展群众体育赛事、交流活动等提供组织基础。

（二）基层全民健身网络建设途径建议

1. 发挥市场在资源配置中的决定性作用，更好地发挥政府的导向作用

通过搭建信息市场，发挥市场机制的作用，调动各方面主体的积极性，合理配置资源，促进体育消费繁荣发展。政府着力搭建

平台，做好规则制定和政策引导，规范市场主体行为，维护消费者权益，满足人民基本的健身需求，以社会体育指导员为深度市场开发的接口，结合每个基层全民健身网络的实际情况，在平台的监管下，通过提升全民健身参与者运动技能，以及团体成员间的相互督促，增加体育健身消费黏性，进而引导全民健身参与者开展更多种类、更高层次的体育活动。同时，政府可以给予健身者消费券补贴，赋予消费者对于社会体育指导员的评价权，等等。

2. 加大社会体育指导员培训及考评投入，统筹两类社会体育指导员，形成市场供给合力

以社会体育指导员为节点，建设基层全民健身网络，这赋予了社会体育指导员关键性的定位，因此必须进一步增加投入，加大培训、鉴定力度，增加社会体育指导员人数，优化结构、平衡发展，为社会提供充足、结构合理的社会体育指导员人才资源。

同时完善制度，建立统筹两类社会体育指导员的技术培训和考评体系。通过合理设计不同级别的社会体育指导员考评标准，将两类社会体育指导员囊括其中。针对两类社会体育指导员应有的能力提供同等质量和标准的体育公共服务，是否收取报酬与能力水平无关。社会体育部门可以采用根据社会体育指导员参与公益体育活动的时间长短来授予他们荣誉称号，并将直接组织培训改为报销培训费用等方式管理公益社会体育指导员，进一步调动公益社会体育指导员上岗的积极性。通过在网络平台中开设社会体育指导员持续培训课程，形成社会体育指导员水平能力提升考评系统，通过健身人群的评价形成口碑系统，将能力考评与客户体验评价相结合，形成多维度评价系统。

3. 注重线上线下互动、稳定性与流动性相结合

全民健身团体可以是线上为主结合线下活动的模式，也可以是线下聚集兼顾线上互动的模式，但最终线上和线下的活动都同时存在。健身网络平台，一方面具有远程网络教学的属性，通过线上直播教学，满足健身产业相对落后地区人民的健身需求；另一方面由于强调线下互动，又具有了类似于城市服务区域性的特征。

基层体育健身网络是围绕社会体育指导员自发形成的，因此具有松散性和流动性，这是其自身特性决定的，也是发挥市场配置资源作用的结果。但相对稳定的群体更有益于发挥其对每名成员的督促作用。因此，既要发挥稳定长效机制，又要激发流动性，调动市场主体活力，二者平衡进行并加以引导。

4. 形成统筹管理民间健康团体的有效抓手

通过完善平台满足体育健身需求，吸引已经具备一定规模的运动健身团体在该平台上开展互动，以便获取后续开发所必需的数据，同时强化监管能力，也有利于建立征信体系，降低社会交易成本。体育健身消费市场有必要对服务提供方和消费方双向征信，社会体育指导员作为服务提供方应在平台进行征信，对于消费方的征信在初期也可以社会体育指导员的信用评价为参考。对于每个消费者个体进行征信成本较高，面向健身团体的群体征信则更具实用价值，在初期则可以对代表该团体的社会体育指导员进行的征信暂时代表该团体信用。

5. 注重不断融入科技含量高的应用产品

4G技术带动移动互联网飞速发展，电子商务产业用10年时间下沉到了三四线城市。5G时代的来临也将大大推动全民健身的进一步普及。例如：5G网络能够实现高分辨率、高帧数视频传输，远程动作讲解及辅导将成为可能。目前，动作教学通常以小视频，甚至是示意图为主，这可以达到动作示范的效果，但难以保证运动姿态和轨迹的规范性，特别是快速动作视频的线上传输常常出现丢帧情况，导致难以看清运动轨迹的细节。运动经历和成果的网络分享也多以可视化数据即图表、照片等方式，这些都是在现有科技水平的基础上建立起来的社交方式，随着新技术的发展，必然产生更加多维的传播形式。

四、结语

“发展体育运动、增强人民体质”是体育人的初心和使命，坚持以人民为中心发展体育，增进人民在体育中的获得感、幸福感，是我国体育事业发展的最终目标。遵循创新、协调、绿色、开放、共享的新发展理念，以社会体育指导员为节点，建设基层全民健身网络，将成为健全全民健身制度的有益尝试，它将不断激发市场主体活力，为人民提供更多满意的健身公共产品，促进全民健身和体育消费，为全民健康和体育强国建设提供助力。

参考文献

[1] 中共中央关于坚持和完善中国特色社会主义制度　推进国家治理体系和治理能力现代化若干重大问题的决定[N]. 人民日报，2019-11-06(001).

[2] 苟仲文. 新中国体育70年[N]. 中国体育报， 2019-09-24(1) .

[3] 鲍明晓.以新时代改革开放，统领体育强国建设[J].体育科学，2019，39(3):13-18.

[4] 何怀志. 身体、交往与空间：移动互联时代的跑步[D].合肥：安徽大学，2016.

体育服务

保障工作研究

国家体育总局机关后勤服务工作改革创新发展研究

国家体育总局机关服务中心　庹宇东

机关后勤服务工作是国家体育总局（以下简称“总局”）机关事务工作的重要一环，是保障总局机关正常、高效履职的重要基础。机关后勤服务质量直接影响总局机关的工作效率和干部职工的切身利益。特别是在不断完善社会主义市场经济体制的历史条件下，机关后勤服务工作的重要性、特殊性更加突出。《机关事务管理条例》《中共中央关于全面深化改革若干重大问题的决定》的颁布实施和中央国家机关后勤服务改革的推进，都对新时期机关后勤服务工作提出了新要求、新标准和新方向。如何以习近平新时代中国特色社会主义思想为指导，推进机关后勤服务体系建设，推进服务质量和管理能力等方面全面提升，是机关服务中心面临的重要问题。机关后勤服务改革顺应了社会主义市场经济的发展规律，有效地消除了原有管理体制的弊端，调动了广大干部职工的工作积极性。笔者结合机关服务中心的实际工作情况、面临的困难以及需要解决的问题，对如何改革和发展机关服务中心后勤服务工作，以提高服务质量、提升服务水平进行了探索。

一、国家体育总局机关后勤服务工作状况

1990年，办公厅后勤服务部更名为国家体委行政事务管理部。1994年11月，按照国家体委《关于组建国家体委机关服务中心的通知》要求，撤销国家体委行政事务管理部，组建国家体委机关服务中心；将行政事务、房屋管理以及机关本级财务职能分别移交给办公厅和经济司，其中服务职能划归机关服务中心，原国家体委行政事务管理部人员整建制转入机关服务中心（以下简称“中心”），中心性质属于差额补助事业单位。

（一）职责范围

中心的主要任务是为机关服务，在保证为总局机关提供优质服务的前提下，为总局事业单位提供各类有偿服务，面向社会开展多种经营，增强为机关服务的活力和后劲。

（二）机构设置

中心设置中层管理机构9个，分别是办公室、党委办公室、人事处、财务和经营开发处、文书处、办公楼宇服务处、交通处、膳食服务处、物业管理处，另有代管、控股及自有企业7家。

（三）人员及服务情况

中心在编在岗职工70人，退休人员133人，合同工76人。中心承担着总局约11万平方米的物业服务、机关及事业单位办公服务，以及餐饮、交通、文印等服务工作。2018年办公厅撤销行政事务管理处，将机关事务工作移交给服务中心。中心合理调整内设机构和职能配置，克服了人员短缺、能力不足等困难，实行分块承接、先接后建的工作方法，承担了总局部分一般性行政事务。

二、国家体育总局机关后勤服务改革现状

总局机关后勤服务工作经过近30年的实践、探索和发展，逐步从供给服务阶段向经营服务、外包服务转变，但是受体制、机制等因素的制约，后勤服务体系还不够完善，制度、标准等还不够健全。

（一）思想认识不足，主动改革意识不强

顶层设计欠缺，部门领导对后勤工作重视不够。一些部门和个人认为机关后勤服务是福利型的，只是强调保障机关高效正常运转，不注重市场化改革。有人认为市场化后服务水平和保障能力得不到保证，同时认为机关是重要部门，市场化也不利于安全保密工作。还有人认为在现有体制下吃“大锅饭”挺好，市场化后服务机构以挣钱为目的，轻视服务质量，不如体制下福利效益好，以及“肥水不流外人田”等思想都制约着后勤服务改革的进程。

（二）制度不健全，服务标准体系建设滞后

机关后勤服务的制度、法规不健全，也缺少服务标准，对提供什么样的服务、达到什么样的标准、怎样服务没有明确的标准界限。通常只是停留在“你需要某项服务，我尽量满足”的水平，服务成本高，用户还不满意。另外，职工社保制度不完善，退休人员超出在职职工将近1倍，每年的支出不堪重负。

（三）编制内减员严重，专业人员欠缺

中心编制内人员呈老龄化趋势，干部队伍结构严重失衡，无法形成干部培养的梯次结构，后备人才严重不足。高学历、高职称和对后勤服务精通的人才欠缺与市场经济发展和后勤服务的要求不相适应。同时，优秀合同制人员因受体制限制，不能选拔成

有级别的管理人员，短时间内无法解决人才短缺的矛盾。

（四）服务成本上升，经费保障渠道不畅

服务缺少标准，服务成本无从计起，一般来讲，越高的服务质量就意味着越高的服务成本投入。机关的高效运转在一定程度上受后勤服务质量的影响，现在的服务是尽量满足服务需求，为达到用户满意不计成本。以前，中心财务收入中房屋出租占一大部分，随着时代的发展和国家政策的调整，房屋出租已被禁止，这对中心的资金来源和保障工作都是巨大的挑战。

（五）与部分机关行政事务管办不分、职能交叉

2012年国务院颁布《机关事务管理条例》，按照《机关事务管理条例》要求，各部门需要按照深化行政管理体制改革的要求，对机关事务进行统一集中管理。中心除承担服务职能外，也受委托承担了一些管理职能，形成了“管办不分”的现状。在管理职能履行上存在着工作内容交叉重叠、职能界限模糊不清、同一事项多部门分段管理、多头领导、协调难度大等问题。近年来行政事务工作日趋规范，还有大量管理职能，如总局本级固定资产管理，指导、协调京内直属单位人口和计划生育、绿化、人防、卫生、防灾减灾、节能减排工作，总局机关房地产管理和房屋维修管理工作等，在一定程度上中心的工作职责增加，任务加重。

（六）服务全部市场化不成熟

一是机关重要领导和部门的室内整理服务、财务工作以及保密文件印刷等服务工作承包给社会服务机构存在一定的风险。二是诸如配电室值班巡查、监控室值班巡查、日常设备设施的巡检等工作，社会服务机构按标准配置的岗位和人员比现有自主服务

的成本高出近3倍，资金缺口较大。

三、深化国家体育总局机关后勤服务改革、实现高质量发展的对策

持续深化改革是破解机关后勤服务工作发展难题、化解风险挑战的基本之策，是转变服务保障模式、完善体制机制的必然之路，更是提升保障能力水平、提高保障效能的关键举措。

（一）提高思想认识，主动提升服务质量

我国社会主要矛盾的变化也对后勤服务工作提出了新的要求，坚持用习近平新时代中国特色社会主义思想武装头脑，提高政治站位，真正树立以人民为中心的发展思想，勇担责任，敢挑重担，切实把后勤服务工作落到实处。

教育后勤工作人员在思想观念上要经常更新，把以前的“等、靠、要”“大锅饭好”“干好干坏一个样”的思想观念逐步扭转，从“等着服务”向“我要服务”转变，在思想和行动上彻底提高服务质量和服务技能。

（二）建立健全各项制度，完善服务标准

“管理科学化、保障法制化、服务社会化”是机关后勤改革发展的总目标，其中法制化保障是基础。

一是制定监督管理制度对投资决策、财务、人事管理等形成有效的监管。二是建立健全各项规章制度和规范，如服务标准、服务范围、服务规范、考核考评和奖惩办法等，以便参与服务的人员在后勤服务中有章可循、有法可依，严格按照制定的各项标准提供服务，在确保服务质量稳步提高的同时也避免了随意服务现象的发生。三是完善后勤职工社保制度，通过对社会的多方调研找到符合中心实际情况的职工社保管理办法，解决负担过重的问题。

（三）加强后勤队伍建设，不断提高后勤队伍素质和服务水平

一是大力选拔敢于负责、勇于担当、善于作为、实绩突出的干部，让那些想干事、能干事、干成事的干部有机会、有舞台。把培养后勤服务队伍素质、提高后勤保障能力和服务水平作为重点工作来抓，做到有计划安排、有专人负责、有经费保障，制定工作绩效考核标准，健全干部能上能下的工作制度，在干部任用上真正做到公开、公正、公平。二是加大干部教育培训力度，特别要重视对年轻干部的培养使用，通过集中培训、领导示范、“走出去、请进来”等多种培训方式和合理调配岗位、提供锻炼机会等多种措施，加快干部成长进步，改善人才梯队结构。三是大力弘扬“劳模”精神和“工匠”精神，通过拜师学艺、岗位练兵等多种方式，提高职工的工作技能。

（四）提高经费保障力度，理顺经费保障渠道

一是明确后勤服务工作的内容和范围，科学评估对市场专业机构服务的成本投入，充分论证后勤服务项目各相关经费的支出标准和支出范围，全面详细地做出经费预算。二是将与承担办公厅移交的管理职能相应的资金纳入中心本级预算，真正实现管理事务与经费的协调统一。如果现行财政政策没有机关运行经费的规定，经费渠道无法落实时，建议由总局本级管理行政事务工作，中心作为直接办理单位，向总局报销办理相关事务的经费。

（五）进一步引进社会力量，提升服务品质

党的十八届三中全会指出，经济体制改革核心问题是处理好政府和市场的关系，使市场在资源配置中起决定性作用，更好地发挥政府作用。社会主义市场经济体制改革进一步完善和全面深化，就要求机关后勤服务工作必须深入彻底地改革。对于机关

后勤服务工作而言，把属于市场的那一部分交还给市场，变直接管理为间接管理，用市场取代统一调配，用有偿服务取代无偿服务，遵循市场经济规律，由过去的“养人搞服务”向“花钱买服务”转变，从而有利于解决以往服务质量不高、服务不够专业和服务效率低下等问题。

引进市场服务机构有三种模式，各有优缺点：一是服务托管。委托专业的管理公司对后勤服务工作进行管理，本部门只进行服务工作监督。优点是部门人员编制少，财政支出少，服务质量等有较大提升；缺点是服务工作与经营内容容易产生矛盾，对部门资源的控制和服务监管力度下降。二是服务外包。其中管理服务的主要人员由本部门人员担任，通过对外聘用、劳务派遣等方式雇用具体服务人员。这种模式的优点是管理与服务职能分离，服务人员专业，容易操作；缺点是市场化程度不高。三是成立服务公司。部门单独成立后勤服务公司，统一整合所有资源，聘请专业服务管理团队运用企业化管理方式实现后勤服务工作的现代化管理。优点是市场化程度比较高，竞争力强；缺点是体制改革难度大，对团队管理水平要求高。

（六）打造智慧后勤服务，推进“互联网+”建设

按照国务院《关于积极推进“互联网+”行动的指导意见》要求，推动互联网向机关后勤服务领域推广，以融合促创新，增强行业创新能力，提升后勤服务科学化水平。

积极推进“互联网+”的“智慧后勤”建设，依托于互联网的安全管理平台、物业管理平台、电子巡更系统、客户服务系统、二维码应用等已经在后勤服务工作中应用。结合中心实际情况和开发系统的前期投入资金较大等因素，中心先行开发微信公众号进行试点，成功运行并得到广大干部职工认可后再加大资金投入开发服务系统或者App。“互联网+”的形式将先行投入总

局机关的保障性服务，如资产管理、会议、设施设备维修保养、卫生保洁、机关食堂、日常办公服务等，取得成功后再向总局各事业单位推广，并提供公益性服务，如驾驶证年审、手机换卡充值、费用缴纳、洗衣等服务内容，逐步推广“互联网+后勤”的服务理念，逐步建立面向机关和事业单位的综合服务平台，不断提高后勤服务保障效率和质量。

《机关事务工作“十三五”规划》明确要求，按照精简、统一、效能的原则和政事分开、事企分开、管办分离的要求，着眼于更好地履行机关后勤管理保障服务的职责，进一步推进后勤服务社会化改革，加大机关向社会购买后勤服务的力度。因此，深化后勤服务改革要善于从总局机关干部职工关注的焦点、工作和生活面临的难点中寻找后勤服务改革的切入点，用以推动中心后勤服务工作改革创新发展。

参考文献

[1] 最高人民法院机关服务局.加速推进人民法院后勤服务社会化[J].人民司法，2016（7）：75-79.

[2] 商务部机关服务中心.创新方式 精心设计 积极推进机关后勤服务社会化[J].中国机关后勤，2016(11)：16-17.

[3] 刘会增.深化机关后勤服务社会化改革的实践与思考[J].中国行政管理，2017（5）：6-9.

[4] 蒲松.机关后勤服务社会化存在的问题及策略研究[EB/OL].（2013-10-08）[2019-06-25]. http://theory.people.com.cn/n/2013/1008/c40537-23121267.html.

[5] 常州市机关事务管理局积极推进机关后勤服务社会化改革[EB/OL].（2016-11-07）[2019-06-25].http://www.ggj.gov.cn/ztzl/jgswgzsswgh/gzdt/201611/t20161107_12769.htm.

浅谈新时期下如何发挥基金会作用做好运动员保障工作

国家体育总局体育基金管理中心　郭小菱

中华全国体育基金会（以下简称“基金会”）成立于1994年4月1日，是经国家民政部批准登记注册的全国性公募基金会。其宗旨是弘扬中华体育精神，致力于中国竞技体育水平和全民身体素质的提高，促进中国体育事业和谐发展。在组织架构上，理事会为最高决策机构，秘书处是执行机构，理事长和秘书长作为执行理事，代表理事会领导秘书处，执行日常管理决策；秘书处对理事会负责，秘书长、副秘书长、副理事长对理事长负责。在日常执行层面，围绕内部管理、对外合作发展、公益项目开发与执行、品牌推广、团队培训、基金管理等方面的事务，基金会下设专项基金部，合作发展部，运动员保障一部、二部，综合部，财务资产部等职能部门，构成相对高效、严谨的执行团队架构。

竞技体育是体育强国建设的重要组成部分，由于我国体育事业发展的特殊性，长期以来把竞技体育作为优先发展的方面去考虑，运动员作为竞技体育备战参赛的主体，刻苦训练、顽强拼搏、勇攀高峰，为祖国争光，发挥了很好的国际影响力，激发了全国人民的爱国热情和全世界中华儿女的民族自豪感，是中华体育精神的主要承载者和直接实践者。如何让这个群体发挥更大的作用，基金会作为社会组织、国家治理体系中的第三方，开展了多项运动员保障工作，为提升竞技体育综合实力服务，发挥着不可或缺的作用。

面对体育改革，基金会围绕运动员职业生涯的全过程，从入队开始到离队走向社会，以运动员不同发展期的需求为导向，从不同角度给予政策帮扶，开启了优秀运动员伤残互助保险、运动员保障专项资金等核心工作。

一、运动员保障核心工作开展现状

（一）推行优秀运动员伤残互助保险

为了发展我国体育事业，提高竞技体育运动水平，鼓励运动员刻苦训练、顽强拼搏，解除他们因训练比赛所致伤残的后顾之忧，1999年，基金会尝试与商业保险合作，对国家队一千多名运动员在训练、比赛中的伤残进行商业投保。但商业保险有着覆盖面窄、保费成本高、赔付金额少、赔付工作周期长等问题。2001年，基金会开始开展伤残互助保险试点工作。2004年，国家体育总局出台《优秀运动员伤残互助保险暂行办法》并于2017年进行修订，该项目按照运动项目受伤风险等级不同，年缴费标准分为三类：50元、110元、190元。运动员受伤经医疗专家组鉴定后，根据受伤程度，按照特级（50万元）至第十级（3500元）标准给予相应资助。

这项政策实施至今，覆盖全国各省（自治区、直辖市）体育局、中央军委、相关体协等40个单位下的280多个基层单位，累计有38万多人次参保，有2万多人次累计获得5900多万元补助；参加人员逐年递增，由原来的每年10 000多人增长到38 000人左右。该政策作为国家职工工伤保险的补充，建立完善了多层级的社会保障体系，为广大运动员积极投入体育训练和比赛、顽强拼搏为国争光、解除伤病后顾之忧发挥了重要作用，深受省（自治区、直辖市）体育局、运动队、运动员的认可和好评。

（二）设立运动员保障专项资金

为鼓励优秀运动员努力学习科学文化知识，适应退役后再就业的需要，基金会于2003年开启运动员奖学金助学金的学习资助工作。借助2008年北京奥运会的契机，基金会协调体育主管部门争取国家财政资金，设立了运动员保障专项经费，国家体育总局以政府购买服务的形式，将这项工作的日常管理资金发放交基金会具体落实，每年进行绩效考核。运动员保障专项资金的用途包括了运动员高等教育资助、重大伤残医疗补助、特殊困难生活补助等项目支出。2008年10月至今，已先后向全国33个单位2万余名在役、退役运动员发放补助1亿元，取得了一定的社会效果。高等教育资助，每年约有3000名运动员通过申请并获得补助金，在一定程度上帮助他们提升了文化知识水平，促进了运动员的全面发展。这项政策帮助运动员解决了因重大伤残和特殊困难所面临的工作和生活问题，有助于构建和谐体育的人文环境，促进体育事业的可持续发展。

二、存在的问题

在政策执行过程中，运动员保障工作与运动员的需求相比还有很大差距，有待进一步提升。其中存在的问题主要表现在以下几个方面。

（一）运动员管理制度及保障政策不充分、不平衡

举国体制下，运动员保障工作对于现役运动员来说还比较充分，但退役运动员的保障工作链条存在断点，因此是不充分、不平衡的。运动员的伤病大多为慢性运动损伤，而这些伤病一般在

运动员退役后随着年龄的增长而逐渐凸显。目前，运动员伤残未能纳入工伤职业病范畴，退役运动员伤残保障情况相对薄弱，不能满足运动员保障需求。需要在运动员管理制度及保障政策上进一步完善，补齐民生短板，促使运动员保障工作高质量发展，让运动员群体能有更多获得感、幸福感。

（二）学训矛盾问题突出

学训矛盾导致运动员文化水平普遍偏低，职业技能结构单一。在我国竞技体育实行高度集中管理的体制下，运动员没有足够的时间和精力来学习科学文化知识和其他职业技能，文化水平偏低。有的运动员在高校学习只是挂名，平时请假随队训练、比赛，偶尔回高校参加补考，或常年无文化学习，处于半休学状态，文化学习时间没有保障，未能真正掌握知识。另外，运动员就读的多是体育院校，学习的专业相对局限，对退役后就业帮助有限。

（三）退役运动员的出口没有打通

退役运动员自身价值没有得到充分的发挥，对接市场的体育人才职业发展平台还未建立。随着经济社会的快速发展，体育需求日趋旺盛，体育功能日益彰显，体育地位不断提高，特别是在全民健身国家战略实施和“健康中国”建设，需要大量体育人才。退役运动员作为体育事业的特殊人才，拥有专业的体育技能，但其能力未能在体育产业发展中得到充分发挥。

三、对策研究

针对上述问题，为更好地贯彻《体育强国建设纲要》，做好运动员保障工作，还需要在以下几方面进行完善和加强。

（一）做好运动员保障工作顶层设计

按照“以运动员为中心”的理念，围绕运动员职业生涯发展的全周期统筹完善相关保障政策，以提高运动员综合素质、保障运动员基本权益为目的，加大对运动员伤残保障力度，特别是对退役运动员的伤残保障，将运动员伤病纳入工伤保险职业病范畴。

（二）加强运动员职业技能培训

为了让运动员学有一技之长，适应不同职业类型的需求，可根据退役运动员的文化基础和择业意向，免费开设实用的技能培训班和辅导班，如开设新闻、服装、烹饪、文秘、心理咨询、体育指导、外语等基础课程，以提高退役运动员再就业能力为核心任务，以政府适度宏观调控为辅助条件，以社会组织引导为发展趋势，同时加强对运动员就业保护的法制培训和职业生涯指导等工作。

（三）建立体育人才职业信息平台

为了让体育人才资源更好地对接社会资源需求方，并为建立健全全民健身志愿服务体系起到人才储备作用，可以建立体育人才职业信息平台，利用新媒体方式发布相关的人才信息，拓宽体育人才就业的渠道，使其更好地发挥全民健身指导的功能，以提升运动员综合素质和人的全面发展的同时，为体育人才培养、为我国竞技体育事业提供持续人力资源支持。

《体育强国建设纲要》在“战略任务”中明确了对全国性社会组织的要求，体育强国建设的“九大工程”也把“体育社会组织建设工程”列入其中，足见对体育社会组织功能的重视。基金会作为全国性体育社会组织，在实现体育治理体系和治理能力现代化的进程中，要继续发挥好行业引领的作用。积极发挥体育特性和公益属性，以提升运动员综合素质和人的全面发展为目标，做好体育人才的培养工作，促进竞技体育蓬勃发展；要加强对运动员保障工作的研究和利用，进一步丰富体育事业、体育文化的内涵，提高运动员保障工作专业化水平，以实实在在的工作措施，让运动员群体得到更多的实惠，提高运动员的获得感、幸福感。

切实配好管好用好公共场所室外健身器材

国家体育总局机关服务中心　张梅芬

全民健身是健康中国、和谐社会的基础和保障，是人民群众快乐生活、幸福生活的主要追求。2016年8月，习近平总书记在全国卫生与健康大会上发表重要讲话强调："没有全民健康，就没有全民小康。"党的十九大报告中重点提及："广泛开展全民健身活动，加快推进体育强国建设，筹办好北京冬奥会、冬残奥会。"习近平总书记把增强人民体质、提高健康水平作为基础，也就是把人民健康放在优先发展的战略地位。在全民健身运动蓬勃发展的今天，人民群众参与度极高的公共场所室外健身满足了百姓需求，而室外健身的辅助工具就是各种健身器材。公共场所室外健身器材主要指"全民健身路径""农民体育健身工程"所配建的器材，包括篮球架、乒乓球台、太空漫步机、健骑机、单（双）杠等，此类器材的配建工作亟须改进。

一、基本情况

公共健身器材的配建工作从1997年起，国家体育总局累计投入中央集中彩票公益金7.8亿余元，支持地方建设（更新）"全民健身路径”室外健身器材近1.8万套。这些器材已成为群众身边的基本公共体育设施，全国各地每天使用这些器材的群众达到千万人次。这些器材的配建很大程度上改善了城乡健身休闲环境，促进了室外健身器材行业发展，在我国健身器材制造业发展中发挥了重要作用。

《全民健身条例》对公共健身器材配置管理问题做出了规定。第二十九条规定：“公园、绿地等公共场所的管理单位，应当根据自身条件安排全民健身活动场地。县级以上地方人民政府体育主管部门根据实际情况免费提供健身器材。”第三十条规定：“公园、绿地、广场等公共场所和居民住宅区的管理单位，应当对该公共场所和居民住宅区配置的全民健身器材明确管理和维护责任人。”国务院印发的《“十三五”推进基本公共服务均等化规划》和国家发展改革委牵头拟定的《国家基本公共服务标准（2019年版）》分别将“免费提供公园、绿地等公共场所全民健身器材”列入“十三五”国家基本公共服务清单、基本公共体育服务项目。

二、目前配建管理措施和存在的不足

（一）目前配建管理措施

1. 制定完善政策

2009年、2012年国家体育总局办公厅、国家体育总局分别制定下发了《关于全民健身器材招标采购及配件管理工作的意见》和《关于进一步加强室外健身器材招标采购及配建管理工作的意见》，加强对地方公共健身器材配建工作的指导。2017年，国家体育总局发布《室外健身器材配建管理办法》，对室外健身器材的采购、安装、监管、维修与拆除做出了规定，明确了公共器材的“属地管理”原则：社区委员会、村委会、公园（广场）管理部门、机关、企事业组织等接收器材的组织和单位，负责对配建在本组织和单位所辖区域内的器材进行日常管理和维护。

2. 研究制定标准

2003年我国出台了《室外健身器材的安全　通用要求》国家标准，并在2011年对此标准进行了修订。现行的《室外健身器材的安全　通用要求》（GB 19272—2011）对室外健身器材的结构、功能、安全、管理等进行了规范，明确室外健身器材的安全使用寿命为8年，超过安全使用寿命的器材应按要求报废处置。

3. 引导支持地方配建器材

利用中央集中彩票公益金和公共文化服务体系建设专项资金，支持引导地方配建公共健身器材、对器材进行维修和更新。同时，积极推动室外健身器材研发生产企业加强创新，指导研制二代室外健身器材标准，推广具有智能化和信息化功能特点的二代室外健身器材。如国家体育总局群体司在2018年利用彩票公益金采购了3批健身器材对外捐赠，资产原值计14 905 234.00元，其中44套资产原值7 480 080元的二代室外健身器材捐给各省、市、自治区和新疆建设兵团以支持地方建设体育公园，推动室外健身器材提档升级和智慧体育健身设施建设；8套资产原值4 000 000元的健身器材捐给天津、上海等7个智慧社区健身中心试点省份，以支持开展智慧社区健身中心试点工作；5套资产原值3 425 154元的健身器材捐给繁峙县、代县等5个贫困县，以支持扶贫工作。

（二）配建管理工作存在的不足

虽然目前在配建管理上采取了行之有效的措施，但仍存在不足，需要完善、改进和加强。

1. 器材采购工作需要完善

一是受目前政府采购法的约束，“价格最低中标”已经成为不少地方公共健身器材采购中的突出现象，这造成了企业之间竞相压价，使器材质量和售后服务大打折扣，新产品、新技术则因价格相对较高难以中标，妨碍了器材创新和科技进步；二是一些地方采购的器材没有经过产品质量认证，产品质量存在一定问题；三是一些地方在采购中不重视器材验收，对企业履行售后服务承诺监管不到位，导致采购安装的器材不符合要求和企业不按合同要求落实器材售后服务责任；四是一些地方在器材采购前未深入调研和了解群众需求，导致采购安装的器材群众满意度和利用率不高。

2. 器材质量认证需要改进

《室外健身器材配建管理办法》规定，地方采购的公共健身器材“应通过国家认可的器材质量认证机构的产品质量认证”。目前，已开展室外健身器材质量认证的机构只有北京国体世纪质量认证中心，各地采购安装的室外健身器材都需要通过该中心认证（NSCC认证）。由于该认证中心承接业务量大、人手相对不足，导致了对获证企业及其产品后续监管不到位等问题。

3. 日常管理维护不到位

在不少地方，公共健身器材日常管理不到位，主要表现为：一是人为因素致使器材零部件丢失和损坏，影响了器材的安全使用，缩短了器材使用寿命；二是器材出现问题后未得到及时维修，使小问题变成了大问题甚至导致器材报废；三是报废的器材未及时拆除或更新；四是不少群众不懂器材的正确使用方法，部分群众甚至在器材上做危险动作，为伤害事故的发生埋下安全隐患。以山西省为例，公共体育设施建设从2006年开始大规模开展，由于部分健身器材已经超出质保使用年限、部分器材因质量较差、自然损坏和人为损坏等因素，全省范围内健身器材损坏率达50%以上，导致健身器材在使用过程中存在严重安全隐患。

4. 资金保障不充分

例如，行政村农民体育健身工程所配器材的使用寿命约为10年，目前已有许多器材使用超过10年，器材更新或维修所需资金却得不到充分保障。特别是贫困落后地区，绝大多数为一代室外健身器材，由于经济困难，二代智慧型健身器材更新换代难以推进。

三、改进配建管理工作的建议

（一）规范公共健身器材采购工作

鼓励采购创新型器材，推动室外健身器材提档升级；在采购中对生产企业的诚信履约情况、生产技术水平、产品质量控制及售后服务能力加强审核；所采购器材应符合《室外健身器材的安全　通用要求》（GB 19272—2011）以及其他关于器材配建工作的国家标准；督导地方结合当地公共体育设施建设规划、结合人民群众的需求，在充分调研论证的基础上制订配建和更新工作计划，根据工作计划组织开展器材采购。

（二）加强室外健身器材质量认证行业的管理

培育室外健身器材质量认证力量，支持新成立的具备条件的专业技术机构开展室外健身器材质量认证；加强对室外健身器材质量认证机构日常认证工作的监管，督促认证机构公平公正地开展认证业务，为健身器材厂家生产的产品把关。

（三）加强对公共健身器材日常管理工作的指导和监管

推动室外健身器材提档升级，充分利用二维码、“互联网+”等现代信息技术手段提升公共健身器材管理服务水平（如利用智慧体育云平台软件系统等智能化管理系统，普通健身群众用手机扫描二维码，就可以得到健身方法指导、运动量、步数、排名等数据信息；可以通过网络平台完成线上设备维修申请等）；利用政府采购服务方式支持社会力量参与公共健身器材管理维护，宣传普及器材正确使用方法，加大普及和推广科学健身知识的力度，指导群众正确使用健身器材，形成人人爱护、人人参与管理的氛围，树立爱锻炼、会锻炼、勤锻炼、乐分享的良好社会风尚；组织开展公共健身器材配建管理工作专项评估检查，督促各地更新或拆除使用寿命已到期及损坏报废的器材，并根据当地实际和群众需求完善体育设施功能。

（四）保障资金投入

各级政府应结合自身在公共体育服务方面的职责和需求合理安排预算，支持街道（乡镇）、社区（村）和有关单位对使用寿命已到期及损毁报废的公共健身器材进行维修、更新和完善。建议中央彩票公益金在转移支付上适当给予地方倾斜，并应该重点增加资金支持保障贫困落后地区公共健身器材的更新、维修和完善，全面落实中央关于精准扶贫、精准脱贫方略和习近平总书记脱贫攻坚重要讲话精神，引导贫困地区人民养成健康生活方式，推进公共体育服务均等化。加强政策支持，制定、发布相关室外健身器材更新的标准、服务规范等文件，突出实用、适用、管用的原则，规范市场及相关人员工作管理机制。

切实配好、管好、用好公共场所室外健身器材必须坚持人民在体育发展中的主体地位。要对比人民群众追求美好生活的愿望，找差距，强化指导和监管，不断加大公共场所室外健身器材的配建管理力度，统筹抓好已建公共室外健身器材的使用管理和提档升级，为人民群众安全使用健身器材提供保障，推动全民健身与全民健康深度融合、体育运动与美好生活深度融合。

切实提高国家训练基地科研医疗保障工作水平

国家体育总局湛江潜水运动学校　侯振坤

为了实现建成体育强国的战略目标，《体育强国建设纲要》中提出了“提升竞技体育综合实力，增强为国争光能力”的战略任务，其中，明确要求“加强科研攻关、科技服务和医疗保障工作，加大对训练基地科研、医疗、文化教育等支持，把若干现有基地建设成为世界一流的‘训、科、医、教、服’一体化训练基地”。这就对现有国家训练基地的科研医疗工作提出了新的要求和改革方向。

一、做好国家训练基地科研医疗保障工作的重要意义

在体育强国建设的新征程中，提高竞技体育的综合实力，要构建科学合理的训练和保障体系。这就要求加强国家训练基地复合型团队的建设，统筹体育科技创新资源、技术、人才，加强科研攻关、医疗保障工作，对国家队日常训练中的体能训练、机能监控、伤病防治、运动营养、竞技战术分析、数据管理与分析等

提供及时、有效的科研医疗保障，对扎实推进奥运会备战工作、促进竞技体育更好地发展具有重要的作用。

二、国家训练基地科研医疗保障工作存在的问题

（一）国家训练基地科研医疗保障工作现状分析

经过调研发现：只有小部分基地没有医疗保障功能，大部分基地有医疗保障功能，但有些基地医疗保障团队只服务于运动队，有些则成立了面向社会的专业运动康复医疗机构。现将调研的其中两个国家训练基地情况介绍如下。

（1）国家体育总局训练局体能康复中心。

该中心是国家体育总局训练局的下设部门，是集运动损伤诊断、物理治疗、康复训练、水疗、体能训练、运动视觉检查及训练、口腔咨询为一体的综合型现代化体能康复中心。康复中心自成立以来，为驻训练局的13支国家队及足球、手球、曲棍球、冬季项目等20多支国家队提供运动康复保障服务。

康复中心现有专业技术人员12人，工勤岗2人。其中副主任医师1人，主治医师1人，医师1人，中级康复治疗师3人，初级康复治疗师6人，护士1人。

（2）国家体育总局湛江潜水运动学校科研医务处（运动伤病医疗中心）。

科研医务处是国家体育总局湛江潜水运动学校的下设部门，负责学校运动医学科研服务工作，为来校训练的各运动项目国家队和各省市运动队提供有针对性的医务监督和医疗保障；协助国家体育总局各运动中心做好备战奥运会、亚运会运动队的医疗、康复及科研工作；负责潜水作业与培训工作的医务监督和救护

工作。科研医务处自成立以来，为蹼泳、滑水、橄榄球、赛艇、皮划艇、单板滑雪、铁人三项等若干奥运项目和非奥运项目国家队训练和比赛提供运动康复、伤病治疗、生化检测、赛前营养、现场救护等方面的医务监督和医疗保障，同时面向社会开展诊疗工作。

科研医务处现有专业技术人员27人，行政后勤岗3人。其中，主治医师5人，医师（含执业助理医师）7人，主管检验师1人，主管护师1人，护师4人，护士5人，中级药师1人，药师1人，放射技师1人，初级康复治疗师1人。

（二）目前存在的问题

目前，国内国家训练基地的科研医疗保障团队人员一般由医生和康复治疗师组成，而欧美一些体育强国的科研医疗中心一般以医生、物理治疗师、体能训练师为主组成高水平复合团队。这一点值得借鉴。

国内国家训练基地的医务人员有比较丰富的国家队一线工作经历，在伤病诊断、非手术治疗和恢复方面有丰富的经验。但是，由于忙于临床工作，往往一人身兼数职，同时负责诊断、理疗、评定、恢复等多项工作，因而缺乏学习和研究时间，也缺少进一步系统培训的时间和机会。从中国知网、PubMed等平台的数据来看，在科研课题研究和论文发表方面，团队人员整体科研能力明显不足。鉴于前面提到的原因，即理念相对陈旧、缺乏系统的知识更新、科研实力弱，因此在伤病治疗和恢复的实际工作中，往往是以传统治疗、理疗为主。

因此，需要进一步完善专业技术人员的业务水平，完善科研医疗保障团队的专业组成。

三、解决问题的措施和未来发展途径

（一）加快人才培养和引进

全面建设一流国家队训练基地，主要途径在于增强内部人才建设，提高核心竞争力。

1. 加快优秀人才引进

《体育强国建设纲要》指出“建立面向全球的体育科研、医疗、康复等科学训练专业人才招募合作平台，配套建设科学的培养支持机制和绩效考评机制”，因此应加快在国家训练基地引进一流团队需要的科研、医疗、康复行业优秀人才。

2. 加快对现有人才的培养

国家训练基地现有医疗保障团队人员一线工作经验丰富，是我国体育事业多年来积累的宝贵财富。为了建成体育强国战略目标，进一步增强竞技体育综合实力，提高现有人才的医疗水平和科研能力是复合型科研医疗团队建设的重要组成部分。要配套建立科学的培养机制和继续教育模式，方法包括组织基地现有人才按照专业到国家体育总局科教司、体育科学研究所、运动医学研究所、体育医院、北京体育大学等单位进行系统化的学习培训，并加强领域前沿信息交流；组织各基地高水平人员到国外短期进修访学等。

（二）加强科研攻关和科技助力

要鼓励业务人员多参加科研相关培训，可以依托北京体育大学等体育高校的优质资源和平台提高科研能力。要强化工作中的科研意识，利用好国家队这一优秀的研究对象群体，研究运动医学规律，指导科学训练。依托高校、科研院所和高新技术企业，建设国际化体育科技合作平台，建立国家队运动员大数据管理系统，对运动员伤病防治、机能监控、体能训练、运动营养、心理训练等方面，进行科学管理和分析，并提供给医疗团队，从而能够跟踪每一位运动员的伤病恢复情况，然后提供个性化的训练计划，提高比赛成绩。

（三）加快医疗和科研设备更新

要了解世界一流的训练、治疗、检测、科研等设备的前沿信息，通过购买或与设备厂家合作、参与研发等方式，保障基地设备更新换代，提高科研医疗保障水平。

综上所述，国家训练基地高水平复合型科研医疗团队的建设，核心是人才。首先，要统筹内部资源，协调创新。我国竞技体育的发展模式是举国体制为主导、市场机制相结合，国家体育总局可以发挥系统内部资源的调动、整合的作用，加强系统内单位的交流和合作，建立内部科研、医疗、康复人才培养机制。其次，制订人才发展中长期计划，实施高层次人才培养专项计划，或选派重点领域专业人才出国（境）培训，或与医院、科研院所、高校合作，为体育系统内专业人才提供继续教育和短期进修培训计划。最后，在全面建设社会主义现代化体育强国的战略目标下，国家训练基地科研医疗保障工作要坚持以人为本、改革创新、协同联动的发展理念，建设高水平复合型科研医疗团队，为竞技体育的发展保驾护航。

青少年球员转会及其政策研究

中国足球协会　马萌

党的十八大以后，在以习近平同志为核心的党中央的领导下，中国特色社会主义进入了新时代，全面深化改革是习近平新时代中国特色社会主义思想的重要组成部分。党的十八届四中全会明确提出了全面推进依法治国的总目标。体育法制建设是全面依法治国在体育领域的具体实践活动，也是体育事业发展的重要保证。球员的转会制度作为足球运动最基础、最核心的制度之一，只有不断与时俱进地完善与发展，才能跟上世界足球的潮流和趋势，维护公平正义的足球环境。

自从2015年2月27日中央全面深化改革小组第十次会议通过《中国足球改革发展总体方案》（以下简称“《总体方案》”）后，世界第一运动——足球在中国受到的重视程度达到了前所未有的高度。结合《总体方案》部署，青少年球员培养成为下一步足球工作的重中之重。而进一步提高中国足球青少年球员注册与转会等基础性管理工作水平，加强我国足球青少年球员培训管理，规范青少年球员转会市场，鼓励与保护长期致力于青少年球员培训的青训单位的积极性，就是做好青少年球员培养的理论基础和制度保障。

一、青少年球员转会的意义

转会是体育领域，尤其是足球领域的一个专业名词，指球员从一家俱乐部流向另一家俱乐部的行为。通过转会，球员改变了注册单位，不再代表原俱乐部参加比赛。在现代足球运动中，球员的转会是球员流动的主要形式之一。球员在各个俱乐部之间的合理流动，不仅能够人尽其才，也能激发俱乐部的活力，提高各地区的足球运动水平。

人才是实现民族振兴、赢得国际竞争主动的战略资源。青少年球员作为竞技体育人才，需要我们实行更加积极、更加开放、更加有效的人才政策，鼓励引导人才合理流动，努力形成人人皆可成才、人人尽展其才的良好局面。每名球员的类型和特点都是不一样的，而足球作为团队项目，不同球员之间的配合所产生的效果也是不同的。在一个地方表现不好的球员，不代表到另一个地方也表现不好。教练员、同队队友、球队风格等很多因素都会对其表现造成影响。所以，球员的合理流动是足球市场的需要，也是促进足球发展的有效途径。

除有助于促进年轻球员的发展，提高其竞技水平之外，球员只有流动起来，才能对培养了该球员的原俱乐部起到反哺的作用。球员如果固定在同一家俱乐部，不发生任何转会补偿，其特殊技能带来的创造性价值，就不能作为有价商品投入足球市场产生有效的反应。

随着改革开放的推进和市场经济体制的不断完善，球员的转会体现了市场的竞争机制、价格机制和供求机制，是市场经济发展到一定程度的产物。涉及球员转会和注册等一系列制度的建立与实施，标志着中国足球开始走上市场化和职业化的发展轨道。转会制度的实行，说明球员作为体育人才已被社会所承认和重视，这对加强中国足球的法制化建设、培育人才市场、理顺和健全人才机制及促进中国足球事业的发展，都具有十分重要的意义。

二、青少年球员转会及其相关政策实施中的问题和原因

中国足球协会关于球员转会等相关政策的制定由来已久。从2009年的版本开始，全面对接《国际足球联合会球员身份及转会规程》中的相关条款，逐步完成与世界足球的接轨。现行的《中国足球协会球员身份与转会管理规定》（以下简称《转会规定》）是于2015年底修改，并经过2018年和2019年两次修订的版本。尽管政策几经修订，在执行的过程中仍然遇到诸多问题。

（一）主要问题

1. 青少年球员业余转会市场管控力度不足

首先，根据《转会规定》，除特殊情况外，只有年满十六周岁以上的球员方可进行国内转会。这条规定制定的初衷是保证未成年球员在进行足球专项训练的同时，身心也能够得到健康的发展。即保证球员在完成九年制义务教育之前，能够不脱离社会、不脱离学校、不脱离家庭（俗称的“三不脱离”）地进行足球训练。但部分青训单位（地方会员协会、培训单位、俱乐部）为了追求短期的成绩，通过提供虚假材料，从其他地区违规办理未成年球员转会，严重破坏了青少年球员的业余转会市场。

其次，部分青训单位由于法律意识淡薄，与青少年球员签订的培训协议条款不规范，权利义务关系不清，尤其是缺乏对违约责任的明确约定，导致球员与培训单位之间纠纷不断，不仅无法保护自身的合法权益，还让熟悉相关法律和规则的球员代理人钻了空子，进一步扰乱了青少年球员的业余转会市场。

2. 青少年球员职业转会相关政策执行不力

（1）关于培训补偿政策。

根据《转会规定》附件一的规定，培训补偿是指球员在首次签订工作合同，即首次注册为职业球员时，球员所在俱乐部应向球员21周岁之前培训过他的俱乐部（或培训单位）支付培训补偿。培训补偿应在该球员注册后30日内支付。但在实际操作中，这部分补偿很少被支付。

（2）关于联合机制补偿政策。

根据《转会规定》附件二的规定，职业球员在与原俱乐部工作合同期限届满前转会，新俱乐部应当向所有培训过该球员的俱乐部（或培训单位）根据球员参赛证上的注册信息，支付联合机制补偿费。联合机制补偿也应在该球员注册后30日内支付。但在实际操作中，这部分补偿也很少被支付。

（3）关于球员代理人。

根据《中国足球协会球员代理人管理规定》，代理人是指收取费用或免费代表球员或俱乐部为达成签署转会协议或签订工作合同而进行谈判的自然人或法人。代理人向俱乐部介绍球员并进行签约、续约，或介绍两家俱乐部签订球员转会协议，规范球员转会活动中的代理行为，保障球员和足球俱乐部的合法权益。而由于代理人逐利的本性，会出现代理人诱导青少年违反培训协议进行跨省市转会的现象，一方面影响了青少年球员身心的健康发展；另一方面影响了原培训单位的正当利益，严重扰乱了青少年球员的业余转会市场。这种短期投机行为削弱了球员与原俱乐部合同或协议的稳定性，致使原俱乐部利益受损，球员的契约精神弱化。

（二）造成问题的原因

上述问题主要分为两类：一类是急功近利、诚信缺失的造假和违规问题；另一类是对相关政策的理解和执行偏差问题。下面分别简要分析造成两类问题的原因。

1. 急功近利，诚信缺失

年轻球员的培养不是一朝一夕的事情，尤其足球作为一个团队项目，一个球队的更新换代更是一个十分漫长而艰难的过程。部分俱乐部急功近利，不愿费时、费力、费钱自己培养球员，而是通过违规操作，对其他地区培养的青少年球员家长许诺给球员美好的前景，用诱人的物质条件，诱导球员违反培训协议进行跨省市的转会。这种短期的投机行为，不仅削弱了球员与原俱乐部合同或协议的稳定性，致使原俱乐部利益受损，更是让球员在很小的年纪，就缺失了对契约精神的认知，十分不利于未成年球员树立正确的价值观。

2. 政策理解和执行的偏差

培训补偿和联合机制补偿，是国际足球联合会专门针对俱乐部青训培养的重要补偿机制，在世界范围内广泛使用。虽然中国足球协会从2009年底就已将上述机制引入我国并开始实施，但并没有引起相关俱乐部的足够重视，在实际操作过程中对政策的理解和执行力度也不够。而我国相关青训培养单位（地方会员协会、培训单位、俱乐部等）在优秀青年球员的转会方面大多不愿意执行国际足球联合会的规定（国际足球联合会规定业余球员转会不涉及转会费），并且认为国际足球联合会制定的业余球员的培训补偿标准较低，因此，在我国相关地方会员协会、培训单位、俱乐部在进行业余球员转会时大都会向新转入俱乐部提出转会费的要求，因此也存在着球员原培训单位已经在之前的业余转会中获得了相应补偿，在球员之后成为职业球员时也就不会再索要了。

根据规定，业余球员所在培训单位要等到球员成为职业球员后才能从培训补偿和联合机制补偿中获得相应补偿，目前在足球运动较发达的国家，足球俱乐部按规行事的诚信度较高，这种补偿机制已经得到广泛的认可和使用，所以在索要相关补偿时通常不会遇到任何困难。但在国内有部分俱乐部为规避相关费用，故意隐瞒转会费数额，造成阴阳协议的现象普遍存在，导致原培训单位无法获得真实的转会信息。

三、相关建议

根据相关政策在实施过程中出现的问题以及各方反馈的意见，本着遵循足球发展规律，从基层抓起，有序推进的原则，现提出以下解决建议。

（一）关于中国足球协会相关政策调整的建议

1. 加强诚信体系构建

为防止个别培训单位利用虚假手段违规办理青少年球员转会，维护青少年球员身心健康，使其拥有良好的教育环境，加强培训单位对本地青少年球员培养的引导，对《转会规定》中“只有年满十六周岁以上的球员方可进行国内转会”条款中的例外规定进行调整，将“工作证明”调整为“社保凭证或个税缴纳证明”，用以提高造假的难度，营造更加公平的环境。

2. 提高青训补偿费用标准

根据近年来国内青训投入总体情况与青少年球员转会市场的价格，提高《转会规定》附件一培训补偿中不同类别俱乐部的培训费用标准：第一类别俱乐部从每年10万元人民币提高到每年50万元人民币；第二类别俱乐部从每年6万元人民币提高到每年25万元人民币；第三类别俱乐部从每年2万元人民币提高到每年10万元人民币；并增加第四类别俱乐部每年2万元人民币。

3. 增强培训协议效力

为加强青少年球员与培训单位对双方所签订培训协议的履

约意识，对尚在培训协议有效期内的青少年球员的国内转会行为规定如下：青少年球员应先与原培训单位就培训协议解除达成一致。未达成一致的，禁止办理国内转会；青少年球员与培训单位就协议的履行发生争议的，可向中国足球协会仲裁委员会提交仲裁申请。

4. 增加法律约束机制

为保障青训补偿政策的执行力度，对《转会规定》培训补偿和联合机制补偿相关条款增加如下规定：新签工作合同或新转入球员的俱乐部应在注册完成后30天内，依据球员培训履历和培训补偿标准向球员所属培训单位支付培训补偿和联合机制补偿。若俱乐部未按规定期限和标准支付的，则球员原培训单位可向中国足球协会仲裁委员会提起仲裁。若新俱乐部被中国足球协会仲裁委员会认定为无正当理由未完成前述款项支付的，中国足球协会仲裁委员会将依照《中国足球协会纪律准则》对其进行处罚。

（二）对中国足球协会内部相关部门协调配合的建议

1. 信息化部

目前中国足球协会对球员在各个时期的注册信息仅在现有注册系统内进行记录，以及在运动员参赛证上用文字注明。除地方会员协会外，其他培训单位查询球员的履历非常困难。建议尽快完善信息化平台建设，把球员培训履历数字化并将相关信息和转会过程进行公开，所有注册用户均可依照自己的权限查询转会相关信息。

另外，目前关于球员注册、转会、青训补偿等重要流程仍存在诸多不足，中国足球协会信息化平台建设和注册体系建设应同步推进。注册转会工作是数据统计、数据分析、数据挖掘、大数据应用的最佳阵地，而信息化平台的建设又可反向指导注册转会工作流程的优化和业务的发展。

2. 注册管理部

除继续大力完善注册体系建设外，为提高转会信息的公开度，建议每个转会窗口关闭后，在中国足球协会官方网站汇总公布各俱乐部转会球员的基本情况（但不公布涉及保密的信息），以便相关培训单位了解球员转会信息。此外，应进一步定期向有关地方会员协会和俱乐部进行相关政策的解读和实施操作程序的培训工作。

3. 准入审查部

建议增加本俱乐部（或本地区）培养球员的名额要求，将各俱乐部必须拥有一定数量的本俱乐部（或本地区）培养球员作为俱乐部准入的必要条件。另外，通过俱乐部财务监管规程，将支付培训补偿与联合机制补偿等青训补偿机制纳入监管体系，建立统一的费用流转监察机制，使俱乐部财务状况更加公开、透明，通过完善的制度监管方式，督促各俱乐部完成支付青训补偿的义务。

4. 法务部

建议尽快研究与完善对球员转会补偿争议的受理与裁定机制程序，建立类似国际足球联合会球员身份委员会的机构，以快速处理涉及球员身份的相关争议。另外，建议研究并出台有关培训协议及履行的详细指导意见，通过制订培训协议基本模板及出台违约金指导价确定培训协议的主要内容，明确培训过程中培训单位的基本义务，规范青少年球员培训单位和被培训球员的基本行为。构建有序的培训体系，促使培训各方有章可循，在出现纠纷时，也为行业内纠纷解决机构提供有效的衡量标准。

5. 媒体与公共关系部

建议加强新闻宣传工作，尤其是能够通过公共媒体平台，将相关政策普及到最基层的青训培训单位，加强新闻信息引导的主动性。大众传播的基本功能之一就是舆论引导，要善于利用新媒体等方式，引导与创建健康、积极、正面的足球舆论与足球文化。

（三）中国足球协会与外部其他部委协调配合的建议

1. 教育部

根据《中国足球协会2020行动计划》中关于注册人口的要求，到2020年要完成全国青少年球员注册人口100万（其中女足10万），各类赛事注册人口500万的目标。要实现这一目标，就必须与教育部门密切配合，打通校园足球与中国足球协会注册数据的接口，实现数据共享。另外，将青少年球员办理注册和转会的基础要求与学校的学籍挂钩，真正实现“三不脱离”的符合足球人才培养的模式，并更好地保证足球转会制度不断完善。

2. 人力资源和社会保障部

由于足球作为改革试点项目的特殊性，国家现有的规范劳动关系的相关法律法规，对于约束球员的培训协议和工作合同等法律文件有些不太适用，需要有关部门对现有相关法规进行汇总梳理，在遵循现有法律法规基础上，兼顾国际足球联合会有关规则，提出规范球员劳动关系的意见，进一步加强青少年球员转会政策的合法性，构建合理的足球转会体制和制度。

参考文献

[1] 中央文献研究室，中国外文局.习近平谈治国理政[M].北京：外文出版社，2014.

[2] 魏纯镭，毛军平.体育教育与文化[M].北京：北京体育大学出版社，2010.

[3] 韩念龙.当代中国外交[M].北京：中国社会科学出版社，1988.

[4] 国家体育总局.拼搏历程 辉煌成就：新中国体育60年[M].北京：人民出版社，2009.

[5] 王毅.在2018年国际形势与中国外交研讨会开幕式上的演讲[EB/OL].(2018-12-11)[2019-07-03].http://world.people.com.cn.

体育场馆维修改造项目管理研究

国家体育总局自行车击剑运动管理中心　秦军安

对历届主办国家来说，奥运会既是机遇又是挑战。壮观唯美的奥运主场馆，是每一届奥运会独有的标志。但在历届奥运会结束之后，由于巨大的体量、巨额的维护成本、功能开发的难度、使用率低等原因，奥运场馆的赛后运营成为一道公认的世界性难题。奥运场馆的赛后利用与运营，与有计划的精密维修、维护及管理密不可分。维修的方案设计和工程实施既要坚持问题导向，及时解决当下问题，更要立足长远，通过科学设计、精心施工，进一步优化场馆功能，提升运行效率。

一、体育场馆赛后利用现状和意义

1996年美国亚特兰大奥运会的奥林匹克体育场，在奥运会结束一年之后就直接被拆除。

2004年雅典奥运会举办成本约为90亿欧元，其中大部分是用于赛事场馆建设。雅典奥运会主游泳场馆曾见证了众多传奇和英雄的诞生，而如今却年久失修，破败不堪；赛艇和皮划艇场馆因缺乏必要的维修和保养，变得满目荒凉。由于雅典奥运会后希腊经济衰退，缺乏进一步的投资和后期维护，大部分为举办奥运会而新建的体育场馆现在已经废弃。

北京奥运会后，沙滩排球场、皮划艇等室外比赛场地缺少维护，荒废在郊区。但五棵松篮球馆却在赛后不断举办各种活动，采取多场经营，赛后利用和运营方式成为一个非常成功的案例。

“以铜为鉴，可正衣冠；以古为鉴，可知兴替；以人为鉴，可明得失。”对比世界各国奥运场馆的现状不难看出，我国的奥运场馆赛后利用在整体上还是比较成功的，但是在经历了10多年的发展之后，后期维修和保养的问题越来越严峻，需要引起足够的重视。在这个过程中，维修和维护的质量将直接关系到场馆的健康、可持续发展。

二、体育场馆赛后运营与维护的相关问题

奥运场馆的赛后利用和维修维护是一项系统工程，也是一道世界性难题，后期运营以及维护工程的设计和质量关系到国家队的训练和比赛，关系到国家的长远利益、人民的生命安全。必须加强管理，要采取科学的方法，增强质量意识，做好质量控制。

（一）维修项目设计考虑不够全面

由于需要维修的项目较多，一旦在设计过程中现场实际测量和勘察不够细致、设计等工作不到位，就会导致很多隐蔽及细小事项容易漏掉，设计规划易存在缺项、漏项，不仅影响项目工期，增加项目成本，而且会影响项目质量，也就很难谈得上场馆功能的优化。

（二）材料因素尤其是隐蔽工程环节问题多发

所有投入到工程建设中的成品、半成品、构配件以及其他原材料都直接决定着工程质量的好与坏。在体育场馆的维修过程中，一般都存在着上下工序前后衔接的现象，上道工序的结果被下道工序所覆盖，也就是说存在着隐蔽工程。而在隐蔽工程中，

工程材料出现质量问题的可能性是比较大的。一旦隐蔽工程的质量问题有所表现，这一般就意味着整个工程的问题已经比较严重，无论能否补救或者怎么补救，都必将大大增加后期成本。所以我们尤其要注意加强对隐蔽工程各个环节的监控，严把各种材料的质量关，严格执行施工规范，否则，质量问题将直接影响场馆的使用寿命和使用安全，造成重大安全隐患。

（三）工程监理的作用得不到足够重视

当前，在场馆维修和维护的相关工程项目中，一个比较普遍的现象是监理费用偏低，而且相关监理人员的专业技能和素养也比较薄弱，监理所需的相关设施经常得不到充分的保证，根源还在于相关各方对这类工程的监理工作的重视程度不够。

（四）质量奖罚激励机制不够健全

在场馆维修和维护工程项目中，普遍缺乏重奖重罚、风险自担的机制，而且往往是工期紧、任务重，在中央预算和国家财政资金使用中的执行率要求下，施工单位过分追求进度，而工程质量很少与激励机制挂钩。

（五）忽视项目后期运行的质量保障

从可行性研究到工程设计，对项目建成投产的可靠性、使用性、可维修性和维护保障性考虑较少，造成日后维修维护的质量无法得到相应的保障。

三、体育场馆维修、维护项目的管理与对策

北京2008年奥运会的成功举办，留下了宝贵的奥运遗产，其间所建体育场馆到现在已经十余年，随着场馆使用年限的延长，维修改造的事项明显比过去多了起来。建筑物及设施设备基本到

了该维修改造和更换的期限。做好场馆的日常维修、维护工作非常重要。维修改造项目要结合实际情况，做好前期合理计划和规划，维修过程中必须严格按照国家法律法规和国家体育总局、政府投资项目管理办法进行，并建立三年维修项目计划库，成立维修项目小组，按照程序进行招标、施工、结算，施工过程中需由审计单位进行全过程审计，按照合同约定进行监督管理。

（一）在前期设计阶段要依建筑物现状全面细致地做好维修改造设计方案

可行性研究是项目建设前期的一个重要步骤，也是保证整个项目质量以及功能效益的基础性工作。设计是工程项目成本控制的重中之重，是施工全过程中合理安排、科学管理的重要手段和措施，贯穿施工全过程，是统筹安排施工企业投入和产出的关键和依据，也为项目工程招标以及其他相关建设工作的决策提供重要依据。维修项目的不可预见性事项多，意想不到的隐蔽事项在维修施工中会经常出现。负责可行性研究和设计工作的专业人员前期多到现场反复勘察测量、全面细致地做好维修改造设计方案至关重要。前期设计不仅要保障项目施工的科学有序，还要对施工和使用过程中可能会遇到的问题具有一定的预见性。这就要求工程设计人员必须深入一线，事先做好全面的规划及预防措施，拟定好解决问题的办法、方案。作为施工、组织工作和各工种在交叉作业中互相配合协作的共同依据，设计工作既是前提又是重中之重。

（二）要做好签约阶段和施工前准备阶段的各项工作

在签约阶段必须注重对施工人员素质、技术水平等各方面的考核，建立健全培训机制，提高施工人员的专业技能及安全意识，确立第一管理者全面负责、总工程师技术负责制，实施赏罚分明的管理办法，项目目标管理，纵向到底，横向到边，横纵交叉，权责明确。建立健全质量管理制度，明确划分各岗位的分工，责任落实到个人。

施工前准备是项目施工必不可少的关键一环，充分的准备工作，能保证施工快速有序地进行，保质保量地及时完成建设任务。在施工前要建立健全管理机构，制定或明确施工管理与质量检查办法，建立管理运行机制。施工前组织参与项目建设的专业技术人员进行工程质量管理工作的上岗前技术培训，确保技术人员的专业技能满足工程建设的需要。管理人员需要对投标文件进行全面分析，准确把握施工组织设计和人员安排，还要深入施工企业内部，实地考察施工企业以往项目质量情况。施工单位还要建立规划大纲，包括工期计划的制订安排、施工管理制度、质量管理制度，等等。在施工前要对施工项目进行技术交底，对施工工序进行排列，保证各项工序无缝衔接、交叉作业。另外，还要提前做好项目测算、概预算以及对施工人员的培训和选择，根据工人的熟练程度进行相关调整，等等。

（三）建立质量责任制，明确项目领导职责

成立维修项目小组，组长总负责，各组对分管的专业进行管理和监督，做好日常的监督管理工作，责任落实到个人，工作落实到实处，并签订监督管理办法，总负责人签订终身责任书，按照合同约定做好监督和管理工作。制订质量管理计划，从施工的各个环节控制质量，做到施工质量的有序可控、有章可循。制订工程创优规划，分解目标，明确任务，落实责任。

（四）贯彻国家法规，实现目标管理

在场馆维修和维护工程项目中，要认真贯彻执行国家和上级

有关部门关于质量管理工作的方针政策，贯彻执行国家和上级有关部门颁发的技术标准、规范、规程和质量管理制度，并结合本工程项目的具体情况拟定管理细则和工艺标准。要坚持具体问题具体分析，集思广益，动员大家踊跃提出对项目推进有利的方法和工艺，确定项目的质量管理目标。把目标任务层层分解，落实到相关部门及个人。要围绕项目质量目标，查找质量薄弱环节，确定质量管理节点，按照管理节点组成各种形式的质量管理小组，开展相关部门的质量管理活动，不断提高项目质量水平。项目的各项管理办法要形成硬性的规章制度，成为参加本项目的全体员工的活动依据，变软约束为硬约束，做到职责清晰、权责明确。

（五）加强施工过程中的质量管控，严守工序的交接和互检的流程规范

在项目施工过程中，必须严守工序的交接和互检流程规范，建立完善的制度，明确各工序的责任，及时发现问题及隐患。坚持样板和操作人员挂牌制度，每个分项工程施工前按标准要求做好样板送检，经质检部门检查验收合格后，方可大面积施工。为防止质量通病发生，可实行罚款制度。施工中质量控制要做到工序交接必检，分项方案和技术措施明确。图纸会审与设计变更要做到记录准确、手续完备，对于质量问题的处理还要有及时的事后复查，相关质量文件要形成档案，施工完成要及时验收。

（六）严抓材料的选择和使用

在材料上，采用公开招标的形式，对供应商进行生产工厂、历史项目等多方面考察；对于生产厂家与供货方的选择要坚持质量过硬、价格合理的标准。施工现场要加强对材料进场的检查验

收，现场取样送检，杜绝出现轻质量、重经济效益的极端片面现象，坚决将不合格材料挡在工程建设之外。

（七）建筑工程项目质量控制必须实施动态控制

在推进项目的过程中，要及时了解监理单位、设计单位、质量监督部门的信息，对相关各方的问题和需求在第一时间进行反馈。通过召开工程会议，及时汇总各方信息，及时掌握各种质量信息，认真做好原始记录及会议纪要并要求各参与方签字留底，建立完善、高效的信息反馈体系，明确各种信息的传递程序，明确各项工作流程，及时掌握本工程项目的质量动态，便于项目有关人员根据实际清楚地制定切实可行的对策。

（八）在竣工后验收阶段，要全面检验施工质量，按合同约定进行验收

施工完结后要及时对项目进行全面验收，由建设单位、设计单位、施工单位、工程质量监督等部门组成验收小姐，对项目是否符合规划设计要求以及建筑施工和设备安装质量是否达标进行全面检验。要严格按照验收规范进行工程验收，如发现问题，及时解决，如问题较大，及时对相关人员按照奖惩措施进行处理，并限定期限进行补救。各专业工程师严格把控工程扫尾工作，督促施工队按期保质保量地完成施工任务，确保工程顺利通过验收。竣工验收对促进建设项目及时投产、发挥投资效果、总结建设经验方面有重要作用。

（九）按合同约定进行结算审计

按照合同条款，对项目施工内容进行核查，按照合同约定的结算和计量方式以及相关收费标准或附加条款等，对工程竣工结算进行审核、检验设计变更相关手续及流程的合理与真实性并进

行核算验证，认真核实综合单价及各项取费，结算单价应按现行的计价原则和计价方法或按合同约定的单价确定，不得违背。

（十）按合同约定做好后期质保工作

项目在质保期内的使用和运行，会逐渐暴露出存在的质量问题或使用功能缺陷。要加强该阶段的质量控制，一旦发现问题及时排查原因，落实主体责任，及时处理，对于相关的修补工作要把好质量关、检验关，确保修复的质量。

综上所述，为做好国家队训练比赛保障工作，确保奥运场馆和训练场馆正常运行和设施设备正常使用，首先要做好场馆的日常维修维护。而且不论是日常维护还是维修改造工程，过程监督管理尤为重要。质量是所有建筑工程的生命，没有质量就没有一切。体育场馆的维修和维护既要立足当前，又要着眼于长远，综合考虑工程项目的经济效益、社会效益和环境效益。只有认真把控每个环节，加强政治意识和责任意识，按程序、按质量要求严格管理，才能做出高质量、高水准的工程，才能更好地保障好、服务好国家队，才能进一步优化场馆的功能，延长其使用周期，为国有资产保值增值，为体育事业的发展做出更大的贡献。

参考文献

[1] 张凤云.房屋建筑工程项目质量管理与控制研究[J].城市建筑，2014（6）：154–155.

[2] 王文斐.谈建筑工程项目质量管理与控制[J].工程建设与设计，2015（3）：129–131.

[3] 姚丹.ISO9000系列标准与全面质量管理的比较[J].牡丹江大学学报，2006，15（12）：49–51.

[4] 戚振强.建设工程项目质量管理[M].北京：机械工业出版社，2004.

推进学校体育场馆开放
推动全民健身和谐发展

北京体育大学　王鹏

中华人民共和国成立70年以来，党和政府带领全国各族人民取得了举世瞩目的成就，完成了从“站起来”到“富起来”的历史性跨越。伴随着社会和经济的快速发展，体育事业也取得了骄人成绩，逐步从体育大国向体育强国迈进。

党的十八大以来，党和国家领导人秉承以人民为中心的发展理念，更加注重全民健康水平的提升，赋予了体育工作新的使命。2014年，国务院颁布《关于加快发展体育产业促进体育消费的若干意见》，明确提出将全民健身上升为国家战略。而《“健康中国2030”规划纲要》的出台，使全民健身与全民健康紧密联系起来。习近平总书记也在讲话中强调，全民健身是全体人民增强体魄、健康生活的基础和保障，人民群众的身体健康是全面建成小康社会的重要内涵，是每一个人成长和实现幸福生活的重要基础。

步入新时代，社会的主要矛盾已经发生变化，由人民日益增长的物质文化需要同落后的社会生产之间的矛盾，转变为人民日益增长的美好生活需要和不平衡不充分的发展之间的矛盾。就体育方面而言，人民日益增长的健身锻炼需求和不平衡不充分的体育公共服务之间的矛盾是现阶段体育事业发展的主要矛盾。去哪儿健身，成为当前最受关注的热门话题。

一、学校体育场馆开放的重要意义

（一）健身体育场馆的现状

我国体育场馆的建设，经历了一个由缓慢到平稳再到快速增长的过程。中华人民共和国成立之初，体育场地仅有4982个，受限于经济发展的程度，数量处于慢增长的阶段。1995年，《全民健身计划纲要》颁布实施，体育场馆的建设数量开始平稳增长。进入21世纪，随着国力增强，特别是北京申奥成功，体育设施建设进入快速增长期，到2013年第六次全国体育场地普查，数量已经达到169.46万个，人均体育场地面积1.46平方米。截至2019年，我国的体育场地数量已经超过310万个，人均场地面积达1.82平方米。

在现有的体育场地中，按行业类别来分："体育系统"的场地有11.44万个，占3.62%；"教育系统"的场地有127.25万个，占40.24%；"其他系统"的场地有177.51万个，占56.14%。

（二）学校体育场馆开放问题的提出

根据2019年8月颁布的《体育强国建设纲要》，到2035年，要使全民健身更亲民、更便利、更普及，经常参加体育锻炼人数比例达到45%以上，人均体育场地面积达到2.5平方米。

对比以上目标，按现阶段体育场馆增长的速度，2035年达到人均2.5平方米的难度并不大。但健身体育场馆除了数量和面积，还有一个很重要的指标——有效供给，即场馆的使用效率。如果体育场馆保持目前的开放率和利用率，要使经常参加体育锻炼的人数比例在当前35%的基础上再提升10%，将会面临不小的困难。

在全国现有体育设施中，"体育系统"的场地占比仅为

3.62%，除了部分大型场馆的利用率偏低外，其他场地的开放情况良好；占比56.14%的“其他系统”的场地，主要分布在村委会、居委会、农民专业合作社、农村集体经济组织、企业、机关、部队等机构，也具有较高的利用率。

相对而言，“教育系统”中占全国体育场地40%左右的学校体育场馆，对外开放工作则进展缓慢。《全民健身计划（2011—2015年）》评估结果显示，全国有15个省（自治区、直辖市）的学校体育场馆开放率在50%以下，开放率在80%以上的仅有5个省（自治市、直辖区）。这也造成了一边是学校周边社区居民有健身需求但无健身设施可用，另一边是学校体育场馆在周末和节假日大门紧锁、处于闲置的现状。

因此，研究和推进学校体育场馆的开放问题，提高体育场馆的有效供给，对完善公共体育服务体系建设，解决公共体育产品供给中存在的不平衡不充分问题，满足人民群众日益增长的健身需求，具有重要的现实意义。

二、学校体育场馆开放面临的问题

作为国家和集体所有的公共体育设施，学校体育场馆开放并不存在政策上的桎梏。《中华人民共和国体育法》第四十五条规定：“公共体育设施应当向社会开放，方便群众开展体育活动，对学生、老年人、残疾人实行优惠办法，提高体育设施的利用率。”教育部和国家体育总局也于2017年联合印发了《关于推进学校体育场馆向社会开放的实施意见》，对学校体育场馆的开放提出了更多的要求和准则。但政策的明确导向并未有效提高学校对体育场馆开放的积极性，很多学校仍然持观望态度，部分学校甚至在短暂开放后又重新“闭门谢客”。这些现象的出现，也表明学校在体育场馆开放上仍然有顾虑和各自的实际困难。

（一）学校管理者的重视程度变成体育场馆是否开放的主因

虽然继《中华人民共和国体育法》之后，教育部、国家体育总局和各省（自治区、直辖市）也陆续出台了一些鼓励学校开放校内体育场馆的政策，但对如何开放、开放到何种程度并没有硬性规定，开放了对学校和学校管理者没有激励，不开放也没有惩罚措施，更多依靠学校管理者的自觉。

此外，大多数学校体育场馆还是传统的简单管理模式，以满足日常教学需要为主，部分兼顾校内师生的锻炼使用。场馆管理人员也普遍缺乏先进的管理理念和相匹配的专业知识，学校体育场馆开放，就必须要协调处理好“保证正常教学秩序”“保障师生体育锻炼”和“对外开放服务社区”三个方面的关系，这很难依靠他们来完成。

学校体育场馆的开放将带来社会人员大量出入校园，势必会对正常的教学秩序造成一定影响，涉及的面也不仅仅是体育场馆，还要兼顾校门出入管理、安全、交通等诸多事项。这也导致了很多学校管理者在对待体育场馆开放上，出于多一事不如少一事的考虑，选择不对外开放。

（二）主体责任不明确，场馆开放存在安全风险

首先，体育运动本身具有一定的风险，如社会人群在体育场馆内健身时的安全责任如何界定。过去就有健身者在运动中伤亡后与体育场馆对簿公堂的案例。学校体育场馆开放，场地、器材、设施的使用量和使用频度大增，如何在现有条件下做好维护并保证其安全性，以避免可能出现的麻烦，非常考验管理者的智慧。

其次，学生安全是高敏感度话题和全社会关注的焦点。特别

是中小学，校门出入管理非常严格。学校体育场馆的开放，要防止社会人员与校内人员混杂，最好的办法就是将体育场馆与校园其他设施进行物理隔离，但现实情况中，很多学校的体育场馆位于校园中间位置或与其他设施混建，很难通过改造达到硬隔离。也有的学校虽然具备隔离条件，但认为这种简单隔离仍然会将学生的安全风险放大。

（三）场馆开放的资金补助政策不够完善

目前，中央安排财政资金对体育场馆的免费或低收费开放予以补助，但补助的主要依据是体育场馆座位数，因此只有大型体育场馆（20 000个座以上的体育场、3000个座以上的体育馆、1500个座以上的游泳馆）才能享受到。学校的体育场馆以中小型为主，大多无法享受到此类专项补助。

学校场馆对外开放，水、电、气、暖等能源支出和场地管理人员工作延时补贴都会大幅度增加。场馆及其器材、设施的使用频度增加，会加速其老化，产生较高的维护费用。虽然场馆建设有国家政策的扶持，但后期的维护和器材、设施更新多以本地的财政支持为主，地区间的经济水平差异较大，一些地方的学校难以保障此项经费。但场馆开放不可避免地要涉及成本核算，定价太高，不能吸引健身人群，失去了开放的意义；定价低，学校只能勉强维持甚至是赔钱赚吆喝，缺乏开放的动力。

三、推进学校体育场馆开放的建议

（一）完善学校体育场馆改造和开放补助政策

建议中央和教育、体育等部门根据实际情况调整公共资金的投向重点，将目前主要依据大型体育场馆座位数进行补助转为主要依据体育场馆接待人次、体育赛事和体育活动开展等体育场馆应提供的公共体育服务进行补助。同时，将中小型公共体育场馆开放服务纳入各级财政补助范围，为学校体育场馆解除场馆隔离改造和维护运营资金困难的后顾之忧。

（二）明确安全责任，建立新型校园安全防控机制

从国家层面，制定学校体育场馆开放安全问题处置的指导性法规条例；从省（自治区、直辖市）层面，依据本地区的实际情况，制定在不同条件下的各方安全责任划分标准和出现运动伤亡事故时的处置方案，明确主体责任。

基层人民政府和教育主管部门要指导并协助学校，适应新形势的变化，对学校体育场馆进行安全设施改造，修建或设置物理隔离装置，在现有的学生安全防控体系中，加入体育场馆对外开放的部分，建立新型校园安全防控机制。

（三）强化监督检查，纳入综合考核体系

教育部和国家体育总局继续抓好《关于推进学校体育场馆向社会开放的实施意见》落实工作，督导地方政府制定具体实施方案，为学校体育场馆开放创造必要条件，提高学校对社会开放体育场馆的积极性、主动性。

将学校体育场馆开放纳入政府公共服务范围，形成合理的考评机制，强化对学校体育场地设施开放工作的监督检查和绩效评价，做到奖罚并举。

（四）探索新型开放管理模式

解决当前学校体育场馆开放面临的难点和痛点，需要转变思路，用改革的眼光去寻求新的解决办法。学校应该积极探索和尝试，主动寻找适合自己的场馆开放之路；政府需要敢于担当，改变传统的管理模式，引进市场化服务。

上海市嘉定区金鹤中学与社区进行体育场馆开放的合作，共同研究推出了一种新模式：由学校提供对外开放的体育健身场地，由社区健身俱乐部对场地开放工作进行管理，取得了较好的效果。

浙江慈溪市政府于2013年将辖区内的18所公立学校体育场馆打包委托宁波文化广场华体体育发展有限公司慈溪分公司进行对外开放管理和运营。公司在保证学校正常教学和安全需求的前提下，依靠现代化管理模式和互联网信息管理平台，不断优化场馆使用效率，对外接待健身人群的能力也随之快速增长，2013年接待176 405人次，2014年就上升到929 418人次，2015年更是达到1 734 225人次，既解除了学校的后顾之忧，也有效地满足了当地群众的健身需求。

这些成功的案例，为我们探索新型的学校场馆开放管理模式提供了参考和借鉴。

四、结语

在体育强国建设的大背景下，全民健身时代已经到来，经常参加体育锻炼的人口数量不断攀升，人民群众日益增长的健身需求同公共体育服务发展不平衡不充分的矛盾日益显现。

虽然学校体育场馆的开放仍有诸多亟待解决的问题，但在目前社区体育场地设施短缺的情况下，作为公共资源，学校体育场馆开放是解决供需矛盾的有效办法，也是社会发展的必然趋势。因此，政府、学校、社区和市场要有机联动，群策群力，本着以人民为中心的发展理念，共同推进学校体育场馆的开放，实现公共资源的共享，推动全民健身运动和谐发展。

参考文献

[1] 习近平.习近平关于社会主义社会建设论述摘编[M].北京：中央文献出版社，2017：33.

[2] 习近平.决胜全面建成小康社会　夺取新时代中国特色社会主义伟大胜利：在中国共产党第十九次全国代表大会上的报告[M].北京：人民出版社，2017：8.

[3] 苟仲文.新中国体育70年[N].中国体育报，2019-09-24（1）.

[4] 由文华，侯军毅，何胜.学校体育场馆服务模式的创新研究[J].西安体育学院学报，2017，34（1）：55-59.

[5]赵铂川，陆作生.依法治校视域下高校体育场馆对外开放研究[J].体育世界（学术版），2019（7）：22-23.

[6] 孙梦瑶，何鹏飞.全民健身背景下学校体育场馆服务社区的资源开发战略[J].体育精品，2019，38（8）：82-83.

退役运动员转型航空项目职业发展研究

安阳航空运动学校　赵焕国

中华人民共和国成立初期，我国体育事业百废待兴，国家推出“举国体制”计划。经过半个多世纪的发展，中国在竞技体育方面取得了长足的发展，在近几届的奥运会上大放异彩。随着中国体育发展进入后奥运时代，退役运动员社会保障问题逐渐凸显。如何完成从国家“包办”到退役运动员自主择业的良好转换，不仅关系到退役运动员的利益，也关系到我国体育事业后备人才发展的问题。解决好退役运动员再就业等社会保障相关问题，有助于推动我国体育事业的可持续发展。

退役运动员用自己的青春和汗水，帮助我国的体育事业更快更好地向前发展。因此，当他们不再适合运动员这个岗位需要退役的时候，政府应该尽全力为其提供相应的再就业支持。这样才能使更多的青少年放心地进入运动员这个行列中来。随着经济水平的不断提高，许多航空项目越来越受到大众欢迎。比如，跳伞、热气球、飞行驾驶等项目由于其超高的体验度而受到人们的追捧。此外，航空项目入门门槛相对较低，经过培训，退役运动员能够快速掌握相应技能并从事相关职业。将退役运动员的职业发展与航空项目相结合，既能够很好地帮助解决退役运动员再就业问题，又能够推动航空项目不断向前发展。

一、目前航空项目吸纳退役运动员的基本情况

各省、区、市政府制定了帮助退役运动员再就业的相关政策，国家体育总局、中国民用航空局以及其他部委也制定了促进低空经济和航空运动发展的相关政策，部分航空运动单位已经接收了不少运动转飞行的退役运动员。

（一）退役运动员再就业相关政策

目前，对于退役运动员再就业问题很多学者做了研究，也给政府提出了很多宝贵建议。为了帮助退役运动员更好地实现再就业，国家体育总局也付出了很多努力。

2002年国家体育总局出台《关于进一步做好退役运动员就业安置工作的意见》，明确指出要帮助退役运动员适应我国的市场经济体制以及相应人才制度。其主要工作安排包括：相关部门要鼓励退役运动员自主择业；帮助退役运动员转变就业观念。此后《运动员聘用暂行办法》等文件相继推出，更加细致地对保障方案进行了完善，要求有关部门面向退役运动员做好相关的职业技能培训，帮助其就业以及做好心理辅导工作。

此外，不仅国家层面出台相关政策帮助退役运动员再就业，各个省、区、市的体育部门也进行了各种尝试。比如，一些省、区、市聘请专业人员对退役运动员进行职业技术培训，帮助他们完成各种证书的获取或者通过各种工作的考核。除了职业技术培训之外，体育部门还推出了职业规划、礼仪、人际交往等诸多方面的综合能力培训课程。

（二）促进航空项目和通用航空发展相关利好政策

国家对航空项目以及通用航空十分重视，并出台了多项利好政策来推动其向前发展。早在2010年11月，我国出台的《关于深

化我国低空空域管理改革的意见》就将航空项目的发展分成了三个阶段：2010—2011年为试点阶段；2012—2015年为推广阶段；2016—2020年为深化阶段。足见国家对航空项目的重视。此外，国家还出台了《全国空管建设“十二五”规划》来保障通用航空飞机顺利飞天，以此促进低空空域的逐步开放；支持加快开展各项通用航空基础设施的建设工作，来保障通用航空飞机顺利落地；增加对于通用航空企业的各项补贴政策，来增添通用航空企业的活力促进其发展，以此来保证航空项目的不断发展壮大。

此外，在2012年出台的《关于促进民航业发展的若干意见》中明确指出了要大力发展我国通用航空领域的目标。我国要大力发展新兴的各类通用航空服务，比如私人飞行、公务飞行等。同时要尽快将通用航空领域发展成能够带动国内生产总值（GDP）增长的新的经济增长点。同时，要通过加强航空法规体系以及加强通用航空基础设施建设的方式，创造更加良好的通用航空发展环境。

国家体育总局联合多部委下发的《航空运动产业发展规划》中明确指出，到2020年初步构建布局合理、功能完善、门类齐全的航空运动产业体系，基本形成安全规范、管理有效、广泛参与、军民融合的航空运动产业发展格局；整体产业经济规模达到2000亿元；建立航空飞行营地2000个、各类航空运动俱乐部1000家，参与航空运动消费人数达到2000万人。

（三）取得的主要成绩

退役运动员需要找到适合自己的工作，而航空项日又在国家的大力支持下亟须大量身体素质好的人才。那么，这两者的结合必然产生很好的化学反应，既能帮助部分退役运动员进入劳动力市场，又能帮助航空项目找到合适的人才。因此，关于两者结合的相关项目也逐渐展开。安阳航空运动学校以及各省、区、市航空运动学校已经吸收了很多退役运动员，用于填充自身的飞行队伍，这些退役运动员因其出色的身体素质以及吃苦耐劳的精神而获得飞行技术的迅速提升，且受到了单位的重用。这些成功案例对退役运动员正式开展航空项目技能培训提供了佐证。通过实践检验，国家体育总局与培训单位共同商定了针对退役运动员的飞行员技能培训方式以及教学大纲，并建立了相应的培训基地。这样，不仅能够帮助退役运动员提高自身学历，也能帮助他们进行相关职业培训。在国家政策以及相关部门的支持下，让退役运动员进入航空项目培训基地学习，且成为一名正式的航空项目从业者，能够完美地完成退役后的工作转型任务。

二、退役运动员从事航空项目遇到的主要问题

各级政府都出台利好政策，积极帮助退役运动员再就业，但具体实施起来还存在多方面的问题，一定程度上制约了退役运动员在航空项目上的发展。

（一）政策瓶颈

运动员在退役后无法立即适应我国目前的社会主义市场经济体制，这就需要国家政府能够对其提供必要的帮助。比如，2002年出台的《关于进一步做好退役运动员就业安置工作的意见》明确表示了要尽可能地为退役运动员创造合适的工作岗位，安排优秀的退役运动员进入学校任教。但是在现实生活中，由于编制有限，很多退役运动员的工作多年没有办法转正，导致其工作处于不稳定状态。此外，退役运动员若想到学校任教，就需要在当地的教育部门与其他的本科甚至硕士毕业生同时进行竞争考试。由于文化水平的限制，退役运动员很难在竞争中取得成功。虽然政策向退役运动员倾斜，但是落实不到位。

首先，由于我国各地的政府机关都在精简其部门的人员配

置，并且大多数工作都实行竞聘上岗制度，这就在很大程度上造成了计划分配方式的不均，对于退役运动员政策性安置的范围也越来越小。事业单位对于其招聘人员的基本素质、能力要求越来越高，并且在改革聘用制之后主要通过考试、考核相结合的方式来招录人才，计划分配的机会不断减少，这对主要依靠国家以及地方体育局、人事行政部门安置的退役运动员造成了影响。即使是对退役运动员的安置工作做得比较突出的地方，也只能是通过地方体育局人事部门建立起来的人脉关系，实现对部分退役运动员的安置工作，仍然无法保证所有退役运动员都能通过安置的方式获取工作。

其次，政策上并没有规定运动员在退役后按照下岗职工定义，因此他们也就无法享受下岗职工享有的“再就业优惠证”，而这个优惠证能够为其提供小额贷款的信用担保。2002年出台的《关于进一步做好退役运动员安置工作的意见》中又提出了为退役运动员创业提供条件，帮助其进行自主择业。为退役运动员创业提供条件就是要为其提供相应的资金支持。但是在现实生活中，相应部门又要求凭借优惠证才能享受小额担保贷款或者减免税收的政策。这就造成了国家政策与地方政策的脱节，导致退役运动员无法得到相应的创业优惠，影响了运动员的退役安置工作。

（二）退役运动员本身存在的问题

退役运动员从事航空项目遇到的问题不仅仅源于政策瓶颈，也有很大一部分原因源于自身。

1. 退役运动员的文化素质普遍不高

大部分退役运动员从小接受专项训练，将大量时间投入体育训练中从而忽视了文化知识的学习，这就导致他们的文化知识水平较低。大部分退役运动员会认为航空知识过于深奥，很难学会，还没开始就选择了放弃。此外，计算机技能的缺乏也是他们面临的一大障碍。他们中有很大一部分人并没有从网上及时搜索信息的能力，因此，导致信息渠道的闭塞，很难获取工作信息。最后，他们也较为缺乏基本的法律知识，导致没有办法及时利用法律武器保证自己的合法权益。

2. 没有良好的职业意识

大多数退役运动员很难从运动员的意识中走出来，认为自己可以一直凭借天赋与力量走下去，并没有对结束运动生涯之后的人生有一个很好的规划。因此，即使他们进入了单位进行工作或者学习，也会经常感到迷茫、不知所措。而这种迷茫会导致他们对工作没有一个坚定的目标以及信仰，无法集中精神提高自己的专业能力，从而很难在自己的工作中取得突出成绩。

3. 遭受劳动市场的排斥

市场经济水平的不断发展带来市场竞争的加剧，因此，一个企业如果要保持甚至扩大自己的市场份额，就必须不断地对其产品进行创新，努力提高生产力从而提高利润水平。这就要求其员工必须具有很强的适应能力，并且同时掌握多项技术。但是，退役运动员在职业技能方面的能力并不足够，这就导致企业认为退役运动员没有足够的实力完成工作，因此它们宁愿向其支付福利金也不愿意为其提供就业机会。此外，由于我国市场经济体制改革的深化，许多国有企业都实现了市场化的转变。这样的改革势必会造成部分职工的失业。这部分再就业职工在同一劳动力市场上与退役运动员进行竞争，退役运动员往往因职业技能的不足而相对处于劣势。

（三）航空项目单一

各航空运动单位对退役运动员进入航空项目方面也做了很多的努力，各省、区、市航空运动学校与安阳航空运动学校合作，对退役运动员进行技能培训，让部分运动员退役后能够接受相应的飞行知识和飞行技能的学习，使其成为一名职业飞行员。虽然国家十分重视发展航空运动产业，在资金和政策上也给予了大力支持，但是航空项目相对较少，被大众熟知的只有飞机、直升机、轻型飞机、滑翔机、动力悬挂滑翔机、滑翔伞、热气球、航空模型等项目，相对来说航空项目比较单一，这也导致能够吸纳的人员有限，能够进入航空项目的退役运动员数量也有限。

三、退役运动员从事航空项目的建议和对策

本文通过研究资料，借鉴国外先进做法，在比较分析的基础上，结合我国的实际情况，提出以下三点建议，希望能够帮助退役运动员更顺利地转向航空项目发展。

（一）相关政策倾斜

政府确实出台了许多能够帮助退役运动员进行安置的文件，虽然这些政策在理论上都提出了具体的措施，但在现实生活中经常由于国家政策与地方政策的脱节，从而导致政策性文件的作用没有办法发挥到最大。因此，如果国家想要促进退役运动员进入航空领域，就应该在政策上有所倾斜，让退役运动员感受到政策的趋向。首先，政府可以出台政策性文件专门鼓励退役运动员进入航空领域，并适当地提出一些优惠办法来提高退役运动员的积极性。其次，政府相关部门应该实时监督政策的执行情况，来确保政策的有效性。如果出现地方政策与国家政策脱节，从而导致政策有效性降低的情况，应该及时地做出调整。这样，通过国家来给退役运动员信心让其进入航空领域学习与工作，是能有效促进两者融合的方式。

（二）加强基地建设

现在大众体验式的航空运动还处于起步阶段，尽管国家体

育总局正在各地建设飞行营地，但飞行营地的基础设施、专业设备以及配套设施的完善程度总体相对较低。建议国家体育总局及各地方政府能够投入一定的资金或给予良好的政策环境来完善飞行营地的设备设施。国家体育总局可以从全国挑选建设相对较好的飞行营地作为航空项目培训基地，用于退役运动员航空项目培训，提高培训质量和效率。

安阳航空运动学校是国家体育总局直属的训练基地，接受国家体育总局的直接管理，国家体育总局下达的政策文件能够得到有效落实，国家体育总局可以给予安阳航空运动学校一定的支持，让其开展更多航空项目的培训课程，甚至可以借鉴秦皇岛足球学校的模式，让安阳航空运动学校与北京体育大学合作成立航空运动学院，既能解决技能培训需求，又可以帮助退役运动员拿到学历证书。

（三）退役运动员航空项目培训方式多样化

目前，为退役运动员提供的航空项目的培训主要是直升机或飞机驾驶培训，助其考取商用驾驶员执照后应聘到接收单位从事相应的飞行工作。培训方式相对单一，像高空跳伞、滑翔伞、热气球等航空项目还没有针对退役运动员特点开发的相应课程。

未来，仍需针对退役运动员的特点，开发不同的课程，让培训更加灵活。如开发学历加技能的培训课程；开发模拟飞行克服高空恐惧的培训课程；采用面授和网上授课相结合的形式。丰富培训方式，让退役运动员根据自己的特点进行选择。

参考文献

[1]佟强.我国运动员退役研究综述[J].中国体育科技，2014，50（3）：132-138.

[2]万炳军，梁慧敏.我国职业运动员转型策略梳理及其研究述评：

基于文献回顾[J].四川体育科学，2016，35（1）：7-14，144.

[3]秦宝玉.我国退役运动员社会保障问题研究[D].大连：大连海事大学，2015.

[4]国家体育总局，国家发展改革委，工业和信息化部，等.航空运动产业发展规划[EB/OL].（2016-11-08）[2019-06-30].http://www.sport.gov.cn/n316/n336/c774561/content.html.

运用区块链技术提升体育彩票公信力

国家体育总局体育彩票管理中心　何延

根据党的十九大精神和习近平新时代中国特色社会主义思想，国家对彩票发行管理工作提出了更具体、更全面的要求，先后制定并出台了《彩票发行销售管理办法》《彩票管理条例》《彩票管理条例实施细则》等一系列政策法规，强调了合法、合规地发展彩票事业，合法、合规地筹集更多公益金做公益。随着我国彩票销量的逐年稳步增长，社会对国家彩票的发行销售工作越来越关注，如何加强彩票的社会公信力建设变得更加迫切。近些年，互联网新技术的涌现，给我们提供了更多的解决手段，其中利用区块链技术就是未来一个新的发展方向。

一、体育彩票发行销售公信力建设的重要意义

作为国家发行的公益彩票，体育彩票一直将“来之于民、用之于民”作为自己的发行宗旨，广泛推动了包括群众体育、竞技体育在内的体育事业发展和包括抗震救灾、医疗救助、教育助学、扶贫事业、养老服务、法律援助、残疾人事业等各项社会公益事业的发展，做到了以人民为中心，牢牢把握了公益彩票的发展方向。近几年，我国彩票市场规模逐年扩大，据有关数据统计，2018年全国彩票共销售5114.72亿元，共筹集彩票公益金约

1 313.62亿元，对我国社会公益事业的贡献越来越大，彩票行业的社会关注度也越来越高。彩票除了自身的公益属性之外，其本身所包含的娱乐属性、投机属性也存在一定的社会负面效应。彩票发行销售过程中一旦出现负面事件，很容易被迅速传播，产生社会负面效应，导致社会公众对整个彩票行业的质疑和不信任，进而对国家和政府的公信力产生负面影响。近年来，国家对彩票发行管理工作提出了更具体、更全面的要求，国务院颁布了《彩票发行销售管理办法》《彩票管理条例》《彩票管理条例实施细则》，财政部印发的《彩票公益金管理办法》《彩票市场调控资金管理暂行办法》等一系列政策法规，强调了合法、合规地发展彩票事业，合法、合规地筹集更多公益金。相关政策的出台和实施，极大地体现出党中央对加强国家彩票事业发展和政府公信力建设的高度重视，也为我们在新形势下做好体育彩票发行管理工作提供了重要依据。2017年，体育彩票管理中心提出了责任彩票建设目标，并提出“负责任、可信赖、健康持续发展的国家公益彩票”的发展理念，通过加强建设和宣传体育彩票的公益属性，更好地为国家筹集公益资金，为国家公益事业做出贡献，同时大力支持竞技体育和群众体育事业的发展，让体育彩票公益资金能惠及更广泛的人群。因此在当前新形势下，如何处理好体育彩票事业发展与社会责任之间的关系，加强彩票公信力建设显得极为重要。

二、体育彩票发行销售工作现状及存在的问题

1994年中华人民共和国体育运动委员会向国务院申请在全国范围内统一发行体育彩票并获得国务院批准。体育彩票管理中心作为体育彩票的发行机构，承担体育彩票的统一发行、组织销售工作。随着体育彩票事业的逐步发展，我国体育彩票市场规模逐年扩

大，生产系统越来越先进，业务流程越来越完善，但产生的社会效应也不少，公信力建设方面尚存在改善提高的空间。

（一）体育彩票IT生产系统建设现状及存在的问题

体育彩票IT生产系统采用全国联网销售模式，由两个数据中心控制运行。

近十年来，体育彩票业务每年增长率达18%以上，到2020年，现有的两个数据中心的业务负载达到饱和。一方面体育彩票IT生产系统面临着自身业务成长与扩容的迫切需求；另一方面从数据中心行业发展趋势来说，现有体育彩票IT生产系统运行模式仍存在潜在的安全隐患。两个数据中心采用互为备份的双活运行模式，从城域广义上来说仍为单结点控制模式，两个数据中心作为覆盖全国体育彩票销售网络的唯一城域级主控结点，与全国31个省、自治区、直辖市体育彩票管理中心形成单向线性、层级化、非平等的系统组织结构，IT生产系统所有数据集中存储于两个数据中心内，一旦发生针对两个数据中心的大规模恶意攻击、数据篡改，或发生如大规模停电、地震或其他不可抗力自然灾害，两个数据中心作为全网络唯一主控结点，不能排除发生数据丢失甚至系统停摆的可能性，这将导致全国范围的体育彩票IT生产系统无法正常运行的灾难性后果。

（二）体育彩票业务流程现状及存在的问题

乐透型彩票游戏根据规则，在当期开奖日的20:00截止销售，20:30左右开始摇奖。截止销售与开始摇奖之间有半小时的时间差，在这半小时期间内需要完成数据封存工作。数据封存是指销售截止后，在第三方公证人员的全程监督下，国家体育彩票中心工作人员将当期销售数据汇总，刻录在一张不可改写的光盘内交给公证人员，由公证人员进行现场签字确认并封存的全过程。为保证中国体育彩票的公开、公平与公正，数据封存是销售工作中极其重要且必不可少的一环。只有将销售数据完全、无遗漏地汇总，才能确保摇奖号码产生后，销售数据不会有被人为篡改的机会，才能确保开奖结果的真实、有效，才能保障每位购买彩票者的切身利益，这也是防止造假的重要步骤。然而很多购买彩票者，甚至一些业内人士都对开奖过程中的数据封存环节存在质疑，认为截止销售后应该立刻摇奖，没有必要封存数据，只要中奖号码是随机产生，就可以保证公平、公正。根据体育彩票IT生产系统现状，彩票发行机构虽不断积极正面地宣传开奖流程，努力打消购买彩票者的疑虑，但社会上对开奖流程的质疑声仍不绝于耳，国家体育彩票的公信力受到一定程度的影响。

高频彩票游戏是我国现行彩票中的一种，每期从销售到开奖时间固定在20分钟到30分钟内，也被称为快开彩票游戏。此类型彩票游戏由于具备数字少、奖项多、固定返奖、中奖面宽、开奖快等几大优点，受到了很多彩民的青睐，日渐成为我国彩票市场主力型产品。高频彩票游戏由于其销售、开奖、兑奖无缝衔接交替进行的特点，不可能中途暂停进行类似乐透型彩票游戏的数据封存流程，更无法引入第三方公证员监督机制。根据此类型游戏特点，体育彩票管理中心采用WORM（write once read many）数据封存设备对高频彩票游戏数据进行实时封存，事后审计模式确保数据安全。WORM技术是指一次性将数据写入特殊的不可改写的存储介质中，所采用的存储介质不允许修改或删除，但允许多次读取数据，以此为重要数据提供最安全保障，被广泛应用于文件信息必须100%不更改的领域。采用以上技术方法，较好地解决了高频彩票游戏的数据安全问题，真正实现了数据防篡改、防作弊的目的，但在此类型游戏销售开奖过程中缺少第三方公证。

三、体育彩票公信力建设工作建议和措施

在当前形势下，如何处理好体育彩票事业发展与社会责任之间的关系，加强体育彩票公信力建设显得极为重要。近些年，互联网新技术的涌现，为我们解决以上问题提供了更多的手段，其中，利用区块链技术就是一个发展方向。

（一）区块链技术情况介绍

区块链是分布式数据存储、点对点传输、共识机制、加密算法等计算机技术在互联网时代的创新应用模式，具有去中心化、分布式记账、不可逆性、防篡改的特性。通俗地说，区块链是一套多方参与的、可靠的分布式数据存储系统，其独特之处在于：一是去中心化，网络中各个节点可以是互不信任的，数据验证与存储工作由系统内的所有节点共同参与维护。二是数据溯源，区块链中存储的数据能够追溯到数据提交者信息，包括每次记录变更。数据溯源主要通过可靠的数据接入、精准的数据计算、安全的数据管理，完成对数据全过程生命周期的记录。三是分布式数据库，系统中每个节点都有一份完整而正确的数据账本，这样即使系统中的某个节点被恶意攻击，数据丢失或篡改，对整个系统的影响也不大。四是数据安全有效，区块链技术采用散列函数、非对称加密算法等，判断交易信息是否来自发送方及交易信息在传输过程中是否被篡改。区块链技术作为一种电子数据存储平台，具有低成本、高效率、稳健性的优势，在电子合同、知识产权保护等领域能够较好落地。2016年12月，国务院印发的《“十三五”国家信息化规划》中，将区块链技术与人工智能、机器深度学习、云计算、生物基因工程等新技术并列，一同定为我国的战略性前沿技术。

彩票作为非银行类的金融领域，区块链技术在此行业应用具

有很广阔的前景。以体育彩票开奖为例，体育彩票管理中心系统每增加一条数据，区块链中每一个节点中心的账本上都会新增一条同样的记录，即使体育彩票管理中心的数据损坏了，各节点中心账本上依然存在记录。这样，数据就不会被篡改和丢失了，有助于解决体育彩票行业的信任问题。区块链的技术优势恰巧是体育彩票行业当前以及未来发展所亟须的基础能力，从本质上可能会改变现有体育彩票销售系统技术体系的实现架构，监管公证机构也可以更好地做到全面监督，体育彩票发行销售技术体系可能因为区块链技术的引入而发生质的进化。

（二）区块链技术在体育彩票发行工作中的实施模式

由于区块链技术具备可信的特征，以体育彩票现有的运行模式为例，我们可以建设以省级销售机构、中央发行机构、省级财政监管机构、中央财政监管机构以及当地公证机构等多个节点构成联盟链，把各种体育彩票游戏所产生的全部或部分原始数据上链存放，通过技术系统地去中心化，实现体育彩票销售数据封存无障碍、无误差、无干预的身份验证、信息共享以及阳光透明，可以保障体育彩票行业内制定的规则体系可信无误地自动化运转。

1. 区块链技术在体育彩票系统架构中的应用

通过建设以中央发行机构、省级销售机构、省级财政监管机构、中央财政监管机构以及当地公证机构等多个节点构成联盟链，把各种体育彩票游戏所产生的全部或部分原始数据上链存放，数据在全网所有节点是共享的，通过加密算法保证通信的安全和数据的完整性及不可变性，核心技术基础为密码学的哈希和非对称的加密。通过共识机制实现体育彩票IT生产系统去中心化后的各个节点所存储信息的准确性与一致性。体育彩票IT生产系统中每一次数据产生都会被传送至每个节点。整个网络没有中心化的硬件或机构，确保了少数节点的崩溃不会影响全网数据的完整性。采用区块链技术的体育彩票销售系统具有开放式、扁平化、平等性的结构特点，将最大限度地避免发生针对少数节点的大规模恶意攻击或其他不可抗力自然灾害导致整个系统瘫痪的可能性，极大地提高体育彩票生产系统的稳健性和业务永续的能力。

2. 区块链技术在体育彩票业务流程中的应用

通过应用区块链技术，乐透型彩票游戏在销售过程中将数据文件及相关销售统计信息经过一定的加密形成摘要信息，实时存储到包括中央财政监管机构和第三方公证机构在内的联盟链上，链上数据防篡改，行为防抵赖，流程可回溯。由于在乐透型彩票游戏销售过程中即完成数据提交监管机构和第三方公证机构的节点服务器存档，实时完成电子数据存证，因此可以实现在当期开奖日20:00截止销售的同时即完成数据封存，不需再实施数据导出刻录光盘提交第三方公证的操作。20:00即可开始乐透型彩票游戏的摇奖，将极大地减少社会对于开奖业务流程的质疑，提高开奖工作的社会公信力。

高频彩票游戏方面，通过应用区块链技术可以实现公开展示高频彩票游戏从止售到开奖时间段的完整业务流程，并将数据封存中的数据文件及相关销售统计信息经过一定的加密形成摘要信息，可公开到包括中央财政监管机构和第三方公证机构在内的联盟链上，对所有购买彩票者透明可见，与此同时可在高频彩票游戏销售开奖过程中引入第三方公证审计，全过程实现数据防篡改、行为防抵赖、流程可回溯与规则全透明。可以对潜在的恶意侵入有强大的威慑，将极大地提升体育彩票的公信力和品牌形象。

四、结束语

习近平总书记在党的十八届五中全会第二次全体会议上提出了“创新、协调、绿色、开放、共享”的新发展理念，得到了社会各界的热烈反响，在社会各行业的发展实践中积极开展贯彻落实。结合体育彩票发行销售管理工作实际情况，研究发掘区块链技术背后的应用价值并准确定位和加以运用，可以更好地加强责任彩票建设，让社会公众更好地了解体育彩票发行销售的情况和为社会公益做出更多贡献。

体育产业

发展研究

对于辽宁省沈阳市体育小镇的建设与区域经济发展的研究

国家体育总局棋牌运动管理中心　陆伟

沈阳通用航空产业基地是沈阳民用航空国家级高技术产业基地的组成部分，位于沈阳市区北35千米法库县财湖景区，规划面积近70平方千米，分为研发创新、资本运营、综合服务、动感互动、原生涵养五大功能区。2010年开始建设以来，先后获得国家低空空域改革试验区、低空空域航空服务站试点、首批国家级航空飞行营地、国家通用航空产业综合示范区、全国通航特色小镇等称号。

一、法库通航特色小镇建设情况

（一）已完成建设情况

沈阳通用航空产业基地建成于2009年，位于法库县财湖景区，规划面积117平方千米（包括国家级通航特色小镇）。该产业基地生态良好，有先天的地域优势；同时抓住了机遇，也就是国家处于低空空域改革的特殊时期，重点发展以通用航空（无人机）为主体，以现代生态农业、特色户外观光体验为两翼的“一体两翼”国家级通航特色小镇。目前，该产业园已入驻可生产世界先进机型的通用航空及文化旅游等各类企业30余家。开放空域高度3 000米（含）以下、空域范围3 000平方千米，与军方共享空域5 000米、空域范围6 000平方千米，可满足通用航空各类业务需求。规划范围内，3万亩财湖水面烟波浩渺，5万亩生态农业区郁郁葱葱，山、水、林、田、湿地资源丰富。

（二）计划建设情况

法库通航特色小镇总体分为通航核心产业区、综合配套区、科研教育区、生态涵养区、休闲体育旅游区等功能分区。分别涉及航空生产制造业，无人机大数据应用，文化类创意酒店，水、陆、空综合一体运动项目以及健康管理中心等全面配套设施。

二、航空体育与其他产业融合发展

根据国际航空运输协会报告的相关数据计算，航空产业的产业带动作用为1∶3，就业带动作用为1∶15，产业投入产出比为1∶10，具有强大的带动效应，可以促进相关高新技术产业发展升级。

（一）航空体育与体育旅游事业

1. 航空体育的概念与分类

航空体育是指在空中利用飞行器或者其他器械进行的体育运动，包括运动飞行、模型航空运动、运动跳伞、运动滑翔、运动气球等。

2. 体育旅游与航空体育的结合项目

中国经济正在高速增长，人们的收入在不断提高，消费需求也在不断变化，由此带来的影响便是旅游产品朝着休闲、个性化等方向发展起来，旅游者的喜好也从传统的视角体验型旅游向互动参与型旅游发展。法库通航特色小镇不仅拥有美丽的自然风光，还拥有东北地区少有的航空运动项目，可以吸引大量追寻刺激、挑战的年轻人。来到法库通航特色小镇，不仅可以跳伞，还可以在高空观赏法库地区的自然风貌。而法库通航特色小镇中有大片的花海和浩渺的财湖，还能吸引很多中老年人。

3. 航空体育对体育旅游事业的推动作用

我国历史悠久，国土面积辽阔，体育运动种类繁多、运动文化底蕴深厚、运动休闲旅游资源丰富，从而给几乎所有体育健身活动的开展提供了空间。航空运动项目在沈阳地区成功试点，为当地旅游产业的各方面提升提供助推力量。当有更多的人被航空体育吸引的时候，就会有更多的人来到法库通航特色小镇，从而带动当地旅游业的繁荣。

（二）航空体育与体育休闲产业

1. 航空体育休闲产业的概念

体育休闲产业是指社会各部门提供的与体育活动密切相关的产业领域，包括体育产品和服务，以及与之相关的经营活动的总和。航空体育休闲产业即以航空体育为核心，输送相应航空体育产品与服务的经营活动。

2. 航空体育在体育休闲产业中的生存之道和创新之处

要想长久发展航空体育，法库通航特色小镇就要依托航空体育，打造以体育健身为主题的休闲小镇。航空体育是最近几年逐渐出现在大众视野的，普及与推广尚需要时间。航空体育要想被更多的人了解并消费，需要不断地吸引群众参与。以法库通航特色小镇现有情况来分析，目前已有的航空体育建设比较完备，但其他服务设施相对不足。航空体育运动在众多休闲体育运动中算是一项高消费的运动，只有极少数人前来只单纯地为了跳伞，更多的人是想要享受其他更完备的服务。打造以体育健身为主题的休闲小镇，让来到法库通航特色小镇的人不仅可以感受空中体育项目，还能体验陆地、水上等体育项目，从各方面体验体育的乐趣，这样，哪怕是法库通航特色小镇距离市区或其他周边城市较远，仍然具有巨大吸引力。丰富法库通航特色小镇休闲项目类型，增加体验者在法库通航特色小镇内的体验时长，久而久之就增强了体验者与法库通航特色小镇的黏合性，让没来过的人想来，来过的人想再来。

3. 航空体育带来的影响

航空体育可成为体育休闲产业在拉动健康消费方面新的增长点。随着经济全球化的进一步深化，人们的物质水平上了一个新的台阶，健康消费观念也随之发生了巨大变化，人们对体育休闲和体育消费不再持观望态度，而是让其一步步变成日常生活的一部分。进行体育健身、参加体育休闲娱乐活动和欣赏体育所带来的愉悦感，这些需求在广大人民群众中不断得到增强，对体育器材、器械和进行体育运动所需要场地的需求也随之大幅提升。更多的群众追求刺激、新奇的体育运动，对服务和用品质量的要求更加具体化和实用化。通过大力发展航空体育，可以促进体育休闲产业不断发展。

（三）航空体育与赛事型体育小镇

1. 航空体育在赛事型体育小镇的落户项目及发展前景

赛事型体育小镇是以赛事为核心，并以赛事相关产业为延伸，用体育活动加以补充形成的体育小镇。赛事型体育小镇举办大型赛事为当地带来了很多好处，除了赛期内直接的经济收入外，还可以提升当地的知名度。得到上级政府的扶持，带来基础设施和当地人口素质的提升，都是间接的长期效益。在赛事型体育小镇的运作上，应实现以企业为引导，政府进行服务，赛事型小镇的定位由政企联盟进行规划、建造，鼓励民营企业家去创新特色体育小镇运营模式。法库通航特色小镇每年8月举办的飞行大会，已经成为法库通航特色小镇在航空体育范围内独有的赛事。除此之外，还应举办更多其他的赛事，来推动和宣传整个赛事型体育小镇。

2. 赛事型体育小镇对我国航空航天文化的弘扬

法库通航特色小镇不仅拥有良好的航空运动配套设施，还拥有一个东北航空历史纪念馆，这是东北地区唯一一家集中展示中国空军发展历程的综合性展馆。纪念馆陈列面积2000平方米，收藏了东北老航校、抗日战争、抗美援朝及现代空军建设的大量历史文献资料，总计收藏珍贵历史图片2000余张，珍贵历史实物500余件。通过举办不同的赛事，让各个领域、项目的爱好者齐聚法库通航特色小镇，不仅可以观看赛事，还可以参观东北航空历史纪念馆，让更多的人了解航空历史，弘扬航天精神，宣传航天文化。

3. 航空体育对赛事型体育小镇的影响

航空体育可以对赛事型体育小镇建设起到促进作用。法库通航特色小镇通过打造航空体育，每年可吸引全国各地的人前来参与，以此扩大法库通航特色小镇的知名度和影响力。同时，举办其他赛事，也起到了对法库通航特色小镇航空运动的促进与宣传作用。赛事最大的作用就是引流，通过举办不同的赛事，不断吸引人流，可以拉动法库通航特色小镇的经济增长，也能不断宣传法库通航特色小镇航空体育事业在东北地区的重要地位。

（四）航空体育与其他落户体育产业

1. 其他体育产业分类和构成

目前，法库通航特色小镇拥有飞行体验、跳伞、动力伞等航空运动项目；陆地项目有可提供给房车露营爱好者的房车营地，可供给摄影爱好者的花海；水上项目有附近农家院的垂钓园。计划运营项目还有越野汽车公园、冰雪娱乐王国、水上世界等。

2. 其他体育产业的运营状态和发展前景

目前，法库通航特色小镇建设处于一期阶段，一些基础设施刚刚建成，客流量不够，需要通过举办活动与赛事来吸引流量。花海在花季期会吸引中老年游客及摄影爱好者。2018年，法库通航特色小镇也举办过其他赛事，提升了法库通航特色小镇的知名度。

3. 政府对其他体育产业的扶植程度

（1）政企联合建设。当地政府和企业以“政府引导、企业主体、市场化运作”的机制联合推动体育小镇的建设。首先，法库县政府实行政策引导，对体育小镇的建设做出规划。其次，引进经验丰富的企业负责体育小镇的承建和运营。最后，政府积极促进体育产业和新型城镇化建设的融合。

（2）政府牵头融资。体育小镇的建设，是由政府出资和牵头的，法库县政府把体育小镇的相关方联合在一起，并对招商引资进行了全方位介入。体育小镇的项目建设遵循“谁投资，谁受益”原则，进一步吸引广大社会资本参与建设。由此实现了市场化运作，促进体育、旅游和小镇协调发展。

4. 其他体育产业与通航主营产业的联动发展

沈阳通用航空产业基地——法库通航特色小镇规划建设整合体育运动、通用航空、山水资源、民俗风情和农业观光体验等旅游要素资源，以发展航空运动游、财湖文化游、休闲度假游、魅力乡村游为特色，将园区打造成具有鲜明地域特色、拥有精品旅游产品、发展较为成熟的集吃、住、行、游、购、娱六大旅游元素于一体的综合性中高端旅游区，打造中国通航特色小镇样板。借力国家、省、市旅游发展规划，推进通用航空产业与体育、旅游、会展等产业融合，完善旅游基础设施，优化区域环境，提升整体服务水平，打造通用航空旅游品牌，使之成为法库县的城市名片。

特色小镇建设过程中，法库县充分挖掘当地独特的自然资源以及传统体育人文资源，比如冰雪、湖泊、山地、空域等，重点打造不同特色的体育产业集聚区和产业带，涵盖冰雪运动、山地运动、户外休闲运动、水上运动、汽摩运动、航空运动、武术运动等项目。在这些以体育为核心的特色小镇的建设过程中，小镇是平台，而细分产业如皮划艇、自行车、徒步等是主题特色，从而使其变成具有主题、元素和个性的聚焦产业。除此之外，特色小镇中包含的体育企业众多，覆盖了体育产品和服务的方方面面，可以满足广大消费者的不同需求。

四、法库通航特色小镇未来区域经济发展

（一）法库通航特色小镇现阶段经济带动情况

法库通航特色小镇以镇区为中心，联合多个产业集群。航空产业和陶瓷产业等相关企业，主要围绕沈阳通航产业基地进行发展，商业、居住等城市配套功能则主要集中在镇区。大型的陶瓷生产企业、相关的体育企业以及城市的配套服务功能之间相互交错分布，以产业链以及便捷的交通网络为基础构成“大分散、小集中”的布局。法库通航特色小镇开源引流的核心功能惠及上下游企业，促进服务业集聚，也推动了法库县的特色化发展。

（二）法库通航特色小镇县域经济发展带动辽宁老工业基地的发展

自改革开放后，我国经济一直处于稳定的增长中，辽宁省作为老工业基地在我国的经济建设与发展中曾起到重要的经济带动作用。然而纵观整个辽宁省的经济发展会发现，与其他产业相比，辽

宁省的体育产业所产生的效益处于偏低的水平。“供给侧改革”政策提出后，辽宁省的经济发展模式从“需求侧”转入“供给侧”，从而依据体育产业品质对经济形成新的刺激增长点。

目前，辽宁省在体育休闲市场的地位不断攀升，其体育休闲市场的产业格局已经基本形成，从刚开始的国家所有，进一步变成集体所有，最后再发展为个体私营、外商独资兴办等发展模式。由政府出资的比重正在逐渐减少，集体所有以及中外合资的比重不断增大。法库通航特色小镇的所有相关的体育产业业态中，有个人经营方式，有私人与企业合作的方式，还有事业单位进行的联营、挂靠为主的方式，等等。辽宁体育休闲市场主要有这些基本特征：一是经济主体市场化；二是企业经营自主化；三是政府调控间接化。其改善了辽宁省体育发展仅以场馆建设的规模扩张为主的模式，充分表达了体育产业内涵文化，促进了商业体育的良性发展。

五、思考与建议

虽然特色小镇的发源地在浙江，然而地理优势及资本力量使得辽宁省具有非常好的体育产业基础，这些先天的资源和资本优势对体育特色小镇的发展起到了非常重要的助推作用。通过查阅资料还能发现，辽宁省近些年来一直在尝试打破现有管理体制，不断推陈出新。辽宁省体育特色小镇的兴起，主要归功于政府自上而下的引导，此外，也离不开辽宁省近些年来相关体育产业的蓬勃发展。在特色小镇的建设过程中会发现，它不仅仅是促进新型城镇化的载体，在实施全民健身国家战略方面也起到非常重要的推动作用。总之，对辽宁省体育特色小镇的研究具有很强的现实意义和理论指导作用。通过以上研究，提出以下建议。

第一，辽宁省体育特色小镇的建设与规划应根据本地的地域特点以及人文环境，以选择适合本地的运动项目和产业基地为首要目标，力图做大做强，实现体育产业与其他产业更好地融合和发展。

第二，在建设方面，辽宁省体育特色小镇的地理位置选择应科学合理，在建设过程中注重生态保护，并紧扣区域经济发展这个主要目的，促进产业结构转型。在特色小镇的建设和开发上，不可盲目地追求规模和数量，应更加注重环保、精美和质量。

第三，在运营方面，可以一边寻找新型的治理方式，一边调动多方面的资源优势，尝试将小镇利益相关者联合起来，主要包括管理部门、投资人或企业、当地居民等，组成管理机构，对小镇实施管理。

参考文献

[1] 徐浩然.浙江省体育特色小镇建设和运营研究[D].苏州：苏州大学，2018.

[2] 张凯.辽宁体育产业结构优化研究[J].辽宁经济职业技术学院.辽宁经济管理干部学院学报，2014（1）：11-12.

[3] 石秀廷.体育特色小镇建设的国际经验及其启示[J].广州体育学院学报，2018，38（2）:39-42，67.

[4] 田桦.体育休闲产业探讨[J].体育文化导刊，2011（11）：80-82.

国家奥林匹克体育中心
内部控制建设研究

国家奥林匹克体育中心　尚佳

所谓行政事业单位的内部控制，是指单位通过制定相应制度、实施应对措施和执行有关程序，对经济活动的风险进行防范和管控，实现控制目标。从政府行政体制改革的权力运行制约监督角度来看，内部控制是有效监督并制约权力的重要手段，是一种形成不敢腐、不能腐、不易腐的落地机制。

一、内部控制建设的重大意义

有经济活动，就会有风险存在。因而，对经济活动进行有效管控十分必要。习近平总书记强调，要加强对权力运行的制约和监督，把权力关进制度的笼子里。党的十八大和十八届四中全会提出要规范公共权力运行，加强对行政权力的监督；要对财政资金分配使用、国有资产监管、政府投资、政府采购等行政权力加强监督制约，强化内部流程控制，防止权力滥用。党的十九大提出要加强对权力运行的制约和监督，让人民监督权力，让权力在阳光下运行。

开展内部控制建设，是贯彻落实党的十八届三中全会关于全面深化改革的要求，是贯彻落实党的十八届四中全会通过的《中共中央关于全面推进依法治国若干重大问题的决定》决策部署的要求，是中央“八项规定”的内在要求，是《党政机关厉行节约反对浪费条例》的具体要求，是党的群众路线教育活动开展的重要抓手，也是财政部和国家体育总局的要求，因此，内部控制建设在工作实践中有着重大意义。

（一）可以提高财务管理的透明度和公信力

贯彻落实国家法规政策，建立单位内部控制是国家奥林匹克体育中心（以下简称“奥体中心”）加强内部管理的重要组成部分，有着制约权力、规范单位经济活动行为的重要作用。健全的内部控制能够督促单位严格执行国家法规政策，在法律、法规和政策允许的基本框架下行使职能。遵从内部控制的相关法律政策、内部管控规章，可使奥体中心财务管理的透明度和公信力得以提高。

（二）可以提高单位管理的科学化水平

管理的规范和有效，是一个单位管理科学化水平的直接体现。奥体中心建立的内部控制体系，将决策管理、收支管理、资产管理、建设项目管理、合同管理、人力资源管理、场馆管理、对外投资管理等方面纳入统一的管控体系中。此举的目的在于形成各部门之间的联动和监督机制，构筑起公开透明、有效监管的管理体系，从而提升奥体中心的科学化管理水平。

（三）可以保证单位财务和资产的安全和完整

没有内部控制，财务资产管理就会一片混乱，形成很大的风险。奥体中心通过建立内部控制体系，秉持谨慎的风险管理理念，在注重制度设计和运行的同时，强调风险点的掌控和防范。

同时，通过设计、制定和实施一系列内控制度、工作流程等，有效规范和管控奥体中心的各项经济活动，使财产物资的使用、保管得到有力、有效的监控，从根本上保证财务和资产的安全和完整。

（四）可以防范腐败并推动党风廉政建设

腐败的滋生蔓延就是因为没有有力、严密和高效的内部管控和监督机制。通过建立科学完善的内部控制制度，就能够合理地对奥体中心内部各个职能部门进行分工协调、制约和绩效考核。同时，内部控制可强化权力运行的制约和监督，达到以制度限制权力滥用，减少自由裁量权的空间和余地的目的，从而在根本上防范腐败的发生，有力地推动单位的党风廉政建设。

二、内部控制建设取得的成效

2016年，奥体中心以问题为导向，以预算管理为主线，以资金管控为核心，以全面性、重要性、制衡性、适应性为原则，以单位层面控制和业务层面控制为内容，结合奥体中心大型体育场馆运营和各项工作实际，着力构建“三位一体”的奥体中心内部控制体系，力争实现奥体中心风险得到全方位、全过程的控制，进而推动和提高奥体中心的规范化、精细化管理水平。

（一）建立健全了较为完善的制度管理体系

内部控制制度建设是个系统性工程，涉及方方面面，需要厘清的过程和环节较多。因此，内部控制不可能一蹴而就，要建立健全规章制度，并做到切实落实，还需要各部门全员参与。在内部控制制度建设和实施过程中，奥体中心财务处作为牵头部门，及时指导各部门内部控制制度建设人员明确内部控制目标，认真细致地做好以下工作。

（1）梳理单位各类经济活动的业务流程。财务处在收集现有制度的基础上，重点梳理各部门经济活动的业务流程，从而发现经济业务是否按规定流程顺畅地运行，如有遗漏或不完整，即要求进行补缺和完善。

（2）明确业务活动过程的所有环节。根据梳理的业务流程，摸清执行部门和审批流程的所有环节，对重点环节予以关注和完善，进而实现全面控制、全过程控制和全员控制的目标。

（3）系统分析经济活动存在的风险。根据各业务环节，依据业务审批流程，具体分析业务活动中存在的风险。对业务流程中涉及的不相容岗位实施相应的分离措施，形成各司其职、各负其责、相互制约的工作机制。

（4）查找业务活动的控制点和风险点。梳理、查找并确定风险点，有助于分析风险点是否均设有控制点，以便对风险进行有效管控。

（5）根据风险点的种类、性质，选择风险应对策略。重点关注无控制点或控制点无法有效控制的风险点，针对风险点的种类和性质制定风险应对策略。

（6）建立健全各项内部管理制度。针对梳理业务工作流程确定的风险点，核实其是否有相对应的内部控制管理制度，然后对内部控制制度的缺陷和缺失进行完善和补充。为此，根据内部控制管理规定和相关要求，奥体中心先后制定、修改和完善了13项内部管理制度，如《国家奥林匹克体育中心财务报销管理制度》《国家奥林匹克体育中心对外投资企业财务管理办法（试行）》《国家奥林匹克体育中心固定资产管理办法》《国家奥林匹克体育中心设备设施工程招标暂行管理办法》等。特别是建立起了较为完善的财务管理内部控制制度，达到了严格控制“三公经费”和预算外支出的目的，形成财务部门与其他业务部门的协调沟通和监管机制，使奥体中心各业务部门形成了内部控制的合力。

总之，通过以上各项规章制度的建设、流程再造和执行内部控制质量控制程序，最终形成奥体中心内部全过程严密的质量控制体系，降低了各类经济活动的风险。

（二）建立和完善了规范合理、相互监督的工作流程

工作流程是否顺畅和有效监控，对经济活动风险的防范具有十分重要的作用。为此，抓好流程控制，明确岗位职责及分工，全面系统地梳理分析奥体中心业务流程中涉及的不相容岗位，将不相容岗位予以分离，以便做到相互制约和相互监督。

1. 梳理、细分和编制流程

根据奥体中心的工作实际，财务处牵头重点对“三重一大”事项决策管理、预算管理、收支管理、采购管理、资产管理、建设项目管理、合同管理、对外投资企业管理等进行了全面梳理，细分出一级流程13个、二级流程46个。在此基础上，根据各项业务活动，编制了流程图及风险控制矩阵，使经济活动风险点、控制目标一目了然。

2. 分级别制定和完善流程

为实现财务工作的规范管理，完善监督管理机制，财务处制定和完善了不同级别的工作流程，形成层级审批、监督管理流程，从而进一步完善和规范了财务管理程序和操作执行程序等，规范各部门开展经济活动的决策程序等。

3. 不相容岗位和职务分离，各司其职

在具体财务管理上，财务处自觉遵守各财务部门基础性工作流程，在货币资金和银行账户管理上，货币资金和银行账户业务按照财务审批流程和权限办理，并接受国家体育总局财务管理和审计中心的审核监督。在财务岗位的设置上，自觉遵循职务分离

制度，并且出纳、稽核、记账、档案保管等不相容岗位分离，各职务分离定责，关键岗位做到定期轮换。这就进一步加强了财务的规范化管理。

（三）采取多项措施，推动内部控制和管理有效落实

在内部控制制度建设过程中，为确保各项管理措施和监督管理办法落地，一是将内部控制制度落实和风险防范与党风廉政建设结合起来抓，以内部控制落实是否到位检验干部执纪执规情况，有效防范业务风险和运转风险，切实消除廉政风险隐患；二是强化岗位责任，全面系统地梳理和分析业务流程中涉及的不相容岗位，通过实施分离措施，明确细化责任，形成相互制约监督；三是抓好流程控制，严格履行分级审核程序，层层把关，涉及重大事项由办公室按照“三重一大”流程执行，并通过奥体中心信息化手段，固化工作流程，实行痕迹管理，促进过程公开透明，增加工作的透明度和提高实施的效率。

（四）开展内部控制自查评价，运用评价结果促进管理提升

监督检查和自我评价是内部控制得以有效实施的重要保障。严格落实内部控制的监督检查和自我评价制度，通过日常监督和年度专项监督，检查内部控制实施过程中存在的突出问题，查找管理漏洞和薄弱环节，评估内部控制的全面性、制衡性、适应性和有效性，检验内部控制工作成效。每年年底，奥体中心各职能部门依据《国家奥林匹克体育中心内部控制管理手册》和《国家奥林匹克体育中心内部控制自我评价手册》，对分管工作进行自查评价，评价结束后汇总到财务部门，由财务部门进行统计和系统分析，找出存在的问题并形成整改问题清单，由各部门

负责人按时限进行整改。这样，有效地促进了内部控制管理水平的提升。

三、内部控制制度建设中存在的问题

内部控制制度建设不是绝对保证、无限保证，而是合理保证、有限保证。奥体中心内部控制制度自2016年底实施以来，虽然取得了显著的内部管控成效，但是在具体落实过程中也存在一些问题。

在内部控制制度建设和实践过程中，我们根据《行政事业单位内部控制基础性评价指标评分表》的评价指标和评价要点，通过单位层面和业务层面，特别是对业务层面中的权力集中重点领域和关键岗位建立制衡机制的情况、内部控制流程与制度建立情况、职责分离和主要风险管控情况、内部控制制度执行情况的评价要点和评价指标值结果进行系统分析，得出奥体中心本年度内部控制运行情况的总体评价。在2017—2018年度，奥体中心内部控制总体运行情况分别是“中”和“良”，我们对此做了全面、细致、认真的分析研究，从中梳理出存在的制度性缺陷和执行方面的问题。

一是人力资源管理方面，场馆临时招聘教练员，按照奥体中心内部控制流程，场馆招聘临时兼职教练员应与聘用人员办理签约手续，并经分管领导同意后到业务主管部门备案。目前，需要业务主管部门加强监管，防范法律风险。

二是预算管理方面，奥体中心预算管理实现了“预算编制、审批执行、评价合法合规”的控制目标，但在全过程预算绩效管理机制上，还需要将预算安排、执行效率和实施效果挂钩，确保预算监督作用的发挥。

三是资产管理方面，奥体中心历史遗留下来的个别承租单位拖欠房租和未及时到工商局注销已迁出租房单位情况，针对欠租问题虽然通过电话、法律诉讼等形式进行催缴，但还需要相关责任部门加强日常监督与管理。

四是合同管理方面，在合同管理和合同执行上，奥体中心未来必须实现信息共享，实时管控。通过信息化、智能化管理达到执行率提升的目的。各部门之间的数据分享，有利于提高工作效率，缓解部门与部门之间的矛盾，降低管控风险。

五是对外投资企业管理方面，奥体中心需要进一步完善管理办法，加强所属企业的绩效考核与财务监督，加强合同业务控制，防范法律风险，避免给单位造成经济损失。

四、加强内部控制建设的措施

奥体中心内部控制制度建设，不仅转变了传统的思维与工作方式，实现了管理关口前移，以“流程控制”代替“经验管理”，变“先支后审”为“先审后支”，确保了各项开支和国有资产的安全，提高了工作效率，减轻了财务工作潜在的风险压力。为进一步加强内部控制，特提出以下建议。

（一）提高人员素质，加强基础工作建设

加强在职会计人员培训和教育，提高会计人员的综合素质，是内部控制建设的基础性、长期性工作。通过组织和开展会计与内部审计理论的学习活动以及案例讨论培训，传播最新的条例，可以增强在职会计有关财务法律的认知，提升相关技能水平，提高其财务管理水平与增强守法意识。

（二）加强制度建设，完善内部控制机制

制度建设的作用不可小觑。制度建设的系统化、流程化、信息化，可以促进单位管理实现制度化、流程化、标准化。因此，

只有加强制度建设，强化制度执行力度，不断完善内部控制机制，才能保证奥体中心各项经济活动安全、有序和高效地开展。

（三）加强内部监督管理，发挥内部审计作用

内部审计在某种程度上可以理解为对内部控制的控制。奥体中心要加强内部监督管理，就应该发挥内部审计作用，内部审计部门应与财务部门配合加大对会计工作和内部控制工作的管理和监督，定期或不定期地检查内部控制在执行中的薄弱环节及容易造成损失的失控点，通过有针对性的经常性的监督，及时发现问题并整改。

（四）增强内部控制意识，创造和谐的内部控制环境

内部控制有效与否，直接关系到一个企业的兴衰与成败。因此，奥体中心各部门领导应当增强内部控制意识，充分认识建立并完善内部控制制度的重要性，通过采取积极有效的措施，保证资产完整和安全。奥体中心应督促各部门负责人学习内部控制知识以提高相应的知识水平，使其充分认识到内部控制建设的重要性。

（五）创新工作实践，实现内部控制信息化，促进中心内部控制有效运行

内部控制建设不是一成不变的，而是在不断摸索、尝试中前进的。这就需要我们根据本单位自身工作特点和实际，不断创新和完善。比如，实现“人控”到“机控”，将内部控制固化到会计信息化，实现常态化和规范化，尽可能地降低人为因素的影响，从而提高内部控制制度的执行力，内部控制规范落地。

参考文献

[1] 财政部.关于全面推进行政事业单位内部控制建设的指导意见[EB/OL].（2015-12-21）[2019-07-02].http://www.czj.sh.gov.cn/zys_8908/zcfg_8983/zcfb_8985/hj_9035/cwhjjbzdgf/201601/t20160127_172443.shtml.

[2] 财政部.行政事业单位内部控制规范（试行）[EB/OL].（2012-12-17）[2019-07-02].http://www.gov.cn/gzdt/2012-12-17content_2292179.htm.

国有企业党建工作研究
——以华体集团有限公司为例

华体集团有限公司　李晶

国有企业是党的执政基础。红色基因是国有企业的“根魂”所系。国有企业坚持党的领导是一个根本性、原则性的问题。中国特色社会主义迈进新时代，在面对经济发展新常态的情况下，如何适应新情况、新形势，解决新问题，如何落实国有企业党组织的职能要求，有效发挥国有企业党组织领导核心和政治核心作用，促进企业经济持续稳定地增长，保证企业持续健康发展，是摆在我们面前的一个重大课题。

一、新时代加强国有企业党建工作的重要意义

党的十九大报告提出了新时代党的建设总要求，明确指出要把党的政治建设摆在首位。国有企业党建是党的建设的重要组成部分，具有重大意义。

（一）坚持国有企业的性质和地位不动摇

国有企业的性质和地位决定了其必须坚持党的领导，加强党的建设。以公有制为主体、多种所有制经济共同发展的经济制度是我国社会主义初级阶段的基本经济制度。国有经济是社会主义

公有制经济的重要成分，而国有企业在我国国民经济中占主体地位，关系公有制主体地位的巩固，关系我们党的执政地位和执政能力，关系我国社会主义制度。近年来，国有企业在社会主义市场经济中的地位和作用越来越突出，已经占国内生产总值的40%以上，成为我国社会主义市场经济的重要标志和支柱，在推进新时代中国特色社会主义伟大事业中发挥着主力军的作用。

（二）切实发挥企业党组织作用

我们党历来重视国有企业党建工作，在不同历史时期制定了有关加强和改进国有企业党建工作的政策措施。特别是党的十八大以来，下达了一系列对国有企业党建工作的重要指示。2016年10月，中共中央组织部、国务院国有资产监督管理委员会党委《关于印发〈贯彻落实全国国有企业党的建设工作会议精神重点任务〉的通知》，围绕“加强党的领导和完善公司治理统一起来；建设高素质国有企业领导人员队伍；把国有企业基层党组织建设成为坚强战斗堡垒；加强对国有企业党的建设的领导”四个方面提出了30项重点任务。2017年4月，《国务院办公厅关于进一步完善国有企业法人治理结构的指导意见》指出，要坚持党的领导，把加强党的领导和完善公司治理统一起来，发挥国有企业党组织的领导核心和政治核心作用，保证党组织把方向、管大局、保落实。2017年新修订的《中国共产党章程》第33条的内容确立了国有企业党委（党组）在公司治理结构中的领导作用。

习近平总书记关于加强国有企业党建工作的重要讲话精神，为新形势下加强国有企业党建工作、坚持中国特色现代国有企业制度提出了基本要求，对于深化国有企业改革具有重大而深远的意义。可以看出，党在加强国有企业党建工作和推进全面从严治党方面的态度是坚决的，力度是前所未有的。

二、华体集团有限公司现状分析

华体集团有限公司（以下简称“华体集团”）成立于1993年，是中国奥林匹克委员会控股的国有体育产业集团公司。2006年国家体育总局直属机关党委批准成立了华体集团党委。目前，有党员53人，其中在职党员52人，退休党员1人。华体集团设置党委、纪委。华体集团党委设书记1人、副书记2人、委员4人。华体集团纪委设置书记1人、委员2人。华体集团党委下设党支部3个、党总支1个，分别为第一党支部、第二党支部、第三党支部及华体建设发展股份有限公司党总支。其中第一党支部有党员13人，由华体集团本部各职能部门党员组成；第二党支部有党员8人，由华体集团下属两家控股子公司（华体博联、华体物业）党员组成；第三党支部有党员5人，由华体集团下属控股子公司（华安认证）党员组成；华体建设发展股份有限公司党总支共有党员31人，下设2个党支部。

（一）华体集团党建工作取得的成效

经过20多年的发展，华体集团由小到大，由弱到强，持续、快速、健康地发展，离不开党组织的导向支持、人才支持和文化支持。特别是党的十八大以来，在国家体育总局的领导下，按照“围绕党建抓发展，抓好发展促党建”的思路，坚持“两手抓”，党建引领作用得到充分发挥，综合实力和发展后劲不断增强，实现了经济效益和社会效益双丰收。

1. 加强思想政治教育，全面推进党组织建设

根据不同时期具体情况，采取党委会、支部学习、党委书记讲党课、专家讲座、参观学习、发放学习资料、知识问卷等灵活多样的形式进行学习，提高广大党员、干部政治理论水平，以及增强领导班子谋大局、管方向、促工作的能力；健全党组织设

置，选优配强支部班子，注重“两个吸收”——吸收优秀青年同志加入党组织，壮大党员队伍，为党建工作增添活力；吸收参与决策的企业高管加入党组织领导班子，增强党组织参与企业决策、实施政治领导水平，为企业发展把好舵。开展专题教育，引导广大党员“不忘初心，牢记使命”，增强“四个意识”，坚定“四个自信”，做到“两个维护”，以良好的作风推进企业改革发展。

2. 党委班子集中精力抓大事、把方向、管全局

华体集团党委认真贯彻落实党的十八大以来的各项精神，依靠强烈的改革创新意识，牢牢把握住了各种发展机遇，制定企业新的中长期发展规划，围绕战略环境分析、战略发展规划、业务发展战略、战略实施方案以及战略保障方面进行顶层设计，实现了跨越式发展。

3. 开展党建主题活动，增强党员意识，发挥党员先锋模范作用

华体集团党委按照上级党委的有关要求，因地制宜、大胆实践，不断丰富教育形式与手段，积极开展形式多样、富有吸引力的党风教育活动，增强了党员的宗旨观念，改进了员工的工作作风。华体集团党组织有意将重要岗位、重点项目工程、难点问题交给党员去完成、去解决，注重调动党员的积极性和创造性，增强党员的责任心和使命感。

4. 落实两个责任，加强党风廉政建设

积极履行党委主体责任，坚持以《中国共产党章程》为遵循，做好党风廉政建设和反腐败工作任务分工，落实“一岗双责”，签订党风廉政责任书。认真组织开展党风廉政建设教育活动，举行反腐倡廉及警示教育活动，加强经常性思想教育；充分发挥党组织、纪检监察、党员和群众等监督主体的作用，不断提高监督效果；加大对各级领导班子和党员领导干部的监督力度，规范权力运作和从业行为，把权力监督贯穿于华体集团决策、经营管理等各项制度之中。

5. 建立先进企业文化，提升核心竞争优势

在华体集团党委的领导下，通过群团组织开展多种形式积极向上、凝聚人心的企业文化活动，不断增强员工对企业的认同感、归属感和立足岗位、奉献企业的责任感和忠诚度，提升企业文化品位和内涵。

党的十八大以来，华体集团党员干部的先锋带头作用得到了充分发挥，员工队伍素质得到了有效提升，企业凝聚力和向心力得到了进一步增强。华体集团领导班子团结协作，勤政廉政，作风民主，密切联系群众，带领全体员工共同为企业的改革发展做贡献。华体集团在推进党建工作方面取得了明显成效，得到了上级党组织和广大党员、干部职工的认可。

（二）华体集团党建工作存在的问题

通过对现状进行分析发现，华体集团党建工作虽然取得了一定的成绩，但在落实新时代党建工作要求、适应企业转型升级新形势新任务的要求上，还存在一定的不足。

一是对党建工作的地位和作用认识不够深刻，存在党建工作与业务工作不同程度的脱节，出现“两张皮”现象；二是党建工作与企业改革发展相互协调和匹配上还有欠缺，大部分企业没有专门的党务部门和专职的党务人员，兼职党务人员投入的精力有限，难以保证党建工作的需要，致使企业党建工作质量不高，不能切实发挥作用；三是有的二级机构党组织的政治核心作用没有充分发挥，参与重大问题决策的体制机制尚未建立；四是一些领导干部责任意识不够强，素质能力不够高，作风不够扎实；五是部分基层党支部建设比较薄弱，一些党员意识淡化，先锋模范作用不突出，影响党的形象；六是党务工作者的数量和结构不完全适应工作需要；等等。

这些问题不同程度地存在着，影响党组织政治核心作用的发挥，制约集团转型升级、科学发展的进程，必须以改革创新的精神研究探索解决。

三、创新党建工作的对策

为大力提升华体集团党建工作科学化水平，努力把华体集团各级党组织建设成为坚决贯彻落实党的路线方针政策、全面推进华体集团转型升级、全力加快华体集团科学发展的党组织，确保华体集团发挥好坚强领导核心、政治核心和战斗堡垒的作用，提出如下改进建议与对策。

（一）推进学习型集团和学习型党组织建设

学习是提高素质的源泉和有效途径。学习能力是领导干部必备的基本能力。党的十九大号召全党增强学习本领，营造善于学习、勇于实践的浓厚氛围，建设马克思主义学习型政党，推动建设学习型大国。习近平总书记在2019年春季学期中央党校（国家行政学院）中青年干部培训班开班式上发表的重要讲话中要求，广大干部特别是年轻干部要在常学常新中加强理论修养，在真学真信中坚定理想信念，真正做到学、思、用贯通，知、信、行统一。

华体集团各级党组织在今后的工作中，紧密结合“不忘初心、牢记使命”主题教育，坚持不懈地用习近平新时代中国特色社会主义思想武装头脑、指导实践、推动工作。着力打造“学习型集团、学习型党组织”，健全学习组织，完善学习制度，严格学习管理。并通过组织党委理论中心组学习、党委中心组（扩大）学习、党委成员讲党课、专题座谈会、“学习强国”平台学习、制作宣传展板等形式，开展党建宣传及理论学习，使广大党员领导干部把学习作为工作和生活的需要，要做自觉学习、主动学习、勤奋学习、刻苦学习的表率，深入学习中国特色社会主义理论体系，学习党和国家方针政策以及法律法规，学习掌握本专业最先进、最前沿的理论知识和实务知识，不断增强做好工作的本领。

（二）构建确保党组织充分发挥政治核心作用的公司治理结构运行机制

《中华人民共和国公司法》第十九条为企业党组织的合法存在、正常运转、有效发挥作用提供了法律依据。近几年，中共中央、国务院在深化国企改革的文件中明确要求把加强党的领导和完善公司治理统一起来，将党建工作总体要求纳入国有企业章程，明确国有企业党组织在公司法人治理结构中的法定地位，创新国有企业党组织发挥政治核心作用的途径和方式等。

华体集团党委要在推进现代企业制度建设的进程中，践行国有企业党组织参与企业重大问题决策是发挥政治核心作用的基本途径的论述，努力做好以下五点。

一是落实将党组织纳入公司章程，在董事会、经理办公会等规章制度中明确党组织参与决策的内容和程序。

二是处理好二级公司党组织与董事会、经理层、监事会的关系，推进党组织与公司法人治理结构运行机制的协调运转。

三是继续坚持和完善“双向进入、交叉任职”的有效办法，并结合企业实际积极探索创新。

四是坚持党管干部、党管人才原则，集团公司下属机构领导班子的配备和中层干部的选拔，必须经党委研究提出意见和建议，由董事会或经理层依法任用。

五是履行监督职能。加强对集团贯彻落实党中央重大方针政策、执行集团转型升级战略和重大工作部署情况的监督，加强对集团领导班子决策的监督，加强对集团主要负责人、中层以上干部和关键岗位人员遵纪守法情况的监督，及时发现和制止苗头性、倾向性问题，保证党和国家方针政策和集团战略意图在集团的贯彻执行。

（三）加强各级领导班子和干部队伍建设

党的事业和党的建设成败关键在干部队伍。“火车跑得快，全靠车头带。”加强领导班子和干部队伍建设是华体集团党建工作的一项核心任务，按照中央各项相关文件精神，把各级领导班子建设成为满足“五个过硬”（政治过硬、业务过硬、责任过硬、纪律过硬、作风过硬）要求的统一、高效、和谐、坚强的领导集体，有效承担起发展第一要务和维护稳定第一责任。

1. 加强各级领导班子作风建设

坚持领导干部双重组织生活会制度，提高民主生活会质量，增进领导班子团结。

2. 加强民主集中制的执行

坚持集体领导与个人分工负责相结合，提高运用民主方法形成共识、开展工作的本领，注意听取不同意见，防止个人或少数人说了算，增强领导班子的凝聚力和战斗力，提升领导班子的民主决策和科学决策能力。

3. 创新领导干部选拔机制

坚持民主公开竞争择优的原则，坚持德才兼备、以德为先的用人标准，打破“论资排辈”思想，通过后备人才库、绩效考核和民主测评结合推优、内部竞聘、公开招聘等方式，加大竞争性、流动性、透明性的选人用人力度，真正把迎难敢上、迎难会上的干部和对企业的忠诚度、贡献度以及职工拥护度高的干部选拔到重要岗位，最大限度地激发干部队伍的活力。

4. 健全领导干部培育机制

根据集团发展需要有计划地选派优秀领导干部和后备人才参加培训，增强他们的战略决策能力、把握市场能力、推动创新能力、应对危机能力，以及抓班子带队伍的能力，培养造就一流的经营管理者队伍。

5. 建立领导班子务虚会制度

就华体集团战略性和全局性的重大问题，定期举行务虚会，进行深入研讨，出思路、出办法、出措施。

6. 严格干部队伍管理和约束机制

落实干部提醒纠错机制。认真执行《关于对领导干部进行提醒、函询和诫勉的实施细则（试行）》，建立健全干部约谈机制。深入了解干部情况，对干部存在的苗头性问题早发现、早提醒、早纠正，加大治懒、治庸力度，把绩效考核与干部任用刚性挂钩，切实解决干部能上不能下、能进不能出的问题。对基本素质较好但不适宜担任现职的干部，及时调整到合适的岗位；对事业心和责任感不强、不胜任和不称职的干部，及时进行组织调整；对失职干部严肃追究责任。

（四）加强基层党支部和党员队伍建设

各级基层党支部和广大党员是集团实现发展战略的桥头堡和排头兵，是发挥战斗堡垒作用和凝聚职工群众的前沿哨，战斗在转型升级的第一线，是落实华体集团发展战略意图、推动华体集团科学发展的主力军。因此，必须认真做好抓基层、打基础的工作，夯实基层党支部和党员队伍这个基础。

一是确保党组织全覆盖。保证集团的业务开展到哪里，党的组织就设置到哪里，党的工作就延伸到哪里。

二是加强基层党支部带头人队伍建设。按照“守信念、讲奉献、有本领、重品行”的要求配备基层党支部书记。

三是严格执行《中国共产党支部工作条例（试行）》的要求，推进党建工作业务标准化和流程化建设，实施《党建工作标准化手册》，提高企业党建工作质量。

四是创新基层党组织活动方式和活动载体。通过党员先锋岗、党员示范岗、党员攻关项目等有效载体，为党员发挥作用搭建平台，以党建引领企业价值观，成为华体集团核心竞争力的重要来源，成为华体集团发展的重要推动力量。

五是重视并做好在生产经营一线和青年职工中培养发展党员工作。把更多的业务和技术骨干培养成党员，把更多的党员培养成业务和技术骨干。

六是大力开展党员培养、教育和管理工作，充分发挥党员队伍在华体集团转型升级、做大做强中的先锋模范作用。

（五）推进惩治和预防腐败体系建设

深入推进反腐倡廉工作是华体集团健康发展的保证，切实加强组织领导，做到思想认识到位、工作保障到位、检查考核到位，推动全面从严治党不断走向深入，保证华体集团党的建设和反腐倡廉各项任务落到实处。

一是加强廉洁自律教育，把思想道德教育作为反腐倡廉建设的基础之策，有针对性地开展示范教育、警示教育和岗位廉政教育，引导党员领导干部树立正确的世界观、人生观、价值观、权力观、地位观，筑牢拒腐防变的思想道德防线。

二是加大查办违纪违法案件工作力度，保持惩治腐败高压态势，把坚持从严治党、从严治企、严肃查处违纪违法案件作为反腐倡廉建设的有效之策，使党员领导干部始终保持高度警惕、时刻警醒。

三是加快推进反腐倡廉制度建设，规范权力运行制约和监督机制，不断完善“三重一大”集体决策制度，国有企业领导人员廉洁自律和经济责任审计制度，领导干部述职述廉、诫勉谈话、函询、质询或撤换等制度，坚持制度创新，依法治企，使权力在阳光下沿着规则设定的轨道运行，把制度建设作为反腐倡廉建设的治本之策，使党员领导干部养成按规律办事、按规则办事、按规矩办事的良好作风，自觉接受党组织和广大群众的监督，不能逾越预防腐败的制度防线。

四是落实“两个责任”，坚持“党委统一领导、党政齐抓共管、主要领导负总责、纪委组织协调、部门各负其责、依靠群众支持和参与”的反腐倡廉领导体制和工作机制。通过主要领导定期听取反腐倡廉工作汇报，班子成员对分管范围内的反腐倡廉任务负直接领导责任，签署《廉政责任书》，把廉政建设与经营管理工作一起考核，从而保证反腐倡廉工作领导到位、责任到位、措施到位，确保华体集团反腐倡廉各项工作落到实处。

（六）加强群众工作和企业文化建设

华体集团各级党组织要坚持全心全意依靠职工群众的方针，充分发挥工会和共青团组织的作用，团结凝聚职工为实现华体集团战略目标而奋斗。

一是加强对工会的领导，健全完善工会领导机构，认真贯彻《中华人民共和国工会法》，落实职代会职权，规范职代会工作，抓好职工素质工程建设，全面提升职工队伍的综合素质和能力。

二是加强党建带团建工作力度。加强团的组织建设和对青年职工的培养教育，注重在优秀青年中发展党员。

三是扎实做好思想政治工作。抓住职工群众切身利益的问题，深入做好职工的思想工作，把温暖送到职工群众的心坎上。将解决思想问题与解决实际问题结合起来，不断增强企业思想政治工作的亲和力、感召力和影响力，真正把思想政治工作的优势转化为集团做强做大的竞争优势。

综上所述，中国共产党是中国特色社会主义事业走向胜利的领导核心，坚持党对国有企业的领导是必须一以贯之的政治原则。新时代国有企业党建工作是一项长期且系统的工程，需要企业党组织以更高的政治站位、更强的政治担当，以与时俱进、开拓创新的精神，创建适合企业发展特点的党建工作方法和基本路径，确保党组织在企业中的领导核心和政治核心作用，为国有企业的健康可持续发展保驾护航。

参考文献

[1] 习近平.在全国国有企业党的建设工作会议上的讲话[EB/OL].（2016-10-11）[2019-07-01]. http://news.12371.cn/2016/10/11/ARTI1476185678365715.shtml.

[2] 王炳林.深刻理解坚持党对一切工作的领导[EB/OL].（2019-07-08）[2019-07-01]. http://www.dangjian.cn/djw2016sy/djw2016syyw/201907/t20190708_5177047.shtml.

[3] 石仲泉.十八大以来党的建设在创新中发展[N].人民日报，2017-06-28.

[4] 郝鹏.新时代国有企业党的建设的根本指南[N].光明日报，2018-09-28.

[5] 李直.扎实推动国企国资改革发展全面从严加强国企党建——中央企业、地方国资委负责人会议在京召开[J].企业文明，2017（1）：5-6.

加快推广帆船运动　推动体育产业发展

青岛航海运动学校　马德杰

帆船运动是集娱乐性、观赏性、探险性、竞技性于一体的项目，它是借助风帆推动帆船在规定距离内竞速的一项水上运动。帆船运动起源于荷兰，在1896年首届现代奥运会上就是正式比赛项目，目前已经成为世界沿海国家和地区最为普及、人们最喜闻乐见的体育活动之一。我国运动员殷剑在2008年夺得北京奥运会女子帆船中心板项目冠军，徐莉佳获得2012年伦敦奥运会激光镭迪尔级帆船项目冠军。2008年奥运会在我国举办，使国人能够近距离观看帆船比赛，加之帆船项目承办地青岛提出了打造“帆船之都”的口号，在全国沿海城市中起到了很好的带动引领作用。近年来，随着我国经济社会的快速发展，以及国家相关产业政策的引导，目前帆船运动等水上项目在全国推广发展很快，并带动了相关产业的发展。

一、发展帆船项目的意义与作用

帆船运动是一种绿色环保的运动项目，如同高尔夫一样，能够让人们在进行运动的同时，与蓝天、碧海、阳光、空气直接接触。欧美体育产业发展规律显示，当人均国内生产总值达到10 000美元后，帆船、登山、滑雪等户外休闲运动将迎来大众参与的爆发期。其中，帆船运动在助推我国城市转型升级方面有着得天独厚的优势。帆船产业链比较长，涉及面很广，对社会效益和经济效益拉动很大。我国海域纵向跨越热带、亚热带、暖温带、温带和寒带5个温度带，海岸线长达1.8万千米，沿海岛屿达6500多个。帆船之于城市转型升级的推动模式便于推广和复制，对我国水上运动产业的发展也将起到重要的推动作用。

二、我国帆船运动的现状及存在问题

（一）帆船运动的现状

一是赛事举办数量屡创新高。2009年，国内举办的赛事仅有深圳的中国杯帆船赛、青岛CCOR（城市俱乐部杯帆船赛）等极少赛事。经过10余年的发展，全国各地的帆船赛事呈现出“井喷式”发展势头，很多新的帆船赛事相继诞生。目前，各地每年举办有百余场帆船赛事，各具特色。影响较大的帆船赛事包括深圳中国杯帆船赛、青岛CCOR、三亚环海南岛国际大帆船赛、司南杯大帆船赛、厦门俱乐部杯帆船挑战赛、上海杯诺卡拉帆船赛等。此外，各地还承办了沃尔沃国际帆船赛、克利伯国际帆船赛、国际极限帆船赛等国际赛事中国站的比赛。成功举办帆船赛事和后续相关项目落地，让民众有机会了解帆船运动，逐渐熟悉并参与进来，达到了较好的普及效果。

二是俱乐部数量快速上升。经过10余年的发展，帆船运动已遍布全国几十个城市，沿海城市如三亚、海口、深圳、厦门、上海、宁波、青岛、大连等，以及内陆城市如苏州、南京、武汉、北京、长沙、柳州等都在充分利用各自的水资源优势发展帆船项目，逐渐建成近200家帆船俱乐部，常年参与帆船运动人数近6万人。

三是帆船培训越来越热。近年来，随着人们生活水平的提高以及国内帆船运动的普及，越来越多的人希望参加帆船运动，各地水上管理机构及帆船俱乐部顺势而为，大力开展帆船运动培训。尤其是近两年，每年6—8月的暑假期是帆船夏令营报名最火热的时候，很多地方夏令营的报名人数呈年均100%的速度增长。其他专业培训如国际丈量员培训、仲裁培训等更是吸引了大批业内人员报名。

四是体育产业开始发力。近年来，国内一些临海城市如三亚、深圳、珠海等兴起了海洋休闲体育运动热潮，争相在海上休闲体育项目上有所突破。海南省出台了《帆船运动旅游管理暂行办法》，明确了帆船的检验、驾驶人员的资质、停泊码头的条件等，推动更多的人参与帆船运动。珠海市出台了多个涉及滨海休闲旅游和水上运动产业的规划。

（二）存在的问题

尽管我国近年来帆船项目有了长足的发展，但是应当看到，帆船运动发展还存在不平衡、不充分、不规范的问题，对产业的拉动与提升还有较大的空间，具体表现为以下五点。

一是群众基础依然薄弱。同我国经济形势一样，帆船运动的普及也呈现东西差距、城乡差距、沿海与内陆的差距。虽然近几年针对西部省份开展了一些公益培训，也在内陆湖泊组织了一些帆船比赛，但社会上依然存在着“帆船只能在海上开展”的误区，帆船在内陆普及率极低。即便在东部省份，与国外的差距依然明显。据不完全统计，在帆船运动较为流行的法国，帆航学校有接近8000家，每年领到帆船执照的人多达9万。新西兰的奥克兰市是世界人均拥有游艇帆船比例最高的城市，素有 City of Sails（千帆之都）的美称。该市平均每四个人就有一艘帆船游艇，而新西兰全国则是每六个人拥有一艘。帆船、游艇、海钓等航海活动是新西兰人休闲生活的四大选择之一。

二是产业效应尚未显现。目前，国内帆船大多开始与旅游休闲结合，但目前各地帆船产业的发展还处于初级阶段，大多数只专注于一个环节，能够在一个地区出现完整的帆船产业链，覆盖研发、制造、销售、维修、培训、服务、赛事等业态的例子并不多见，生态圈还未形成。与其他行业融合发展，形成“帆船+”的各类效应还未显现，与国外差距明显。如德国“基尔周”，以帆船为核心，衍生帆船比赛、论坛、高端对话、商务活动、船艇展、航海装备与用品展、美食节、电音节、市民节、海军节等活动，吸引来自世界各地超过300万的游客，对城市旅游经济贡献很大。法国布雷斯特海洋节每届均可吸引来自20多个国家和地区的近70万游客，还有约15 000名水手、2000条帆船、800名记者、2000名音乐家和艺术家参加。节庆活动带动了整座城市的经济发展，创造了数千个就业机会。按照每届60万游客参加航海节计算，仅门票收入就超过了750万欧元；数百个销售摊位和纪念品销售摊位均收入不菲，给整个城市带来丰厚的回报。

三是地方政府对帆船项目带动产业发展的认识不够。帆船运动可以打造一条包括设计研发、港池建造、船艇制造、零部件生产、维修保养、销售宣传、培训交流、赛事服务等的产业链，且可以和旅游休闲、文化节庆等进行结合，产生更大效应。对于地方产业升级、供给侧改革来说，是一条非常好的途径。尽管如此，由于发展帆船运动需要做很多前期工作（如出台政策、港池建造等），打造产业链需要较长周期，很多地方政府不愿启动，仍然愿意以引进工业、房地产业等传统大项目等形式拉动当地产业发展。

四是相关配套政策不完善。首先是融资难。帆船游艇产业发展尚没有明确的扶持政策，相关金融政策等尚处于空白阶段，致使帆船游艇企业在融资贷款方面面临巨大困难。帆船游艇制造业在金融机构的行业分类中被划分到船舶制造业（与轮船制造划为一类），而这一行业在各金融机构融资贷款中属于高危行业，因此帆船游艇制造业几乎无法从各金融机构得到贷款或者融资，极大地制约了企业发展。其次是落地难。帆船运动需要建设一批公益类或商业类码头、帆船基地，除部分内陆城市外，均需在沿海一线建设。但由于2017年出台的《海岸线保护与利用管理办法》对海岸线使用有了更严格的规定，部分部门出于“多一事不如少一事”的考虑，实行“一刀切”，基本不批准此类项目。加之前几年“房地产经济”盛行，部分地市的沿海一线土地均已拍卖完毕，现在沿海区域已基本无地可用。加之帆船项目对港池深度有着特殊要求，符合要求的临海土地目前很难取得。最后是运营难。由于国家对于运动类船艇没有明确的法律法规，造成运动类船艇无法进行船只检验、登记注册、办理相关船籍证书。在海上执法过程中，会对没有办理相关船籍证书的运动类船艇进行限制，进而造成运动类帆船在开展培训、拓展训练、会员活动、旅游扩展等方面面临困难。

五是缺少规范、有效的培训推广体系。一个产业的发展，说到底取决于人、取决于用户、取决于参与者的数量和水平。作为小众且运动条件限制较高的运动项目，更需要加大培训推广力度，吸引更多的人参与其中，以夯实基础。但目前市场上培训体系不规范，培训证书五花八门，缺少一个从初学者到高水平运动员统一的、权威的培训体系。加之培训多为商业培训，培训质量良莠不齐，培训价格不菲。与之相对的是，各类公益类培训较少，开展“帆船进校园”“帆船进行业”等活动的城市不多，帆船项目宣传不够，吸引青少年、中产阶层等群体的整套推广模式没有形成。

三、应对措施

2019年，国家体育总局、国家发展改革委研究出台了《进一步促进体育消费的行动计划（2019—2020年）》，明确提出“重点支持消费引领性强的健身休闲项目发展，推动水上运动、山地户外等运动项目产业发展规划的细化落实，形成新的体育消费热点”。同年，国务院办公厅印发的《关于促进全民健身和体育消费推动体育产业高质量发展的意见》要求，促进区域特色体育产业发展；以资源禀赋为依托，引导足球、冰雪、山地户外、水上、汽车、摩托车、航空等运动项目产业合理布局；分项目制定新一轮产业发展规划，加强相关基础设施建设。上述政策的出台，为帆船运动的普及推广、产业发展提供了政策支持。下一步，应着重在以下方面推进。

（一）完善相关政策

认真落实国务院办公厅印发的《关于印发体育强国建设纲要的通知》《关于促进全民健身和体育消费推动体育产业高质量发展的意见》的要求，在金融扶持、产业用地、船艇运输、帆船运营等方面进行政策优化、完善，破解制约帆船产业的“瓶颈”。

（二）推进产业融合

一是推进项目的融合。推进帆船运动与赛艇、皮划艇、帆板等项目的融合，整合水上资源，降低场地资本，形成规模优势。二是推进帆船运动与旅游休闲产业融合。依托相关俱乐部和度假酒店，推出“帆船体验+休闲”“帆船培训+度假”的模式，同时，整合旅游资源，开展水上休闲特色示范区建设。三是推进帆船运动与文化产业融合。借鉴国外经验，以赛事、年会等为核心，将帆船与节庆文化相融合，打造独具特色的帆船节庆活动。依托帆船项目特点，发掘打造“同舟共济”的团队精神和“不惧风浪”的拼搏精神，进而形成积极向上、独具特色的帆船文化。

以此为依托，与各企业、事业单位联系，共同开展团建活动，形成独具特色的团建模式。

（三）出台奖惩措施

设立体育产业投资基金和体育产业奖补资金，运用激励政策，对体育产业发展较好的项目或城市进行奖补。奖补范围要小，资金要大，充分发挥激励效应，吸引社会资本投入，做大帆船产业。同时，加大考核力度，将体育产业政策的贯彻落实情况纳入全国文明城市、全国卫生城市的评比。通过“胡萝卜+大棒”的政策，推动地方政府加快产业转型升级，推动体育产业的发展。

（四）打造示范引领标杆

在全国开展“十大帆船俱乐部”“十大标准化帆船培训机构”“十大最佳水上运动休闲项目”“十大帆船赛事”“水上运动休闲示范城市”等优秀项目的评选，典型引路，发挥示范效应，带动全国体育产业发展。同时，加大对帆船及配套产品生产企业的扶持力度，打造国内知名的帆船品牌、帆船装备品牌。

（五）加大培训推广力度

推行帆船培训标准化。组织技术力量，编写出版一套标准规范、涵盖各层级帆船的培训教材。加大公益培训力度，每年对每个县进行有限名额的免费培训。充分利用暑期时间，组织青少年帆船夏令营活动、教师帆船周活动。在国家旅游日期间，组织帆船免费体验活动。组织帆船运动进校园、进企业、进机关活动，扩大帆船运动的影响力。打造一批观赏性强的精品帆船赛事，吸引越来越多的人参与到帆船运动中来，带动体育产业发展。

参考文献

[1] 张树人.帆船产业：认知还停留在早期，产业生态圈未形成[EB/OL].（2018-06-19）[2019-11-20].http://www.sohu.com/a/236638724_482792.

[2] 付政浩.一手抓市长，一手抓市场，帆船产业让市长们甘当弄潮儿[EB/OL].（2019-08-30）[2019-11-20].http://www.sohu.com/a/337597354_138481.

加强高校所属企业资产管理

北京体育大学　季梅

改革开放以来，高校依托自身优势创办企业，对多渠道筹措教育经费改善办学条件、促进高校科技成果转化、创新人才培养模式等发挥了重要作用。随着社会主义市场经济的进一步发展，高校所属企业事企不分、监管缺位、法人治理结构不完善、资本运营效率不高等问题凸显，对高校资产安全带来一定风险。2018年5月，中央全面深化改革委员会通过了《高等学校所属企业体制改革的指导意见》，明确要求要以习近平新时代中国特色社会主义思想为指导，坚持科技体制改革、国有企业和国有资本管理体制改革方向，尊重教育规律和市场经济规律，改革完善高校科技成果转化机制，推动高校所属企业厘清规范、提质增效，促进高校聚焦教学科研主业，提升高校治理体系和治理能力现代化水平，促进高等教育内涵发展，办好中国特色社会主义大学。2018年以来，多部门、多方面、多层次的国有资本及资产管理文件相继出台，体现出从企业资产管理的“管企业”向“管资本”的思路转变与导向，对于高校所属企业资产管理体制改革也具有高度的、深刻的、全面的指导意义。本文结合北京体育大学等高校近年来企业资本及资产管理实践与经验，从全面加强制度建设、探索“四权分开”的特色校企管理新模式、瘦身强体切实提高国资收益、探索推进科技与经济紧密结合、党建引领国有资本发展五个方面，提出一些思考和建议。

一、加强高校所属企业资产管理的意义

高校作为事业单位，利用国有资产对外投资形成的国有独资企业、国有独资公司、国有资本控股公司、国有资本参股公司及其各级子企业，统称高校所办企业。由高校直接出资设立的为一级企业，由一级国有独资企业、国有独资公司、国有资本控股公司出资设立的为二级企业，依此类推。高校以各种形式出资在上述企业中所形成的权益为企业国有资产。加强高校所属企业的资产管理，完善高校所属企业制度建设、治理体系建设，对建立良好的校办企业内控机制、形成风清气正的营商环境以及企业国有资产保值、增值都具有重要意义。

二、当前高校所属企业资产管理中存在的突出问题

高校所属企业经过多年发展，在服务科技成果转化、教学科研与人才培养等方面做出很多贡献。但通过2015年底教育部国资专项检查发现，高校所属企业管理存在很多共性问题，给高校资产管理带来一定的风险。

（一）管理制度不健全，国资管理观念认识不到位

2005年出台的《教育部关于积极发展、规范管理高校科技产业的指导意见》指出，高校要将学校所有经营性资产划转到高校资产公司进行管理。但是，目前的实际情况是，高校企业管理体制仍然存在很多管理制度不健全、管理观念认识不到位的情况。第一种情况是尚未完全建立起以资产公司为防火墙的高校经营性

资产管理制度，具体表现：一是很多高校仍然没有按要求成立资产公司；二是即使成立了资产公司，部分高校所办企业股东仍然是学校；三是成立资产公司并且名义上也纳入资产公司，但是实际未纳入资产公司进行管理，仍然由学校或学校二级单位实际管理。第二种情况是国有资产观念淡薄，一些高校所属企业负责人认为，当初股权是赠予学校，所以在分红收益、股权退出时应当宽松处置；甚至一些所属企业在改制中，存在故意调整账目，隐藏、转移资产的情况，造成国有资产流失；还有的企业多年不分红，对学校相关管理要求不予配合，消极拖延，造成国有资产隐性流失。这些情况反映了高校所属企业资产管理实践中制度缺乏、流程不完善和监管不到位的问题，以及高校相关部门及所属企业对企业资产管理的要求认识不到位、执行不到位。

（二）管理主体职能不清晰，存在管办重合、事企不分的情况

一些高校的资产公司，多年来同时承担高校所属企业资产的经营职能、管理职能、监督职能和行政职能，管办重合、事企不分，出现很多弊端。一是无法实现对国有资产的有效监管。从资产公司的层面来说，资产公司既当运动员又当裁判员，多重职能交叉，难以实现自我监管。高校作为资产公司的出资人，没有专门的监管部门，造成对资产公司监管弱化。二是出现资产公司考核时按事业单位行政及公益属性考核，取酬时按企业属性领取薪酬的情况，造成薪酬待遇和兼职任职管理混乱。三是资产公司承担高校行政职能，使得高校资产公司与高校不能实现真正的“政企分开”，无法按市场规律运行，致使国有资产经营效率低下，不利于国有资产保值、增值。

（三）管理目标不明确，功能定位模糊

在高校产业十几年的建设过程中，一些高校的资产公司，既不能像一般企业一样面向市场开展经营工作，又没有紧密围绕教学科研主业发挥作用，同时，对于科技成果转化中的突出矛盾又存在能力低下、主动性差的问题，导致管理目标不明确，功能定位模糊甚至缺位。

（四）管理过程不规范，容易造成国有资产流失

从管理实践经验来看，高校经营性资产是指用于从事生产经营活动的资产，如企业股权、授权出租房屋及实验仪器设备等。由于经营性资产类型的不同，在动态管理过程中，容易出现不同的问题。一是对企业股权管理尚未建立起全覆盖、全流程、全方位的动态监督闭环管理流程，存在相关政策执行不到位的情况。具体体现为：企业股权处置未按相关规定履行报批报备手续，在增资扩股、重大对外投资等事项上不报批、报备，存在国有资产流失风险。一些企业未按规定及时足额上缴分红；一些企业长期亏损、扭亏无望，没有及时清理，造成国有资产被动损失。二是对授权出租的房屋管理过程中也存在诸多问题，如未按照规定进行出租出借价格招投标，造成租金低于市场同地段出租出借平均价格。出租出借房屋产生的收益，未完全纳入所属高校统一预决算管理，高校资产公司多年来无偿占用学校房屋资产。三是实验仪器设备有偿出租及使用的管理过程中，存在账实不符、账外经营情况。

三、紧扣资本管理，全面加强高校所属企业资产管理

（一）转变观念，培养资本管理思维，全面加强制度建设

习近平总书记曾明确强调，要“把制度约束作为刚性约束”。制度约束具有根本性、长期性、持续性的特点，应从三个方面重点推进：一是完善高校企业资产管理制度。根据高校企业管理实践中遇到的具体问题，制定覆盖面广、操作性强、科学规范的高校企业资产管理制度。二是依托现代企业制度，强化制度落实。在高校所属企业全面、实际纳入高校资产公司统一管理的基础上，严格执行高校经营性资产管理委员会议事规则和学校“三重一大”决策制度要求。三是在高校所属企业管理过程中，应加强内控审计评价，充分发挥学校审计部门、资产公司内设审计部门、第三方审计部门在高校企业资产管理、国有资产保值增值中的作用。首先，在资产公司内部机构设置中明确设立独立的内控审计部门，全面加强日常监管及重大事项监管，建立起一道严防国有资产流失的内部防火墙。其次，充分调动发挥学校审计及纪检部门作用，结合资产公司法人治理结构，引入学校审计等部门人员，担任资产公司监事会成员，抓住相关企业负责人任期审计、离任审计、重大项目审计等关键环节，通过学校审计对资产公司进行全过程监督。最后，落实相关部门要求，引入具有资质的第三方审计机构开展工作。三方合力，充分发挥审计“有效监督、防范风险、提高效益”的积极作用。

（二）探索“四权分开”的高校企业资产管理新模式

公司权力分为所有权、决策权、监督权和管理权，即“四权”，应由股东会、董事会、监事会和经理行使。这种分权制衡关系，奠定了一般公司法人治理结构的基础。对于高校企业资产管理部门而言，当作为学校股东的所有者权益代言人对资产公司进行管理时，应紧扣“四权”，探索“四权”清晰、统筹合作的高校企业资产管理新模式。一是紧扣资本管理，凸显学校股东行使国有资产所有权的职能，进行“到位又不越位”的管理。所有权“到位”，该管的人和事要管到管好，强化来自股东的约束和激励，充分维护国有资本权益。所有权“不越位”，就是只行使股东权利，决不干预其他权利。二是健全资产公司董事会制度，充分行使决策职能。资产公司应以资本管理为纽带，按照学校规划，加强顶层设计，管好重大资本事项。三是充分发挥经理办公会的作用，提升企业管理专业能力。四是将学校资产管理、审计等相关部门人员纳入资产公司监事会，充分发挥监事会职能。

（三）对所属企业进行全面清理，规范运行，切实提高管理效能

面对高校所属企业体制改革这一历史任务，相关高校应制定路线图、时间表，统筹协调，全力推进。第一，统筹全校之力，推进高校所属企业体制改革，高校应成立改革领导小组，资产处、资产公司、财务处、人事处等多部门协同，结合实际情况，厘清企业家底，一个企业一个企业地有针对性地进行规范清理，分步实施，积极稳妥地推进改革工作。第二，解放思想，开拓思路，创新办法。北京体育大学校办企业管理工作较为落后，目前还是全民所有制企业，在经营过程中没有资产管理这道防火墙，

大学承担完全经营风险。在深刻领会国有资产管理相关法规，灵活运用《中华人民共和国公司法》的基础上，北京体育大学分析原有常用的无偿划转、协议转让、挂牌交易股权退出三种方式的优缺点，针对各个企业的不同情况，一一制订了减资、退出、撤销、重组等针对性方案，为企业瘦身强体，增强活力。第三，在改革过程中，也要紧扣资本管理，强化日常管理，提升管理水平，结合国家体育总局每年对下属事业单位所属企业进行年度审计、国有资本收益申报、各年度决算申报、月报申报等工作要求，以及北京市教委对于校办企业每年开展内控审计的要求，指导和督促企业建立健全各种风险管理制度，切实防范各种风险。

（四）鼓励创新，推动科技成果转化，促进科技与经济紧密结合、教育与产业高效互动

科技创新，像撬动地球的杠杆，是我国社会主义建设各项事业发展的一步重要先手棋。2016年8月，科技部、教育部出台《关于加强高等学校科技成果转移转化工作的若干意见》，明确提出健全以增加知识价值为导向的收益分配政策。更有效地促进科技与经济紧密结合、教育与产业高效联动，是我国科技与教育下一步发展的重点方向。

对于高校企业资产管理部门来说，应从切实推动科技成果转化、整合实验室资源服务社会、引入社会资本建设科技成果转化基金等三个方面重点发力，充分发挥资本撬动创新的先手棋作用。第一，各高校应紧扣国家文件精神，解放思想，大胆创新，在科技成果转让的基础上，制定并出台《科技成果作价入股管理办法》，通过成果持有人申报、第三方评估价值、确定持股比例、学校审批备案、最终实现科技成果作价入股等方式，切实推动科技成果转化。第二，应在整合学校实验室资源服务社会、促进实验室仪器设备等国有资产保值增值、推动区域与行业发展、

反馈经济与社会发展需求、助力高校在科研教学与人才培养方面发挥更突出的作用。实验室仪器设备和人才队伍作为高校教学和科研的重要条件与支撑，在服务教学科研、人才培养之余，也是一项重要的经营性资产。以北京体育大学为例，笔者认为，应结合聚焦教学和科研主业的核心要求，结合体育强国建设需要，持续推进体育科技资源开放共享，建立以服务体育强国经济发展需求和提升体育强国创新能力为导向的科技服务体系。第三，积极推进科技成果转化产业基金建设。多年来，高校科技成果转化工作面临科技成果转化率偏低、资金短缺诸多问题的困扰。应引入专业资本投资运营公司，将包括资产收益、重大决策和选择管理者等在内的重大事项完全授权专业化的资本投资运营公司运作，加快促进相关文件和办法出台，切实推动科技与经济结合、教育与产业互动。

（五）牢记国有资本属性，把高校企业资产做大做强，必须坚持党建引领发展

高校所属企业作为中国特色社会主义大学的重要组成部分，必须充分发挥党组织作用，坚定不移走中国高校产业改革发展道路。必须在党的领导下，牢记国有资本这一根本属性，以党建工作引领资本管理工作。

在决胜全面建成小康社会的关键时期，高校企业资产管理部门应深刻领会、全面贯彻党的十九大、十九届四中全会精神，以习近平新时代中国特色社会主义思想为指导，牢记使命，不忘初心，聚焦教学科研主业，以党建为引领，以管资本为主，加强制度建设，完善治理体系，推动校办改革，促进科技与经济紧密结合，高校与产业高效联动，为高校做好“双一流”建设、办好中国特色社会主义大学做贡献。

马拉松运动与城市文明建设研究

中体产业集团　马婧楠

1981年9月27日，第一届北京国际马拉松赛的举办，标志着中国体育历史上第一个独立体育单项市场化的开启，引发了以路跑为引领的全民健身运动发展热潮。马拉松运动自20世纪80年代初在中国推广普及，见证了中国改革开放40多年城市的变迁、经济的腾飞、文化的繁荣，以及人民生活水平的日新月异。

国务院在2016年印发的《全民健身计划（2016—2020年）》中指出，全民健康是国家综合实力的重要体现，是经济社会发展进步的重要标志。全民健身是实现全民健康的重要途径和手段，是全体人民增强体魄、幸福生活的基础保障，并确立了“到2020年，群众体育健身意识普遍增强，参加体育锻炼的人数明显增加，每周参加1次及以上体育锻炼的人数达到7亿，经常参加体育锻炼的人数达到4.35亿”的发展目标。

党的十八大以来，在习近平新时代中国特色社会主义思想的指导下，马拉松运动作为全民健身运动最广泛参与的代表，作为全民健康最有效、持久的体现，在华夏大地呈现了前所未有的蓬勃发展之势。

一、马拉松运动发展概述

跑步是体育运动最基本的技能，马拉松运动则是完美展现与诠释人类身体能力和心理素质的运动。古今中外，马拉松运动的广泛普及，象征着对人们精神的锻造、对历史文化的传承、对时代进步的见证。

（一）马拉松运动的起源

马拉松运动的出处，是公元前490年的波希战争（波斯对希腊）。波斯军队在一个名叫马拉松的小镇登陆，准备从那里进攻40千米外的富饶城市雅典。希腊军队派出一名信使斐迪庇第斯（Pheidippides）前往斯巴达求援，后当希腊军队击败了波斯军队之后，斐迪庇第斯又被派往雅典送信。最终，斐迪庇第斯在将喜讯送达并喊出“我们胜利了，欢呼吧！”之后死亡。1879年英国著名诗人罗伯特•勃朗宁去希腊采风，用英语创作了诗歌《斐迪庇第斯》，马拉松的故事真正为世界所熟知。

1896年，法国人顾拜旦被马拉松故事的精神深深感染，受此启发，他决定为希腊人专门设计一个比赛项目，即从希腊的马拉松小镇到雅典的长距离跑步比赛，以此来纪念和致敬人类的坚持不懈和坚韧不拔，马拉松运动从此诞生。

1908年第4届伦敦奥运会之后，国际田径组织决定使用从起点温莎城堡到终点体育场皇家包厢前的距离作为标准，即42.195千米（26英里385码），马拉松标准距离由此确定。女子马拉松开展较晚，1984年第23届洛杉矶奥运会才被正式列入比赛项目。国际田径联合会（IAAF）从2004年开始，正式设立马拉松世界纪录，目前马拉松男子世界纪录为2小时1分39秒，由肯尼亚选手基普乔格（Eliud Kipchoge）在2018年柏林马拉松赛上创造。女子世界纪录为2小时17分1秒，由同样来自肯尼亚的凯塔尼（Mary

Keitany）在2017年伦敦马拉松赛上创造。

（二）马拉松运动的人文精神

人文精神是指为弘扬或实现人类普遍价值观念而不屈不挠的奋斗精神，其目的是提高人的素质和提升人的精神世界。希腊不仅是马拉松运动的发源地，希腊文明更是西方人文体育精神生成和发展的摇篮，在古希腊灿烂文化传统和繁盛奥林匹克运动的背后，是人类对自身的身体价值和精神价值的统一。强者能够在同等的公平、公正、公开的比赛中获胜，是源于他们拥有强大的精神力量，这种精神力量是可以通过后天的训练培养激发出来的。马拉松运动就是这样的一种社会性训练，强壮人们的内心，激发人们的精神力量。

二、马拉松运动与城市发展的辩证关系

马拉松运动在全球每年吸引着数以千万计的人群参与其中，马拉松人口在运动中接受着文明的教育，城市居民在气氛中感受着环境的改善，体验着社会正能量。马拉松运动凭借其特有的城市属性和规模效应，与城市积极互动，相互依存，相互促进。

（一）马拉松运动因城市而兴

从1896年马拉松运动出现在首届现代奥运会上，到2019年的123年间，马拉松运动在世界范围内的发展，不仅是一场追求更快、更高、更强的体育比赛，更充分立体地展现了一座座城市的风貌和品格。伦敦马拉松，参赛者从本初子午线的格林尼治公园出发，在英国皇家白金汉宫门前冲刺；柏林马拉松，参赛者从勃兰登堡门下穿过跑向终点；巴塞罗那马拉松，组织者不仅保留了绝大部分的奥运会赛道以致敬奥林匹克精神，更将城市几乎全部的地标建筑进行串联。

回顾中国城市马拉松运动的发展，1981年，改革开放进程刚刚起步，北京马拉松应运而生，开启了我国城市马拉松运动的进程。历经30余载，作为城市核心的天安门广场，如同城市血脉的长安街，也成为北京马拉松的象征，成为所有中国跑者心中神圣而又庄严的荣誉殿堂。可以说，马拉松运动见证了城市与时代的共进，城市亦是马拉松运动传播和价值体现不可替代的保障和舞台。

（二）城市因马拉松运动而变

1. 马拉松运动展现城市综合治理能力

事物总是辩证的，城市也因马拉松运动而变。美国的马萨诸塞州，因举办了全世界最古老的波士顿马拉松而闻名遐迩；纽约马拉松让纽约不再只是世界金融中心，更增添了体育名城的称号；英国的曼彻斯特、伯明翰、谢菲尔德，居住在那里的人们更愿意自称为运动之城而不是“工业重镇”。

马拉松赛事参与人多，路线长，不仅展示着可见的城市环境，更考验着交通、医疗、应急等方面的城市管理水平，检验着社会治理能力，是城市综合实力最全方位的体现。

2. 马拉松运动助推城市经济发展

城市因为马拉松运动而完善了普惠民生的硬件设施，也因为马拉松运动而带动了旅游、服务、地产等地方经济的发展。RunCzech（捷克路跑赛事联盟）主席卡洛·卡帕尔博曾经介绍说，目前，RunCzech拥有七项路跑赛事，每年有来自114个国家和地区的18万人次参加，在捷克，与赛事相关的消费高达1369万欧元。马拉松旅游为城市带来了显而易见的经济效益，赛事通过电视直播、新闻及其他方式进行的宣传遍及全球，也为这座城市的发展直接或间接地贡献了力量。

在中国，由马拉松运动所引发的路跑产业正大步向前，无论是运动装备商、赛事赞助商还是各相关行业都享受着“马拉松热”的红利。根据国家体育总局的估算，随着马拉松运动等体育产业的兴起，国人存在的体育消费空间将是一个近2万亿元人民币规模的市场。人们对马拉松运动的需求，使其经济价值更加不可估量。

3. 马拉松凝聚城市文化认同

社会经济基础的建立成为城市社会关系相对稳固的基石，物质生活的稳定将激发人们对更高精神层面的追求和共识。

人们从马拉松运动中学到的“运动技能”转化为“生活方式”进而上升为“城市认同”，挑战自我、相互尊重、相互敬畏、合作、友爱、正义、耐心、团队等优秀的品德从参与马拉松运动中获得，形成一种具有普遍教育意义的文化认同，从而成为城市文明和现代化程度的集中体现。中国马拉松运动从有组织的竞技比赛，发展成为全民自觉提升健康意识、推动社会主义精神文明进步的重要组成部分，可以说，没有哪一个单项运动比马拉松运动更能展现城市文明的凝心聚力，展现城市文化的蓬勃发展。

三、马拉松运动助力推进城市文明建设的思路

在中国马拉松运动风起云涌的发展过程中，马拉松运动为参与者带来了身心的健康与愉悦，为举办城市带来了消费增长与经济动力，为中国体育开辟了新的疆域，也必将为社会主义精神文明建设注入新的内涵与活力。

（一）以竞技精神为引领，落实全民健身国家战略

参与马拉松运动的每一位跑者，通过亲身体验跑完42.195千米的艰难、痛苦，通过经历竞技体育的艰辛，从而更好地理解全

民健身，完善个人的体育观、胜负观、荣辱观。

在新时代的中国，马拉松运动的发展是中国从“体育大国”到“体育强国”历史进程的缩影，是中国体育发展成果更广泛、更公平地惠及全体人民的历史见证。全民健身的意义，绝不仅仅是全民健康，更包括了全民更好地理解体育。

（二）以科学理念为支撑，带动健康中国建设

田径是运动之母，跑步是体育中最基本的技能，马拉松运动则是集中了人类跑步技能和智慧的健康运动方式。马拉松运动并不等于极限和运动损伤，更不等于痛苦和牺牲。和呈几何级数增长的参与人数相比，赛时的伤病事件有着明显的下降趋势，一方面展示了中国马拉松赛事的组织和医疗服务保障更加完善、到位，另一方面更深远的意义在于，通过马拉松赛事这一超大规模的城市群众体育活动，将很多之前割裂的城市医疗保障资源整合起来，使得这种安全系统在马拉松赛事之外也成为城市居民健康的良好保障。

当前，在全民健身上升为国家战略、加快健康中国建设的时代背景下，马拉松运动的发展迎来了前所未有的新机遇。习近平总书记在2016年全国卫生与健康大会发表讲话时指出：“没有全民健康，就没有全面小康。”这不仅是建设小康社会的现实需要，更是全民健康愿景的升腾。马拉松运动作为具有广泛群众基础的运动，有能力也有义务在建设健康中国的大潮中担当起排头兵的角色，让人民享受马拉松运动所带来的获得感、幸福感、安全感。

（三）以规则诚信为核心，推动思想道德建设

加强思想道德建设，要提高人民的思想觉悟、道德水准、文明素养，提高全社会文明程度。一个国家的繁荣强盛，一个民族

的文明进步，很大程度上取决于社会的思想道德水平。在现代社会中，规则意识和诚信意识，是人与人之间进行社会交往的两大基本原则。这两种意识的培养可以通过多种渠道进行，然而通过体育是最直接、最有效的。

马拉松运动将越来越多的“观赛欣赏型”体育爱好者从电视机前吸引到城市的赛道上，成为体育运动的亲历者。在这个过程中，参与者收获的不仅是健康，还有诚信意识的增强、行为的规范。尽管随着近年来中国马拉松“井喷式”的发展，一些违反比赛规则的乱象也屡见不鲜，但这也是中国马拉松事业从高速发展到高质量发展必然会经历的道路和阶段。

道路是曲折的，前途是光明的。中国马拉松运动的前进和发展应始终不渝地以尊重规则、尊重权威、公平竞赛的道德理念为根本遵循，相信马拉松运动所给予人们的是人格的完善，是生命质量的提高，是公平竞争的魅力，更是规则至上的力量。

四、小结

综上所述，当今的马拉松运动已经超越体育本身，集经济生产力、文化传播力、社会亲和力和政治影响力于一体，成为满足人民健身需求、提高人民幸福指数、宣传城市品牌形象、助力社会经济发展、推动城市文化繁荣、促进社会和谐、凝聚人心的综合性民生工程。马拉松运动在塑造个人健康体魄和完善人格的同时，也改变着人们的生活及生活的城市，其多元化的社会功能日益彰显。

在当下，在以习近平同志为核心的党中央的领导下，我们面临着加快建设体育强国，坚持以人民为中心，把满足人民健身需求、促进人的全面发展作为体育工作的出发点和落脚点”的新要求。马拉松运动不仅是贯彻全民健身国家战略的方式，更是在新时代实现健康中国目标的重要载体。马拉松运动不仅真实地反映了人们源自内心的对健康生活的诉求，更是中国社会发展、文明进步的必然结果，是人民生活迈向小康社会的重要标志。马拉松运动所蕴含的精神理念也必将与城市文明融为一体，在全面建设社会主义现代化国家的新征程中，为实现物质文明、政治文明、精神文明、社会文明、生态文明的同步提升贡献力量，不辱历史的使命，不负时代的馈赠。

参考文献

[1] 杨弢，姜付高.中西方体育文化比较[M].北京：社会科学文献出版社，2008：162.

[2] 张德胜.现代体育与社会进步[M].武汉：华中科技大学出版社，2017：40.

[3] 宋磊.鲍明晓：马拉松让城市与人更时尚[EB/OL].（2016-06-21）[2019-07-05]. http://hb.sina.com.cn/news/rzx/2016-06-21/detail-ifxtfrrc4045618.shtml.

[4] 谭杰.以尊重和自信为基石，塑造中国马拉松文化[EB/OL].（2018-01-25）[2019-07-05.]http://www.sohu.com/a/219697476_398564.

[5] 习近平.决胜全面建成小康社会，夺取新时代中国特色社会主义伟大胜利——在中国共产党第十九次全国代表大会上的报告[EB/OL].（2017-10-18）[2019-07-05].http://www.gov.cn/zhuanti/2017-10/27/content_5234876.htm.

事业单位投资企业监管方式探析
——以国家体育总局体育器材装备中心投资企业为例

国家体育总局体育器材装备中心　张荣香

国家体育总局体育器材装备中心（以下简称“装备中心”）为国家体育总局直属事业单位，投资设立了两家一级子公司，分别为华兴荣耀（北京）有限公司（原华兴体育用品发展中心）、北京国体世纪体育用品质量认证中心有限公司。

本文以装备中心投资企业为例，结合企业设立背景、发展历程及现状，阐述加强监管的意义和监管取得的成效，并以监管中存在的问题为出发点，对事业单位投资企业监管方式提出建议。

一、事业单位投资企业监管的重要意义

（一）监管的意义

加强事业单位投资企业监管，是体育系统国有企业改革成功的关键所在。通过转变监管理念和职能，优化监管手段和措施，加强对企业的监管，成为当务之急。对企业监管做到不缺位、不越位、不错位，建立和完善权责清晰、管理规范、经营有序的现代企业管理制度，可以切实提高企业经济效益，确保国有资产保

值、增值，充分发挥企业在推进体育产业、体育事业发展中的重要作用；还可以督促企业实现社会效益和经济效益相统一，使企业成为落实体育强国建设纲要的载体。

（二）企业监管方式的转变过程

装备中心作为出资人对投资企业的监管方式经历了一个不断转变的过程。其全资公司华兴荣耀（北京）有限公司（以下简称“华兴公司”）的前身华兴体育用品发展中心（以下简称“华兴中心”）自1996年注册成立以来，为解决装备中心因事业快速发展造成的人员不足问题发挥了积极作用。改制之前，华兴中心与装备中心合署办公，“一套人马、两块牌子”，事企很难完全分开；职工的职务晋升基本上是原地踏步，工资调整缺乏政策依据和正常的渠道，很难调动和发挥职工的工作积极性。装备中心对企业的监管方式基本上是参照执行事业单位的管理方式，很难完全按照《中华人民共和国公司法》进行管理。华兴中心的枪弹采购和运输业务存在一定的风险，装备中心对其风险承担无限责任。全民所有制性质的华兴中心是特定历史阶段的产物，随着我国经济发展和国家全面深化国企体制改革，已经越来越不适应时代发展的要求。装备中心领导班子充分认识到这些问题，为加强对华兴中心的管理，同时降低自身风险，2017年10月，根据国家体育总局关于国企改革、政企分开的要求，对华兴中心进行改制。2019年4月，经过一年半的艰苦努力，改制获批成功，华兴中心改制为华兴公司，注册资本增加到1000万元人民币。装备中心作为出资人，监管方式随之发生变化。

北京国体世纪体育用品质量认证中心有限公司（以下简称“认证公司”），为装备中心控股企业。2002年，为解决体育产品、器材、设施等缺乏统一的质量及标准体系权威认证这一问题，装备中心联合国家体育总局体育科学研究所等四家单位共同投资，并经国家认证认可监督管理委员会、国家体育总局批准组建了认证公司，该公司是具有独立法人地位、负责体育用品认证的第三方专业机构。认证公司成立后，开展体育用品产品认证工作，坚持国际通行的认证准则，执行国家有关法律、法规及相关政策。认证公司与国家标准化管理委员、全国各单项体育运动协会、国家级质量检验中心及国际相关产品认证机构保持密切联系与合作。

对认证公司的监管，主要通过向认证公司选派副总经理和董事进行，最高决策机构为公司董事会，装备中心作为出资人对企业的监管目标通过董事会实现。

二、监管取得的成效和面临的问题

（一）监管取得的成效

1. 推动企业改革不断向纵深发展

华兴公司自2019年4月改制成功后，其最高决策机构——华兴管委会根据华兴公司人员结构及主营业务开展情况，研究制订了未来发展规划，进一步明确内设机构，选聘中层管理人员，租赁独立办公场所；同时，依据《中华人民共和国公司法》修订完善公司章程和各项规章制度，调整了职工薪酬。华兴公司开始按照《中华人民共和国公司法》进行自主经营，财务独立核算，自负盈亏，这些调整和变化调动了职工的积极性和创造性。当年10月，经过不懈的努力，华兴公司中标成为2022年北京冬奥组委特许商品经销商，这将成为公司新的利润增长点。

华兴公司是国家体育总局系统唯一一家运动枪弹采购销售企业，主营业务为运动枪弹采购与销售调拨，供应商为境内外运动枪弹生产厂家，销售调拨对象为各省市体育局、射击中心等。

截至2018年底，华兴公司资产总额过亿元，是国家体育总局系统资产过亿元的十家企业之一；2018年度实现净利润500多万元。

认证公司在董事会的领导下，于2017年成为国家高新技术企业，通过开展体育产品质量认证工作，促进了我国体育产品质量不断提升，逐步树立起民族品牌形象，为我国竞技体育运动以及全民健身活动的发展提供产品质量保障。通过对全民健身产品进行验收，为体育用品采购方提供产品出厂前、安装后验收，能够保证采购产品及其安装情况符合相关标准、规范，降低意外伤害事故发生率，为全民健身活动提供安全保障。

截至2018年底，认证公司总资产超过7000万元，经营收入超过4000万元；净利润超过2000万元。2018年营业收入同比增长率10%，净利润同比增长率5%，近几年整体运营发展比较稳健。

2. 积极推动构建内部和外部协调一致的监管体系

根据《中共中央、国务院关于深化国有企业改革的指导意见》精神，以及国务院国有资产监督管理委员会《关于印发〈国务院国资委关于以管资本为主加快国有资产监管职能转变的实施意见〉的通知》要求，装备中心作为出资人进一步按照监管要求，主动加强和改进党委对企业的领导，重点完善现代企业制度和国有资产管理体制。在内部监管方面，着重建立健全内部控制制度，注重落实内部监督责任制；在外部监管方面，注重完善资产监督监管制度，下大力气规范企业治理，提高现有资源配置效率，强化监督职能，防止国有资产流失。

（二）监管存在的问题

（1）法人治理结构尚需完善。目前两家公司法人均由装备中心一名副主任兼任，公司在人员选聘、绩效考核、薪酬管理等方面仍需要更多政策指导。

（2）监管方式单一且以行政化管理手段为主，公司长期发展战略规划需要进一步强化，公司治理能力需要进一步提高。

（3）公司业务结构单一，持续稳定盈利能力受到考验。运动枪弹为特殊商品，70%以上的枪弹在境外采购，境外采购成本有诸多不可控因素，采购模式为订单式按需采购，需求方当年提出第二年计划，第二年的汇率和运输成本与上一年的预估值存在偏差，华兴公司的经营利润很难保证；认证公司面对系统内其他公司的同业竞争，装备中心作为出资人很难在资源整合方面发挥作用。

（4）流动资金不足，国有资本保值增值压力较大。华兴公司从国外采购枪弹需要先支付货款，占用大量资金，流动资金可能出现缺口，实现国有资本保值增值压力较大。

三、对投资企业监管方式的思考与建议

新形势下，作为出资人应积极探索建立与体育事业发展及目前深化国企改革目标相适应的企业监督监管机制，使之既能够推动体育产业和体育事业的发展，又可以成为管人、管事、管资本、管导向的有力武器，逐步构建一套符合体育产业发展规律的监管考评机制。

（1）进一步健全公司法人治理结构，建立健全权责对等、运转协调、有效制衡的决策执行监督机制，转变监管理念，调整监管重点，从对企业的直接管理转向更加强调基于出资关系的监管。坚持政企分开、政资分开，进一步厘清职责边界，确保该管的科学管理不缺位，不该管的依法放权不越位。

（2）以管资本为主推进监管职能转变，改进监管方式，从行政化管理为主转向更多运用市场化法治化手段进行管理，严格依据法律法规规定的权限和程序行权履职，更加注重以资本为纽

带，依靠公司章程，通过法人治理结构履行出资人职责，落实监管要求。

（3）建立健全出资人监督制度，促进国有资本保值增值。进一步夯实管理基础，加强内控建设、防控风险，做好企业发展整体战略规划，提升企业盈利能力和盈利水平，维护国有资本安全，筑牢防止国有资产流失的底线。

（4）优化监管导向，坚持质量第一、效益优先，按照高质量发展的要求，完善考核规则，推动企业改革创新，不断增强企业核心竞争力、创新力、影响力、抗风险能力。

（5）顺应全面深化国有企业改革的政策背景，积极关注未来国家体育总局成立国有企业统一监管机构推进情况，建立完善与之相适应的监管方式。

推进中国水上体育产业研究

国家体育总局水上运动管理中心　张旦

国家谋大局、把握新的历史方向需要中国各行业积极配合，迎头而上。中国体育人作为社会事业推动的一分子，应该做到心中有格局、做事有方向；要谋全局、建体系、定方略、创事业。

面对国家战略需要，面临百姓日益增长的对体育消费的新需求，中国水上体育人需要调整思路，丰富供给；需要明任务、清路径，主动探讨更有效的发展模式。

本文通过对目前中国水上体育产业进行调查研究、分类梳理、剖析现状，在结合实际的基础上，运用科学发展的观点，探讨出一条有效推动中国水上体育产业发展的路径，力求为中国水上体育事业发展提供新思路。

一、水上体育产业界定及描述

（一）定义

水上体育产业是指以水上运动为载体，从事水上体育产品生产、提供水上体育服务的经营性活动，以及衍生其他相关服务的一切经济活动总和。

（二）分类

水上体育产业基本上可以划分为以下四类。

（1）以生产和销售相对独立的物态形式呈现的水上产品的行业（器材的生产端）。

（2）以内容供给形式出现的体育产业服务行业（围绕人的内容服务端）。

（3）以活动场所供给形式出现的行业（场地的建设、运营端）；

（4）其他衍生的行业结合（金融、保险、旅游、建筑、康养、租售、展销、媒体、中介等）。

所以，水上体育产业是一个集生产端（设计、材料、制造、售租、物流、仓储）、内容服务端（竞赛、表演、培训、体验、康养、中介、媒体）、场地端（规划、设计、建筑、运营、配套设施）等及其他衍生关联行业于一体的完整的产业体系。其专业性突出，附加值高，消费门类丰富，链条完整，涉及行业众多。既属于高端产业，又属于绿色产业、幸福产业、健康产业，值得去推动、打造，必将是中国体育产业中繁荣活跃、对经济产值贡献显著的板块之一。

二、中国水上体育产业现状

（一）中国水上体育产业底子薄、基础差，尚处于发展起步的阶段

水上运动项目整体处于起步晚、发展规模小、基础差、人才短缺、参与人群少、知名度不高的状态。完整的水上体育产业体系尚未形成，存在产业链条不完整、结构不合理、商业模式不清晰、市场不活跃、主体力量弱小等态势。

中国水上体育产业在政策制定、基础研究、要素整合、大数据积累、链条打通、主体培育、结合资本、跨行融合、国际接轨、人才战略等各个层面均处于起步和摸索阶段。

（二）水上体育产业工作面临新情况

应该清晰地认识到，目前水上体育产业的发展也面临着前所未有的新情况，必须去认识、去面对、去适应。

1. 面临新形势、新变化

深化体育改革中，中国体育工作在管理机制上发生了变化，以块为主的管理模式变成了条块结合、以条为主的新型管理模式。这种变化势必带来延伸要求，即在产业推动工作上将面临站位要求更高、节奏要求更快、效果要求更实的局面。

2. 面临新要求

习近平总书记提出中国体育要实现从大国到强国的转变，“三位一体”的体育工作新要求（即竞技体育、群众体育、体育产业平行发展）；2014年《国务院关于加快发展体育产业促进体育消费的若干意见》出台，促使体育产业工作的重要性、紧迫性更加凸显。

3. 面临新需求

随着经济水平的提高，热衷于水上项目的人越来越多，各类以水上运动为载体的经营主体如雨后春笋般涌现。水上体育产业如何快速发展，如何增量和提质，成为一个必须面对的新课题。

（三）水上体育产业尚存很多问题

1. 中国缺少一套完整的推动水上体育产业发展的规范体系

中国水上体育产业处于起步阶段，从国家层面尚未有相关部门对水上体育产业工作进行科学、完整规范的描述和分类；从管理角度亟待建立起一套完整的规范体系（概念规范、水上运动规范、场地建设和使用标准规范、水上交通规则规范、培训规范等）。

2. 缺少对全国水上体育产业的大数据整理

目前还没有一个部门去收集、整理中国水上体育产业的各要素数据，甚至连最基本的要素（如人、场地、器材、产值、主体等）大数据情况都没有掌握和整理，这对发展一个完整的产业极为不利。

3. 尚未形成一个健全的水上体育产业市场体系

当前，中国水上体育产业市场的发育还不够完善，完全是属于自然生长，无论是政策、制度，还是产品、交易、服务都不够发达，水上体育产业的其他衍生要素市场（金融、保险、媒体、人才、中介、产权交易等）的发展就更为滞后。

4. 中国水域资源整体开发和开放程度不高

中国大部分水域没有开发和利用，处于自然状态，没有下水设施（码头、航道、船库功能区等）和安全配置（警示标识、救援设备、安全规范等），根本不能向公众开放；部分水域有一定的开发条件，但因不同部门管理交叉、不同行政区域衔接不协调、部分主管单位管理有缺位等因素，造成许多适合开展水上运动的水域在环保、安全、跨区域交通限制等问题上受阻而影响开放、开发。

5. 水上体育产业各类主体非常弱小，基本属于摸索阶段

水上体育产业各类主体尚处于探索之中，呈现出发展模式严重同构化现象：提供服务产品单一，商业模式不丰富，创新和融合能力不强，普遍不能获得盈利。

三、对中国水上体育产业发展的理解、对策和建议

（一）对中国体育产业工作的新理解

推动一项工作，必须先对该项工作有最本质的认识。笔者认为，应该首先对中国体育产业工作具有如下认识：体育产业工作是国家战略，是体育工作纵深发展的产物，是每个体育项目发展链上的基本组成部分；体育产业是体育最终能全面发展的“动力源”；体育产业是一个项目搭建体系层面最具活力的抓手，是最容易推动体育改革的试点，是融合社会、行业，丰富体育社会功能的平台；体育产业工作平行于竞技体育、群众体育，但某种程度上应该处于更高的层面。

（二）对水上体育产业推动发展的对策探讨

基于以上实际情况及对产业工作的定位认识，笔者认为，作为项目行业管理部门，站在全国管理和服务的角度，应该从以下几个方面去推动中国水上体育项目整体产业工作。

1. 要对项目行业管理部门（水上运动管理中心）的功能进行正确的定位

行业管理部门要快速推动全国水上项目整体产业工作，需要优先从以下几个宏观板块去推动。

（1）顶层设计工作。要站在国家战略发展的大局和高度来做顶层规划，以确定中国水上体育产业工作整体发展的框架和方向。

（2）基础研究工作。应该对中国水上体育产业工作所有要素进行调查研究，弄清情况，并进行数据积累、发布报告。

（3）政策制定工作。要学习西方成功经验，结合中国实际

情况，制定各类政策、标准、制度，进行规范和服务，并对行业发展瓶颈进行疏通。

（4）搭建全国的组织体系工作。必须尽快有一个国家部门（单位）主动领头、高屋建瓴，建设一个能指导全国水上运动产业工作的组织运转体系，让全国水上体育产业工作处于一个有组织、有方向、有计划、能指挥、可协调的格局。

（5）规范和培育市场主体工作。认真研究行业发展规律，加强体制机制创新，通过积极扶持、引导、规范全国水上体育产业各类主体行为，不断促进市场主体的丰富和发展，增强整体市场活力和总量。

（6）加大宣传、普及工作。通过宣教，在水上运动的推广上、水上体育产业工作的引领上下功夫。

（7）要积极开展跨行、跨项工作。站在国家的高度主动代表全国水上体育产业界去跟其他相关部门、行业、项目进行融合沟通和交流，以期打通瓶颈、融合共赢、共同发展。

（8）搭建全国交流平台工作。要主动搭建出一个能供全国各省市互动的交流平台，以促进沟通、协调和发展。

2. 要站在水上运动（含产业）的整体发展高度来建立战略发展体系

要在管理要素、主体要素、市场要素、资本要素、政策要素和信息要素平台搭建上进行战略性布局和体系建设。建议优先建立“三体系、一规则”，即水上运动体育组织管理体系，从组织管理层面搭建出一个有组织、有目标、有领导、能协调、可控制的水上运动组织管理运营体系；水上运动规范管理体系，从水上专业运动管理层面出台一个有标准、可指导、可监督、可培训的规范体系；水上体育产业市场体系，从产业管理层面对水上体育产业的成长动力、要素结构、运行机制、系统环境、发展目标等方面进行规范和服务；中国水上运动交通规则，建立一个安全、高效、有秩序的水上运动交通规则。

3. 要抓参与层面

当下中国体育处于深化改革的新方位，任何一项全国性工作光靠一个单位、一个部门的有限力量去推动是绝对不够的，只有积极调动全国各层面（各项目协会，各省、市体育局，各专业人士，各民间俱乐部，社会各界人士，等等）的力量，让水上体育产业工作的推动发展形成自我运转、共同发力、齐抓共管的局面，中国水上体育产业才能良性、快速发展。基于以上理解，管理部门可以花大部分精力去抓主体层面的工作，特别是省（自治区、直辖市）层面，并主要从以下几个方面做好工作。

（1）发展和扶植省（自治区、直辖市）一级主体会员（各省水上运动管理中心、协会等）。在水上运动体育组织管理体系的框架下，帮助各省（自治区、直辖市）首先成立推动水上运动（含水上产业）的专门组织机构：树辖区内大旗、搭平台、定政策（依据全国性文件）、提供规范和服务，积极发展本省（自治区、直辖市）内各类主体会员。

（2）明确树立事务管理地属权。全国项目宏观管理部门要直接下放事务管理权给省（自治区、直辖市）一级主体会员单位，包括主体注册权、活动规范权、专业培训权、赛事备案权、场地规范和指导权等，以提高省（自治区、直辖市）会员单位的积极性。

（3）帮助各省（自治区、直辖市）做好发展水上体育产业的顶层设计。在《中国水上产业发展规划》的框架下，结合各省（自治区、直辖市）实际情况，制定出各自范围内的水上产业发展规划。

（4）帮助各省（自治区、直辖市）培养人才。主动站在行业发展的角度，积极为各省（自治区、直辖市）培养人才，以便让各种全国性计划、管理、事务落得了地，最终形成全国齐抓共管的局面。

4. 要抓重点工程

特别是在水上体育特色小镇、体育综合体建设和高端赛事上要做精品工程。通过重点工程，不仅可为中国水上产业发展树标杆、做典范，还可以以点燎原、以点促面，扩大普及和影响，培育市场氛围，促进水上体育消费，最终带动整个中国水上体育产业的发展。

5. 要主动联动融合其他行业，互动发展

当下社会是互融发展时代，一个行业要快速发展必须懂得如何与其他行业交叉发展，互融推进。目前，中国水上体育产业仍处于较初级的阶段，存在产业链短、附加值低、单纯市场规模偏小、发展模式单一、发展结构和方式不丰富等问题。应围绕人民需求，主动黏合文化、旅游、教育等其他行业的快速发展通道，以市场需求为导向，借力互联网、现代技术等手段，从形式、内容、结构、要素等多方面促进水上体育产业进行深度融合、多元化发展。

6. 要搭建一个能联动各类层面、资源的互动、对接平台——水上运动产业联盟

中国水上体育产业要实现大发展，最终一定要搭建一个水上运动产业联盟（非官方式对接平台）。联盟优势就是机制灵活、对接快速、联合要素范围更广，可以最大范围地接纳各类团体和个人，利用联盟平台进行规范、自律、交流、促进，让更多社会力量积极参与水上运动；可以开展企业互动、创新合作、资源整合、资本对接、信息共享、统一发声等各类关联性事务；可以解决产业发展中的共性问题；从而推动水上运动产业快速、健康、持续发展。

（三）完成路径上的几点建议

结合当下体育发展新机制，要真正贯彻落实中央对体育的整体定位和要求，完成对人们在体育方面的各类需求的供给，推动中国体育产业快速发展，一定要突出以下几点。

1. 一定要站在国家高度、行业高度

要在全球视野下整体设计和谋划，这样才会有正确的定位、清晰的思路、足够的高度。

2. 一定要有持续的政策支撑

应该多层次、多角度、多内容、多主体地对各类可能出现的问题、情况、瓶颈进行政策制定。

3. 一定要整合资源，整体推动

目前，中国水上体育产业工作刚刚起步，各个分项目、分协会发展程度有限，抓手平台单薄，甚至连自我生存都有些困难，更谈不上有能力和精力在产业上进行过多发展。所以对中国水上体育产业发展规划的落实，需要项目管理中心或者联合平台去推动、去落实，也需要国家体育总局站在整体体育产业发展的角度来创造空间和机会，集合跨行业、跨体育、跨项目群资源，来联动、抱团，推进发展。

4. 一定要大力培养人才

国家方面应该制定特殊的政策，设立特别的渠道，多培养产业方面的人才，这是体育产业发展的短板，需要恶补。

5. 一定要联动全国，多层次推进

产业的发展推动一定是多主体培育，多层次参与。要想一个产业能尽快丰满，一定要主动设计，想办法让各项目、各省市、各民间主体尽快形成共同参与、共同推动的局面，只有国家体育总局推动和项目管理中心落实是不够的。

6. 一定不要以赛事代替产业工作

产业工作一定要从完整产业链的思路去推动，各要素都必须全盘而动，才能良性互动发展。赛事仅仅是产业工作链条中的一个点，切忌把赛事功能放大，以赛事推广替代产业工作。

7. 一定要跳出体育搞产业

体育人要善于打开自我封闭，拥抱外界，善用“他山之石”来凿“体育之玉”。

8. 一定要把产业工作的地位匹配到相应的高度

目前尽管产业工作已经定为国家战略，但显然在具体重视程度上还没有摆到匹配的位置。首先，国家体育总局没有专门的产业司，仅在经济司设了个产业部。其次，各级管理中心也没有对应的产业部来具体落实各类产业规划，更谈不上设定具体的产业人员来专门研究推动；各级省市单位也是如此。每一级的产业工作基本都是从属于其他工作之下或者之中，从业人员也往往身兼数职，产业工作推动的专注度不高。中国体育产业的发展，离不开领导重视、机制健全、人员到位、措施得力等。这样中国体育产业工作才能聚力、专注、快速发展。

体育产业是国家战略，是项目发展核心业务、动力源泉，是每个行业管理者必须面对的探索领域。面对时代新要求，中国水上体育产业必须迎头赶上，积极变化。只有结合中国水上体育运动发展实际，并运用科学发展的观点，找出一条有操作性的中国水上体育产业发展的建议路径，才能激活水上体育产业，对中国水上体育工作做出更大贡献。工作任重而道远，探索永无止境，一个行业的产业发展需要几代人共同努力。期望我们中国水上体育人能大胆改革、勇挑重担、积极而为，为中华民族的伟大复兴贡献自己的力量。

参考文献

[1] 中共中央宣传部.习近平新时代中国特色社会主义思想三十讲[M].北京：学习出版社，2018.

[2] 魏小安.新时期中国旅游发展研究战略[M].北京：中国旅游出版社，2010.

[3] 体育总局，国家发展改革委，工业和信息化部，等.水上运动产业发展规划[EB/OL].（2016-11-08）[2019-07-02].http://www.sport.gov.cn/n316/n340/c774639/content.html.

我国体育产业发展与金融支持模式研究

国家体育总局体育器材装备中心　卢晓梅

党中央、国务院高度重视体育产业。党的十八大以来，习近平总书记的系列讲话、指示、批示，形成了关于体育工作的战略思想。以习近平新时代中国特色社会主义思想为指导，我国体育产业飞速发展，规模不断扩大，对资金的需求越来越大。资金的短缺，已成为影响体育产业快速发展的制约因素。如何快速解决体育产业发展资金问题，探索一条新时代中国特色体育产业发展的筹资创新思路，选择金融支持最佳模式，为我国体育产业发展与金融支持提供一套操作性强的对策建议，已是当务之急。

一、体育产业发展现状及分析

（一）体育产业迅猛发展，规模结构不断优化

体育产业作为我国“五大幸福产业”之一，蕴藏着巨大的市场潜力，是我国国民经济重要组成部分，被称为“永远的朝阳产业”，是推进健康中国建设、满足人民日益增长的美好生活需要的有力抓手。

从国家统计局与国家体育总局连续3年联合发布的数据来看，体育产业迅猛发展的势头得到了印证。全国体育产业总产

出从2015年的17 107亿元增长到2017年的21 987.7亿元，增加值从5494.4亿元增长至7811.4亿元，年均增速分别达到13.4%和19.2%。2017年体育产业11大类别总产出为21 987.7亿元，体育服务业（除体育用品及相关产品制造、体育场地设施建设之外的活动）增加值在体育产业中所占比重从2015年的49%上升为2017年的57%。数据表明，全国体育产业总体快速、稳定增长，产业发展态势良好，前景广阔。按此增速计算，到2020年，可顺利完成《体育产业发展“十三五”规划》中规划的3万亿元产业总规模，以及2025年实现5万亿元总规模的目标任务。体育产业对推动国民经济发展、促进产业结构转型、增加社会就业、促进健康中国建设等发挥了重大作用。

（二）我国体育产业分类及分析

我国体育产业分为11大类，除体育用品及相关产品制造、体育场地设施建设之外，其他9类为体育服务业，具体包括：体育管理活动、体育竞赛表演活动、体育健身休闲活动、体育场馆服务、体育中介服务、体育培训与教育、体育传媒与信息服务、其他与体育相关服务和体育用品及相关产品销售、贸易代理与出租。

其他与体育相关的服务包括体育旅游、体育健康与运动康复、体育彩票、体育会展与博物馆、体育金融与资产管理、体育科技与知识产权等，满足了人民群众的需求。

（三）重点运动项目产业是体育产业发展的新动能

党的十八大以来，受国家体育总局简政放权、大幅度取消体育赛事审批，以及中央和地方体育产业促进政策的颁布等一系列改革和制度红利的影响，体育竞赛表演业呈现爆发式增长。体育竞赛表演市场的开放和扶持，激发了社会资本参与举办体育赛事的热情，各类体育赛事不断升温，调动了广大群众参与体育赛事的积极性，极大地促进了竞赛表演活动的快速增长。以马拉松赛事为例，据中国田径协会发布的2017年马拉松报告，截至2017年年底全国举办马拉松及相关赛事（800人以上规模）达1100场，数量暴涨83%，参赛人数近500万，地域分布也更为广泛，已经涵盖了含西藏在内的全国31个省（自治区、直辖市）的234个城市。

体育健身休闲产业的发展也注入了强有力的动能。国家体育总局会同有关部门出台的滑雪、自行车、山地户外、水上运动、航空运动、汽车营地、武术等一系列运动产业规划，推动了健身休闲产业的蓬勃发展；与此同时，体育健身休闲运动与旅游、健康等其他产业的融合，为体育产业的发展拓宽了空间，极大地满足了人民群众日益增长的体育消费需求，让全民健身活动成为新时尚。场馆建设投入增加，财政补贴力度加大，新业态、新模式、新元素不断涌现，产业规模快速增大。

我国运动项目产业发展总体向好。马拉松、自行车、冰雪运动、山地户外运动、汽车自驾运动，以及航空运动等项目产业市场需求日益增长，运动项目参与人数规模迅速扩大；多元化消费主体逐渐形成，参与人群的消费意识、消费意愿、消费能力，以及运动项目产业供给的质量进一步提升；三大球项目职业化水平日趋提高，运动项目竞赛市场日益规范，项目赛事举办数量持续增长，赛事质量不断提高，赛事举办的硬件设施逐步完善；民间资本参与运动项目产业热情高涨，产业投资主体进一步多元化。在运动项目产业供需两端共同推动下，2017年以来，我国部分运动项目产业的产值呈现较为明显的增长，各运动项目产业结合项目自身特点与旅游产业、文化产业、农业产业融合发展，且势头迅猛，效果日益明显，运动项目产业直接或间接拉动的投资规模逐步扩大，各地运动项目产业发展所需的相关基础设施也逐步完备。

体育产业良好的发展态势和不断增长的规模，为金融支持最佳模式的选择，吸引社会资本投入体育产业优势项目，尤其是运动休闲特色小镇这类体育产业项目，提供了很好的资源投资平台；为体育产业投资基金设立与构建，提供了可行性和必要性支撑。

（四）党和政府高度重视体育产业与金融支持

《国务院关于加快发展体育产业 促进体育消费的若干意见》《进一步促进体育消费的行动计划（2019—2020年）》，要求大力吸引社会资本，建立由社会资本投入体育产业的金融支持渠道，加强与金融机构合作，拓展金融服务，等等。

党的十九大报告明确提出，深化金融体制改革，增强金融服务实体经济能力。国家系列政策文件提出金融体制改革、金融与产业融合，为我国体育产业发展与金融支持提供了很好的政策平台。

（五）体育产业资金需求现状及分析

国家体育总局在全国打造96个国家级运动休闲特色小镇试点项目，其核心就是体育产业，希望探索出具有专家管理、规范运作特点的金融支持模式，扶持体育产业中深受群众喜爱、并有较好市场价值的体育项目。目前，在体育产业资金模式的选择上，资金类型主要涉及政府资金、政策性资金、社会资本、银行借贷等。其中，特色小镇试点项目中有84个使用了社会资本，但资金尚有较大缺口；有的还局限在赞助、捐赠筹集的资金专款专用，没有利用国家发展体育产业的优惠政策，或国家目前尚无有针对性的专门的规范性的金融支持渠道，大力扶持体育优势项目进入市场，进行体育经营和管理方式的创新，并探索体育产业发展筹资的创新思路。

选择体育产业发展与金融支持的最佳模式，完善金融支持政策体系、社会资本参与体系，已经迫在眉睫。

二、金融支持的基本内容、特点与制约因素

（一）金融模式基本内容与特点

金融模式主要有互联网金融、金融租赁、普惠金融、人工智能金融、供应链金融、资产证券化、PPP模式、保险金融等。

我国体育产业在发展的初级阶段，尤其需要金融的持续支持与推动，金融支持的力度与方式是实现体育产业迅速发展的重要条件。一方面，金融支持的规模与效益源自体育产业自身的发展潜力和行业利润率；另一方面，政府制定的金融优惠政策也是吸引资本进入体育产业的主要原因。

（二）金融模式筹资的政策支持及实践

在国家层面，如《中华人民共和国体育法》第一章第三条规定，“国家推进体育管理体制改革。国家鼓励企业事业组织、社会团体和公民兴办和支持体育事业。”这是国家从立法的高度，鼓励民间资本进入体育事业。国务院办公厅印发的《关于加快发展体育竞赛表演产业的指导意见》中，提出了一些很好的政策措施，如通过政府资助，促进运动项目竞赛表演等体育产业发展，扶持有一定条件的市场主体，借助资本市场力量，有效拓宽运动项目竞赛表演业的资金来源渠道。

在地方层面，部分省开始尝试建立各种吸引资本投资体育产业的良性机制，坚持“谁投资、谁所有、谁受益”的原则，鼓励各类资本投资体育产业，一方面发挥政府投资的调控与引导作用；另一方面扩大体育产业发展的投资规模。如我国已有北京、江苏、福建等8个省（市）政府设立了体育产业引导基金，15个省正准备设立，鼓励建立体育社团，鼓励体育社团组织、参加各级各类体育比赛，推动体育社团的规范化、社会化、实体化建

设。

（三）金融支持作用及制约因素

从当前各省的做法和经验来看，各级政府采取引导资金的方法吸引和撬动更多的社会资本介入体育产业，这将是未来我国体育产业金融支持政策选择的重要内容和发展趋势。但在实际操作中，还存在一些制约因素。

1. 税收政策偏弱

无论是从国家层面还是从地方层面，针对运动项目竞赛表演业的税收政策仍是空白，临时性的税收优惠政策只是针对个别赛事举办期间单独研究并制定的。虽然对一定时期我国运动项目竞赛表演业若干市场主体的培育和完善起到了促进作用，但对整个运动项目竞赛表演业却没有运用和推广价值，加上市场化程度较高的运动项目被归入娱乐业范畴，其营业税税率较高，客观上阻止了运动项目竞赛表演业的发展。

2. 政策内容缺乏针对性和可操作性

第一，政策过于宽泛。政策内容的针对性和可操作性是产业政策发挥重要作用的前提。如果政策过于宽泛而缺乏可操作性，则会大大降低产业政策的有效性。因此，为提升我国体育产业税收政策的针对性和可操作性，政府各级部门应制定立足于本地区体育产业发展的专门政策。

第二，立法层次与政策效率较低。为了提高我国体育产业税收政策的立法层次和效率，必须考虑从国务院的层面来研究和制定税费政策及促进我国体育产业发展的指导性意见。

第三，产业政策制定具有滞后性。

3. 财政政策不足

体育产业，特别是全民健身产业，具有显著的公益属性，从经营的角度来看确实回收期较长，回报率不高。因此，财政支持就显得尤为必要和重要。如果能将体育彩票基金更为科学地上缴、留成和使用，加大对体育产业的财政支持，可能会收到事半功倍的效果。以2017年为例，我国体育彩票销量突破2000亿元，达到2096.92亿元，江苏一省突破200亿元，另有6省年销量突破100亿元。可见其取之于民、用之于体育产业的潜力巨大。

三、国外体育产业的金融支持政策

（一）税收政策及分析

税收是国家财政收入的主要来源，也是各国体育产业政策的重要手段之一。一是通过税收优惠政策的调整，鼓励和扶持相关产业的发展；二是通过税收调节，补贴低收入群体，促进体育事业的发展。

在竞赛表演业方面，国外税收政策主要调节对象包括三类：一是调节职业运动员的收入；二是鼓励社会投资兴建体育场馆；三是对举办或赞助赛事活动给予税收优惠或免税。

（二）金融支持政策及分析

体育产业金融支持行为，是相关企业作为金融支持主体，通过融资渠道和金融市场，选择合适的融资工具，有效筹措资本的方式。在美国，为了降低竞赛表演业的投资风险，政府对竞赛表演业风险投资额的60%免征税收，使得美国竞赛表演业投、融资规模不断加大，有力地促进了竞赛表演业的发展。

（三）政府资助政策及分析

一是设立专门的扶持基金。如美国于20世纪80年代成立了由政府出资的竞赛表演业投资基金，对竞赛表演业的发展起到了撬动作用。二是赛事资助方式的多样化。三是加强对资助对象的评估和审查。

四、体育产业投资基金模式是金融支持最佳模式，更有利于体育产业发展

（一）建立体育产业金融支持的最佳模式——体育产业投资基金的必要性和可行性

随着体育产业的发展和体育市场的发育，建立体育产业金融支持，具有必要性和可行性。一是可以有效吸引外资。二是有利于民间投资和扩大内需。启动民间投资是十分重要的。在我国建立体育产业金融支持最佳模式，设立体育产业投资基金，引导、聚集民间闲散、沉淀的资金进行体育产业投资，利用体育产业投资基金的优势，无疑是扩大民间投资、拉动内需的一种好办法。三是有利于扭转当前高负债经济运转的不利格局。四是有利于促进经济结构调整和区域经济的协调发展。五是有利于促进间接融资和直接融资的合理与均衡发展。六是可以促进体育产业这一“永远的朝阳产业”的发展。七是可以成为国有体育企业战略重组的桥梁。八是符合投、融资体制改革的要求。

（二）体育产业投资基金的特点及分析

体育产业投资基金具有集合投资、分散风险、专家管理等特点，不但可以有效地分散和规避投资风险，还能够实现产业投资的“高收益”。

美国、加拿大、英国、法国、澳大利亚等体育产业发达国家实现了体育金融制度的创新，设立相当于投资基金的体育专项基金，即以设立体育产业投资基金作为筹集体育资金的主要渠道之一。

社会化程度较高的体育产业投、融资工具，体育产业投资

基金，除了按照制度化、程序化的要求统一协调和管理现有资金外，在开展多种形式的经营活动，进行各项体育产业投资中，还利用了一部分资金和国家给予的优惠政策，使其在资本市场成为增长速度最快的产业资本。

五、设立体育产业投资基金的对策建议

（一）体育小镇、健身产业、体育产业园区是投资基金的主要投向

选择体育产业金融支持最佳模式，设立体育产业投资基金筹资，建设运动休闲特色小镇，是体育产业发展与金融支持的最佳模式。一要坚持产业建镇。特色小镇是体育产业发展的载体，只有打造出特色体育产业生态，小镇才能可持续发展。二要用好体育资源。目前，国家体育总局已要求有关直属单位、有关运动项目协会进一步释放体育资源，支持小镇试点项目举办各级各类体育赛事，增加体育产品和服务供给，为小镇发展创造新的驱动力。三要坚持因地制宜。特色小镇的核心是体育产业特色，培育特色项目、特色产业，就要因地制宜，从实际出发，无论做航空小镇、水上小镇，还是冰雪小镇都要符合当地的自然资源禀赋，符合当地的人文地理条件，符合当地的体育发展氛围。四要打造体育产业链。各小镇试点项目要增强市场意识，制订体育产业发展规划，聚集人才、技术、资金等体育产业要素，将竞赛表演、健身休闲、智能体育、体育培训等体育产业业态融入小镇建设中，同时，推动体育与旅游、文化等融合互动，打造体育产业链，培育体育产业集聚区。五要加强动态监测管理。按照国家发展改革委的要求，国家体育总局将持续开展评估督导和优胜劣汰，既打造成熟样板，又淘汰违规项目。利用体育产业投资基金

筹资投入运动休闲特色小镇，加快进度，打造出更多示范样板，为全国运动休闲特色小镇的规划建设工作做出示范表率。

（二）建立体育产业投资基金发展模式的思路

（1）组织结构：按公司模式构建设立。

（2）品种创新：以封闭式模式为主，满足投资者按资产净值赎回其份额的要求。

（3）监督管理：实行严格的法律监管模式，建立统一、高效、协调的投资基金监管体系的同时，建立行业性自律组织。

（4）政府职能定位：建立协调、统一、高效的监管体系，发展到一定阶段，通过规范的金融支持，如税收优惠和豁免政策，引导其投资方向，扶持体育产业投资基金发展的模式。

（三）政府引导，社会参与，多级联动，形成合力，可作为体育产业投资基金的发展思路

1. 国家层面设立的体育产业投资基金

国家层面设立的体育产业投资基金，可分为综合性的投资基金和专项性的投资基金。

（1）综合性的产业投资基金。一是规模要适中，一般不小于100亿元人民币。二是存续期不宜太短，一般在10年以上。三是政府参与的引导资金不能太少，一般应不低于50%。四是严格按照现代企业制度运营，但不能把利益最大化作为考核的重要指标。五是资金向社会募集部分，要有吸引力，要有良好的、完善的配套政策。如基金份额可大可小，既适合企业购买也适合个人购买，购买资金可税前列支，投资所得可减免所得税，等等。六是投向要明确，主要投向体育健身产业、体育特色小镇和体育产业园等综合性的体育产业项目。七是数量上不能是独家，要保持适度竞争和比较。八是要吸收全国性综合性社会组织的领导或专

家参与选项、决策，或与其共同投资。九是要发挥杠杆作用，放大投资效应。如在体育特色小镇或体育产业园中选择市场看好的具体项目参与投资，设计混合所有制，吸收更多社会资本投入。十是要完善制度，强化监管，让投资决策和资金流转公开透明。

（2）专项性的产业投资基金。一是基金规模一般不小于20亿元人民币。二是存续时间一般在10年以上。三是政府参与的引导资金控制在50%左右。四是严格按照现代企业制度运营，但不能追求效益最大化。五是资金向社会募集部分，要有吸引力，要有良好的完善的配套政策。如设计基金份额大小时，既适合企业购买也适合个人购买，购买资金可税前列支，投资所得可减免所得税等。六是投向要明确，主要投向单项体育运动产业项目。七是单项运动产业基金数量上要控制，能保持适度竞争即可。八是要吸收全国性的单项运动社会组织的领导或专家参与选项、决策，或与其共同投资。九是要发挥杠杆作用，放大投资效应。在具体项目上可设计混合所有制，吸收更多社会资本投入。十是要完善制度，强化监管，让投资决策和资金流转公开透明。

2. 地方层面的体育产业投资基金

地方层面的体育产业投资基金的发展思路可参考国家层面的，但属地项目应该积极配合国家层面体育产业投资基金的项目选择、论证和资金募集，并跟随一定比例的投入。

（四）加大政策扶持力度

金融支持体育产业发展，需要国家和金融部门制定专门针对促进体育产业发展的金融政策，政府资金和社会资本相结合，比如，政府资金、贷款优惠条件、办理金融业务的便利条件、提供外汇结算、政府给予贷款贴息、支持进入资本市场等。

（五）完善落实财政金融政策对体育产业的支持

一是发挥财政资金引导、归集放大作用。进一步完善财政资金对体育产业的支持方式，形成“专项资金+投资基金+购买服务”的综合归集放大支持体系，以市场为机制、政府做引导的社会资本共同参与的体育产业投资基金。二是减轻企业、个人税费负担，全面落实国家体育产业发展的现行税收支持政策。三是鼓励健身休闲项目建设用地先租用后出让，以长期租赁、租让结合方式建设，优化规划和土地利用政策。四是加大金融扶持力度。完善体育产业信贷政策，推动银企合作，引导金融机构加大体育产业信贷支持力度，支持体育企业利用多层次资本市场和建立体育中小企业融资服务平台，进行股权融资和发行债券，建立体育企业上市挂牌储备库等服务。

参考文献

[1] 国家体育总局政策法规司.国家体育总局哲学社会科学研究成果汇编[M].北京：人民体育出版社， 2010.

[2] 卢晓梅，郑基松.中国体育法律问题研究[M].北京：北京体育大学出版社，2008.

[3] 约翰·博格.共同基金常识[M].巴曙松，吴博，译.北京：北京联合出版公司，2017.

[4] 卢晓梅.我国体育产业投资基金发展模式研究[D].北京：北京体育大学，2000.

新媒体时代体育传播面临的机遇与挑战

中国体育报业总社　王冰

随着信息技术的不断进步，社会开始迈入新媒体时代；同时，对于所有国家来说，想要不断发展，就一定要坚持自身独特的文化。当前，我国的经济发展态势良好，群众对于精神文化方面的需求也更加迫切，体育传播也有了非常大的发展空间。与此同时，信息技术的发展和网络的逐渐普及等对传统媒体造成了严重的影响，新的媒体形式已经不可阻挡地出现在世人的面前。体育传播逐渐成为品牌快速树立形象、提升知名度的重要方式。为推动体育传播事业的持续健康成长，应当正视新媒体的现状，从中挖掘机遇加以利用，应对挑战迎面而上。

一、新媒体时代体育传播的价值和意义

近些年，我国的体育事业有了突飞猛进的发展，与之相呼应的是体育传播业也有了非常大的提升，二者彼此推动，携手成长。体育赛事的珍贵影像、选手们高超的技艺、通过体育传递的勇攀高峰的精神都会借助各种媒介为世人所知。对于我国来说，体育传播业有着非常重要的地位，其参与了我国体育事业的发展，时刻把握时代的潮流，跟体育事业携手共进，不断激发群众的爱国热情，增强凝聚力。

正是有了体育传播，一个个激荡人心的口号才能广为人知。“顽强拼搏，为国争光”“态度决定一切”这样或激情豪迈、或简单朴实的语言，谁不为之叹服，一直到今天，这些口号依然会让国人非常振奋，极大地增强了人们的工作热情。正是有了体育传播，中国的“乒乓精神”才能广为人知，其永不服输的态度正好契合了当前国家发展的要求。现阶段，中国的“乒乓精神”依然闪耀着万丈光芒，并且以其超绝的魅力散发着更加璀璨的光辉。正是有了体育传播，我们国家的体育精神才能传播到全世界，让世人看到国人的精神。正是有了这种精神，我国的体育事业才能实现大踏步的跨越，它推动了体育事业不断创新，体育事业的内涵不断扩充，为后人留下了一笔精神财富。简言之，体育传播的重要性在于，它依托于体育赛事向世人传达了体育文化和精神，让世人看到了选手们的奋力争先，让人们可以更加主动地审视自身，更好地对自己定位，赋予人们积极正面的价值观。发展到今天，体育传播的内涵不断丰富，已经不再是简单的资讯传播，其中的文化意义也被更多的人所认知。

二、新媒体时代体育传播面临的问题

我国的体育传播面临着机遇和挑战并存的现状。实际上更多的是机遇，但挑战仍然是需要应对和重视的。

在我国，体育传播业想要获得良好的发展空间，就需要体育事业不断取得突破。近几十年来，我国体育事业取得了骄人的成绩，已经重返世界先进行列，个别项目早已是个中翘楚，广受瞩目，体育传播业也借力有了极大的突破。从20世纪末开始，网络开始逐步铺开，各种类型的智能设备不断推陈出新，这给新媒体的蓬勃发展提供了良好的条件。与之相对，传统媒体进行了改革，以应对不断变化的大时代。新媒体因为自身的特点，有着强大的传播能力，局限性也更小，这是传统媒体没法与之竞争的。要清晰地把握新媒体发展的脉络，更好地将其运用到当前的体育传播上，更好地为体育事业发展做出贡献。

当然我们要清楚地认识到，无论是新媒体还是旧媒体，在时代发展中都会不断迸发出新的火花，两者相互竞争又共同进步，不可以粗暴地将两者放在对立面上，要让两者不断交融，发挥各自的长处，相辅相成，让群众获得更加美妙的视觉盛宴。对于传统媒体来说，立身之本就是真实性，正是这种长期的坚持，让其在广大群众中有不可替代的威信。而新媒体更加灵活多变，来源途径更加广泛，要借助两者的长处，使行业获得更大的突破。在体育传播过程中，既要让群众看到正面的意义，也要借助新的形式让群众能够更好地接受。但是，需要着重指出的是，一定要坚持底线，不能肆意妄为。切不可为了夺人眼球，做出一些虚假的、违背法律和道德的报道。要让群众更好地接受，也要给他们带来积极正面的影响，对其成长有良好的推动，这才是体育传播需要重点做好的事情。

三、新媒体时代体育传播应对挑战的对策

（一）体育传播要顺应大趋势，引领媒体融合优化发展

对于体育媒体来说，要时刻把握时代发展的要求，不断进行融合优化。这可以有效助力媒体的改革，激发新的活力，还可以拥有更多的话语权，积极引导群众认识体育的精神内涵。当前，媒体融合是大势所趋，需要我们深入把握其中的机理，不能仅仅将其归结成媒体互融。对于媒体来说，最重要的事务就是确保资讯都是真实可信的，还需要让其具备比较高的质量，充分考虑到

群众的需求，让体育传播事业更加积极正面，体现自身重要的价值。一般来说，应该努力做好以下几个方面的内容。

1. 做好内容融合，让媒体具有更高的权威性

对于新闻资讯来说，首先不能出现弄虚作假的情况，这样才能让群众信服，在群众心中留下深刻的印象，这是非常重要的竞争力，可以牢牢抓住读者的眼球，要体现一定的人文特色，充分考虑群众的需求。对于体育传播来说，赛事是重要的基础，要不断拓展其内涵，让其有更大的突破：借助赛事，让更多的人感受到选手的拼搏精神，并且在此基础上加强爱国主义的引导，让赛事的文化意义不断凸显出来。

2. 不断进行创新融合，让媒体更具发展动力

不管是哪种行业，创新都可以有效地推动行业的发展。对于体育传播来说，同样如此，不管是内容还是具体的形式都要在这方面下足力气，这样才能获得良好的成绩。21世纪，网络非常发达，新媒体的兴起和流行，可以说改变了人们的生活方式，让群众有更多的选择。

3. 做好产业融合，让媒体有良好的收益

现阶段，传统媒体的生存环境并不乐观，其收入较之前有了明显的减少的趋势，需要整个行业求新求变，让融合发展的速度持续提升，发挥传统媒体的重要作用，为群众带来积极的引导。加强新时期的体育传播工作，是促进体育事业又好又快发展的有效手段，需要借助新技术，让体育活动更加深入人心，并且要增加传播渠道，让传播方式更加丰富、更有力度。

（二）体育传播要承担起为体育强国建设营造良好舆论氛围的使命

我国历来重视体育事业的发展，党和政府也陆续制定了相关的政策，有效推动行业的成长。对于体育传播来说，当前的要务就是充分考虑现在的形势，制定正确的发展策略，将传播工作落实到位。

1. 做好关于全民健身与北京冬奥会的体育传播

全民健身是时代发展的必然，现阶段要积极进行宣导工作，让群众了解其重要的意义，这样才能更好地将其落实下来。北京冬奥会也是整个行业的重点工作，一定要将其积极正面的形象传递到所有群众的心中，形成非常好的舆论环境，有效助力各项工作的布局。

2. 更新体育传播理念并营造优质舆论环境

现阶段，体育传播也有了更加丰富的内涵，要积极响应党的号召，在营造优质舆论环境方面下更大的力气，做好自己的分内之事。在这个重要的关口，体育传播也要充分考虑时代的要求，接受更多的新理念，并且持续进行改革完善，保持灵活的头脑，在工作中加入全新的技术，让体育传播目标更加明确，可以让群众在第一时间获得相关的赛事信息，将体育的内涵传达到所有群众的心中，让他们可以更加直观地感受到体育的魅力，体悟其中的精神意义，让体育传播事业获得更大的成长空间。

四、结论

对于体育传播来说，在成长过程中势必会受到各种挑战，一定要紧随体育事业的发展趋势，时刻把握社会关注点，突出自身的舆论引导优势，从容面对各种问题，把握时代脉搏，放下思想包袱，坚持进行融合发展，这样才可以有效推动体育事业的发展，建设优质的舆论环境，为体育强国建设添砖加瓦。

体育传播融合发展研究

中国体育报业总社　葛会忠

体育传播融合发展不只是时代的潮流，更是实践的需要。习近平总书记在党的十九大报告中指出，中国特色社会主义进入新时代，我国社会主要矛盾已经转化为人民日益增长的美好生活需要和不平衡不充分的发展之间的矛盾。社会主要矛盾的变化是关系全局的历史性变化，对我国体育工作和新闻舆论工作都提出了许多新的要求，表现在体育传播领域，融合发展成为供给侧结构性改革的必然选项。

一、体育传播融合发展的趋势

当前正在进行的科技革命正深刻改变着人们的生产和生活方式，借助一系列新兴的技术手段，人们的视野以及认识世界的能力得到了前所未有的拓展。与此同时，现代传媒产业的边界不断扩大，传媒产业的参与主体日趋丰富和多元。在传媒产业内部，基于移动端的新兴媒体对传统媒体形成巨大挑战，这一点在具有高度互动性、开放性和竞争性的体育传播领域表现得尤为明显。

2019年2月中国互联网络信息中心公布的数据显示，截至2018年底，中国网民规模已达到8.29亿。其中手机用户为8.17亿，在中国网民中占比高达98.6%。互联网、大数据、人工智能技术的发展以及智能移动终端的广泛普及，有力地推动了现代传播技术的深刻变革，同时也加剧了信息相对过剩与信息有效供给不足的矛盾。一方面人们日益被冗余的信息和参差不齐的质量所包围；另一方面能够低成本送达的有效供给严重不足，而且这样的矛盾在体育领域尤为突出，集中表现为优质体育赛事资源与信息服务的获取成本高于人们的普遍预期。

体育工作和新闻舆论工作的一个共有特征就是越来越多的服务对象尤其是年轻人群体，正在从旁观者变为参与者。随着广大受众的参与意识日趋强烈，体育传播中受众的主体性特征日益突出。同时受众的需求也日趋多样化和个性化，从而对体育传播的有效性、互动性和分众化提出了更高的要求。

体育作为一个年轻人群体高度聚集、对传播时效高度敏感的领域，对移动端实时传播的需求尤为强烈，更加需要通过体育传播的融合发展，让高质量的有效服务迅速抵达用户终端，在体育产品的生命周期内迅速形成有效供给。

二、当前体育传播领域的主要问题

在体育传播实践中，体育行业的特点决定了体育传播对时效性、可视化、互动性有着比其他领域更强烈、更活跃、更突出的需求。所以在体育传播领域，不仅传统的纸媒在加速去产能，而且传统意义上的电脑端的互联网也被卷入其中。

（一）传统媒体难以有效抵达受众，纷纷经历去产能阵痛

当前体育传播领域的一大突出问题，就是传统媒体已经难以有效抵达受众。在此，传统媒体的内涵已经不能局限于狭义上的纸媒，而是应该包括广义上的报纸、杂志、广播、电视以及电脑

端的传统互联网。

早在21世纪初的纸媒鼎盛时期，国内一线城市的都市报无论是版面设置还是人员配备都非常充裕，各大都市报对体育新闻尤其是竞技体育新闻的人、财、物投入不逊于国内的专业体育日报《中国体育报》。以十几年前北京市场的《京华时报》为例，每逢足球世界杯这样的世界大赛，在正刊体育扩版的同时，还会专门推出增刊，在前方配备多人采访团队的同时，还会在后方组织大规模的专职和兼职编辑及写作团队，其规模远在《中国体育报》之上。

2010年广州亚运会和2012年伦敦奥运会成为体育传播领域的话题焦点向微博和微信转移的重要标志，体育传播的移动属性和社交属性日益凸显。到2016年里约奥运会之时，以新浪微博为代表的体育短视频又将体育传播的可视化在社交媒体上推到了一个前所未有的高度。

早在平面媒体的黄金时代，社交化和可视化就一直是国内体育传播的“短板”。尤其是在我国体育传播的实践中，由于能够在国内实现广覆盖的电视体育直播平台只有央视一家，赛事资源与播出时段的供需矛盾长期得不到有效解决，这也成为制约我国原创体育赛事发展的一个重要因素。2007年，依托于地方电视台体育频道的中国电视体育联播平台（CSPN）成立，不过这个可视化的体育传播平台因为体制机制的种种束缚，最终走向了解散。

由于无法满足现代体育传播对于社交化、可视化的强烈需求，狭义的传统媒体也就是我们通常所说的纸媒，经历了一轮长周期的去产能过程，很多在各地一直风行的报纸、杂志纷纷倒闭，或者彻底停止纸质版的发行，向新媒体转型。以北京市场为例，曾经非常活跃的《北京娱乐信报》《京华时报》《北京晨报》《法制晚报》都已经休刊或转型新媒体。目前还剩下《北京青年报》《新京报》《北京晚报》这三大市场化的传统都市报。

在一大批纸媒关停并转的同时，以新浪、搜狐、网易为代表的电脑端门户网站也在压缩和调整传统体育采编部门的投入。自雅典奥运会之后，在体育传播中曾经风行一时的以单向传播为主的“新浪体”，也难以抗拒移动端社交化、可视化的多向交互传播，从而渐渐演化为“新型”传统媒体的一部分，同样不得不经历去产能的阵痛。

目前，传统媒体的去产能已经进入尾声阶段。伴随着一大批纸媒以及门户网站的去产能进程，传统媒体渠道的体育传播供给总量大幅度下降，现有主流纸媒发行量反而开始出现触底反弹的迹象。以《中国体育报》为例，进入东京奥运周期以来，传统纸质版的发行量表现出了明显的回升态势。

（二）体育新闻客户端首位度偏低，优质原创产品供给依然不足

体育传播的融合发展需要进一步贴近受众，需要向移动端迁移，这是不争的事实。但是传统媒体与新媒体并不是非此即彼的关系，如果传统媒体在内容生产方面的优势没有在新媒体平台中得到更加充分的发挥和发展，那么，有效供给不足的问题，仍难以有根本性的改变。

媒体融合发展离不开新型传播平台的建设，为此众多传统媒体纷纷开始搭建以“两微一端”为代表的新媒体平台，比如，以前的市场化体育传媒知名企业体坛传媒就推出了“体坛+”客户端，但是这种主打体育资讯的新闻客户端不仅首位度极低而且活跃度不高。对广大移动端的受众来说，体育新闻资讯的获取更多的还是来自综合性较强的新闻客户端以及以微信公众号为代表的自媒体。从华为应用市场截至2019年6月20日的App下载量可以看出，不仅“体坛+”的下载安装次数偏低，只有57万，而且主

打体育新闻资讯的新浪体育App的安装次数也只有1150多万。相比之下，综合性新闻客户端腾讯新闻的安装次数为23亿，网易新闻为9亿，凤凰新闻为6亿，搜狐新闻为5亿，新浪新闻为3亿，而人民日报为7400多万，新华社是2200多万。上述新闻客户端都是从广义上的传统媒体转型而来，而并非基于传统媒体基因的新媒体今日头条的下载安装次数已经高达36亿。对于绝大多数手机用户而言，常用的新闻资讯类App也就一两个，这也就意味着主打体育新闻资讯的App由于首位度和活跃度过低，一般很难长时间有效落地。

与主打体育资讯的App不同，突出社交以及服务属性的体育App不仅可以在体育垂直领域里具有较高的首位度，而且由于更加突出了用户的参与性和主体性，整体活跃度也较高。比如，在华为应用市场中，截至2019年6月20日，主打精品体育赛事直播服务的腾讯体育已经有接近6400万的下载安装次数，远在主打新闻资讯的新浪体育之上。而具有较强社交属性的虎扑App已经接近2800万，提供乒乓球、羽毛球等综合类体育赛事直播服务的中国体育App已经有350万的下载安装量，远高于“体坛+”的50多万。尽管在腾讯体育、中国体育等移动端的体育赛事直播平台中，精品赛事的观看往往是收费的，但是对于优质内容，重度体育爱好者不仅愿意付费，而且表现出了很高的活跃度和用户黏性。

然而在当前体育传播融合发展的过程中，无论是一般的新闻资讯类还是新兴的社交服务类App，大都没能突破主要聚焦于国际体育特别是美国职业篮球联赛（以下简称“美职篮”）和欧洲足球赛事的传统，优质原创产品的供给能力普遍偏弱。特别是随着用户端自主性特征的日益凸显，这种对国际体育产品的聚焦日趋强烈，集中表现为用户主动为美职篮、欧洲足球赛事等优质体育产品付费。以前在传统媒体占据主导地位的时代，体育传播还可以通过记者选择和编辑推荐的方式主动地单向地给广大受众提供以中国体育为主题的相关产品，如今在新媒体平台上，传统的推荐方式更多地被人工智能的算法推荐和用户的自主性选择所取代，这无疑对国内的优质原创体育产品的供给提出了更高的要求。

三、体育传播融合发展的政策建议

新闻媒体处于意识形态工作的前沿阵地，体育又是广大青少年在自发状态下最活跃、最容易凝聚话题的领域之一，同时，体育传播又是国内外交流和共享极为充分的一个领域。所以在这个领域里，一旦我们的工作落后于社会发展的趋势，落后于广大体育爱好者尤其是广大思维活跃的青少年的期盼和预期，也就难以形成有效供给，更难以发挥引导预期、凝聚共识的作用。从上述的问题分析也不难看出，体育传播融合发展不能仅注重形式，平台的搭建和形式的创新固然关键，但更重要的是优质内容的生产和创新。在这个领域里必须从形式到内容、从理念到运行机制上进行全方位的创新。

（一）正确处理好移动端与传统媒体平台之间的关系

体育传播融合发展必须坚持移动优先的发展策略，这不仅已经是社会各界的共识，也是坚持马克思主义新闻观的必然要求。移动互联网已经成为信息传播主渠道。随着5G、大数据、云计算、物联网、人工智能等技术不断发展，移动媒体将进入加速发展新阶段。

坚持移动优先并不意味着传统平台将退出历史舞台或者彻底沦为可有可无的附属品。事实上，充分发挥传统媒体平台的优势要比纯粹技术层面的新媒体平台建设艰难得多。从前文的论述中不难看出，即使在传统媒体黄金期曾经非常成功的体育媒体，在新媒体技术平台搭建起来之后，也难以简单复制过去的成功。

在新媒体平台大批量建设，尤其是自媒体蓬勃发展的今天，对移动端的广大用户来说，最大的痛点已经不是总量供给不足，而是冗余、低质量信息的严重过剩，特别是人工智能点对点推送技术的深度应用使得这一矛盾日趋激化，对于符合用户阅读轨迹的或者符合当前热点关键词的大量劣质内容，基于人工智能算法的新媒体平台会反复推送，令用户不堪其扰。所以在坚持移动优先发展战略的同时，切忌搞“一刀切”、一哄而上，防止以往在传统媒体平台中低水平重复建设的问题在新媒体平台中出现，否则传统媒体的去产能阵痛迟早会在新媒体平台上重演。

具体到体育领域，体育传播融合发展的主要难点并不是新媒体平台的搭建。在推动传统媒体去产能的过程中，如果新媒体平台难以形成高质量的有效供给，那就可能会形成新的产能浪费。当前体育传播融合发展必须要统筹处理好新旧平台之间、主流价值引导与人工智能算法驱动之间、传统线性传播与自主交互传播之间的关系，尤其是要牢牢把握5G技术革命的历史机遇，畅通可视化传播的渠道，弥补严重制约体育事业发展的可视化短板。

（二）正确处理好形式与内容之间的关系

当前新闻传播格局正在发生不同于以往的新变化，媒体泛化、新媒强化、受众分化、沟通难化，舆论热点频出这种众声喧哗的传播语境和信息总量相对过剩、信息质量参差不齐的复杂局面，对主流和权威声音的需求不是减弱了而是增强了。鉴于体育传播主要面对的是思维活跃的青年群体，因此体育传播的转型与融合发展就更加需要准确把握用户的心理需求和接受习惯，从群众的视角尤其是青年人的视角入手，将局部真实还原到全局真实，用优质的、生动活泼的、立体化的作品，凝心聚力。

传统体育媒体的转型发展问题看似是一个传播形式落后于时代、落后于需求的问题，实质上却是一个优质内容、优质产品乃至有效供给能否满足新时代需求升级的问题。对于优质内容的分发和有效供给的送达，在实践中既可以通过新建自有平台的方式得以实现，同时也应该充分利用好商业化、市场化、公益性的互联网资源和公共平台，比如微博、微信、字节跳动、学习强国等。

对于新闻媒体来说，内容永远是根本，是决定其生存与发展的关键所在。伴随着人们受教育水平和体育参与程度的普遍提升以及触媒频率和触媒深度的增强，用户对优质内容的需求更加强烈，这就要求体育传播必须进一步增强守正创新的定力，提升内容品质，拓展内容维度，创新内容表现形式，创造出更多接地气、有深度、有温度、富有中国作风和中国气派的优秀作品。

（三）正确处理好内容引进与守正创新的关系

为国外优质体育内容支付高额版权费用是当前我国体育传播领域的一个鲜明特点。人工智能、5G等新兴技术的发展，为我国原创体育作品的制作和传播提供了全新的机遇，特别是在一些垂直和细分领域，基于中华优秀体育文化的体育作品和产品呈现出较强的用户黏性。

以在体育领域中比较小众的围棋为例，人工智能技术的发展，为围棋运动在国内的深度普及以及在世界范围内的深入推广提供了技术上的可能。比如，弈城围棋从围棋新闻资讯切入，从围棋赛事直播拓展到对弈和教育服务，在移动端有效连接了400万围棋爱好者。同样是在围棋这个细分市场，弈客围棋也抓住围棋人工智能突破性发展的机遇，深耕围棋市场，截至2019年6月20日，弈客围棋App在华为应用市场中的下载量突破了300万。

由此可见，体育传播的融合发展必须勇于突破传统的认知局限，正确处理好引进和原创的关系。以前受传播渠道和传播容量的限制，美职篮、欧洲足球赛事等引进赛事在传统体育媒体平台上长期占据着较高的比重。而海量新媒体平台可以为原创的、富有中国特色的体育作品和体育产品畅通制作、编辑、播议渠道，从而更及时地响应个性化、多样化体育需求充分发展和发育的现实。

由上可以看出，体育传播融合发展实际上从全新的认识维度和实践维度考验着体育新闻工作者乃至广大体育工作者的唯物史观。体育传播融合发展的进程不是一蹴而就的，在利用新技术推动平台建设和流程再造的过程中，必须牢牢守住创作优质体育作品和体育产品为人民服务的初心，同时在喧哗的互联网语境中，主流媒体还必须做中华体育精神和中华优秀体育文化的坚定守望者，尽量放低姿态贴近体育爱好者，但不能放低品格迎合受众。

体育传播融合发展的实质是通过供给侧结构性改革更好地服务于广大体育爱好者，与整个体育领域的供给侧结构性改革息息相关。因此，只有大力推动体育深化改革，创造性地培育和发展原创性的体育产品和服务，才能让体育传播融合发展获得更多的源头活水。

参考文献

[1] 习近平.决胜全面建成小康社会　夺取新时代中国特色社会主义伟大胜利——在中国共产党第十九次全国代表大会上的报告 [EB/OL].（2017-10-27）[2019-06-30].http://www.xinhuanet.com/2017-10/27/c_1121867529.htm.

[2] 中国互联网信息中心.第43次《中国互联网络发展状况统计报告》[EB/OL].（2019-02-28）[2019-06-30].http://www.cnnic.net.cn/hlwfzyj/hlwxzbg/hlwtjbg/201902/t20190228_70645.htm.

[3] 《习近平新闻思想讲义（2018年版）》编写组.习近平新闻思想

讲义（2018年版）[M].北京：人民出版社，2018:6.

[4] 桑可.媒体融合发展必须坚持“内容为王”[EB/OL].（2015-12-28）[2019-07-03].http://www.qstheory.cn/wp/2015-12/28/c_1117605400.htm.

体育文化、教育建设研究

加强体育系统青年干部培养的几点思考

秦皇岛训练基地　邱贵阳

青年是整个社会中最积极、最有生气的力量，事关国家的希望、民族的未来。党的十九大报告指出，中国特色社会主义进入新时代，并明确提出把我国建设成为富强民主文明和谐美丽的社会主义现代化强国的新目标。新目标的实现关键在党，关键在人，归根到底在培养造就一代代可靠接班人接续奋斗，这是党和国家事业发展的百年大计。党的十九大报告同时对新的历史方位下我国体育事业的发展指明了方向：广泛开展全民健身活动，加快推进体育强国建设，筹办好北京冬奥会、冬残奥会。当前在全面深化改革背景下，笔者以所在单位国家体育总局秦皇岛训练基地（中国足球学校）（以下简称“秦皇岛基地”）40岁及以下青年干部为样本，并结合自己十年组织人事工作的所见、所闻、所思、所想，就新形势下加强青年干部培养进行分析与探讨。

一、青年干部培养的紧迫性和重要意义

当前世界面临百年未有之大变局，随着社会生产力水平的提高和我国综合国力的日益提升，我国进入了近代以来最好的发展

时期。党和国家事业需要薪火相传、后继有人，需要加强对当代青年的培养以应对世界变局的挑战，实现中华民族的伟大复兴。同时，加快推进事业单位改革，是深化党和国家机构改革的重要内容之一；加快推进体育强国建设，更是当代体育人的责任与使命，需要青年干部为之不懈努力。

（一）进入新时代的历史使然

习近平总书记在纪念“五四运动”100周年大会上指出，在中国共产党领导下，我们开辟了中国特色社会主义道路，形成了中国特色社会主义理论体系，建立了中国特色社会主义制度，发展了中国特色社会主义文化，推动中国特色社会主义进入了新时代。中国人民拥有了前所未有的道路自信、理论自信、制度自信、文化自信，中华民族伟大复兴展现出前所未有的光明前景！新时代中国青年运动的主题，新时代中国青年运动的方向，新时代中国青年的使命，就是坚持中国共产党领导，同人民一道，为实现“两个一百年”奋斗目标、实现中华民族伟大复兴的中国梦而奋斗。

当代青年干部是实现新时代奋斗目标的参与者、践行者、实现者、见证者、受益者，使命在肩，重任在前，更要深刻领会习近平总书记重要讲话精神，担负起中国梦赋予当代中国青年的历史使命。

（二）全面深化改革的必然要求

在党的十八届三中全会上，党中央做出全面深化改革的决定。党的十九大报告指出，坚持全面深化改革，必须坚持和完善中国特色社会主义制度，不断推进国家治理体系和治理能力现代化，坚决破除一切不合时宜的思想观念和体制机制弊端，突破利益固化的藩篱，吸收人类文明有益成果，构建体系完备、科学规范、运行有效的制度体系，充分发挥我国社会主义制度优越性。深化改革已渗透在当代社会多方面，改革全面发力、多点突破、纵深推进，主要领域改革主体框架基本确立。

面对全面深化改革的必然趋势，作为体育系统青年干部，无论是事业单位改革，还是体育事业改革，不论改革时间早晚、程度多少，都是需直面并应提前思考的问题。

1. 事业单位改革

2000年，中央下发《深化干部人事制度改革纲要》，明确了事业单位人事制度改革的方向；2002年以后，我国进行着以转换机制为核心、聘用制度为重点的事业单位改革，以期实现身份管理向岗位管理、国家用人向单位用人、固定用人向合同用人的转变。2011年，中共中央、国务院印发《关于分类推进事业单位改革的指导意见》，启动了事业单位分类改革。2014年7月1日正式施行的《事业单位人事管理条例》，对事业单位的管理也越来越明确和有针对性。然而，当前事业单位仍存在着定位不准、职责不清、效率不高等问题，特别是现有制度设计的初衷尚未实现，运行机制尚未真正健全落地，也仍存在一些管理难题。党的十九大明确提出深化事业单位改革，强化公益属性，推进政事分开、事企分开、管办分离。党的十九届三中全会强调加快推进事业单位改革，这场持续20多年的改革仍在继续，难度之大、范围之广可见一斑。

2017年中央机构编制委员会办公室（以下简称“中编办”）就国家体育总局系统事业单位进行属性分类，但分类改革的后续政策未能完全配套。事业单位分类改革不是终点，配套政策落实落地，制度灵活运用有的放矢，管理科学有效良性循环，为社会提供更多公益服务，才是事业单位改革的方向所在。

党的十八大以来，党中央解决了许多长期想解决而没有解决的难题，办成了许多过去想办而没有办成的大事。党的十九大以来，事业单位改革在中央文件中多次被提及，势必要求广大青年干部认清形势，未雨绸缪。

2. 体育事业改革

2015年7月，中共中央办公厅、国务院办公厅联合印发《行业协会商会与行政机关脱钩总体方案》，随着政府机构改革和职能转变的不断推进，国家体育总局制定了《以运动项目管理中心和单项体育协会改革为突破口，深化体育管理体制改革的方案》，以“改革强备战，以备战促改革”的总体思路稳健谨慎推进体育管理体制的改革。改革虽存在难度，但确有真实效度。2019年6月，十部委再次联合印发《关于全面推开行业协会商会与行政机关脱钩改革的实施意见》，加大改革力度。

体育事业在概念外延上包含群众体育、竞技体育、体育产业、体育文化等诸多内容。以协会脱钩为突破点，统筹各方全面创新、协调、绿色、开放、共享发展，是机遇也是挑战。在改革浪潮中，应对复杂多变的环境与改革大势，青年干部抓住机遇迎接挑战，既当改革促进派又当改革实干家，才能在体育事业的多维度中寻求机会，追求进步。

就秦皇岛基地而言，作为国家体育总局京外直属的综合性训练基地，在承接运动项目的种类上极具张力。就当前形势来看，北京体育大学中国足球运动学院的布局是机遇也是挑战，2022年北京冬奥会备战周期冬奥项目的备战保障是机遇也是挑战，开展校园足球教练员培训是机遇也是挑战。

（三）加快推进体育强国建设的责任担当

党的十九大报告中指出，广泛开展全民健身活动，加快推进体育强国建设，筹办好北京冬奥会、冬残奥会，描绘出体育强国建设宏伟蓝图。习近平总书记回信勉励北京体育大学2016级研究生冠军班的全体学生时殷切嘱托，“新时代的中国，更需要使命在肩、奋斗有我的精神。希望你们继续带头拼、加油干，为建设体育强国多做贡献，为社会传递更多正能量”。这既是对在一线备战的运动员和教练员的热情回应，也是对体育战线全体工作者的使命要求，更是对体育系统青年干部寄予厚望。

二、当前体育系统青年干部特点及培养成效

以笔者所在单位秦皇岛基地为例，通过梳理秦皇岛基地40岁以下青年干部的基本情况，分析当前青年干部特点，以期对青年干部培养可以因地制宜、有的放矢。

（一）秦皇岛基地青年干部培养情况

秦皇岛基地是国家体育总局直属的京外综合性训练基地，也是其直属的41家事业单位之一。

目前，秦皇岛基地有40岁及以下编制内青年干部39人，占职工总人数的36%。从学历来看，大学本科及以上学历38人，其中全日制大学本科及以上学历32人；大学专科学历1人。从毕业院校来看，体育院校相关专业毕业12人，其他院校毕业27人。从工作年限来看，有5年以上工作经验的38人，不足5年工作经验的1人。从工作岗位来看，中层干部及管理干部27人都有2个及以上工作岗位经历，专业技术干部12人因专业要求（财会类、工程类、科研类）岗位相对固定，有5人取得专业技术中级任职资格并在岗位设置中得到聘用。

（二）秦皇岛基地青年干部队伍特点

1. 学历高

全日制本科及以上学历人员占到八成，既满足国家相关人事制度要求，也是社会发展进步的体现。这在当下大多数机关事业单位已是共性。

2. 综合素质较高

管理岗位干部均进行过轮岗交流，且笔者通过日常观察发现，青年干部都能较好地适应环境，进入状态。专业技术干部因为岗位专业性要求相对固定，也获得了相应的专业技术资格。此外，由于接受过良好的高等教育，当代青年干部有较高的工作能力和学习素养。

3. 专业分布较平均

在事业单位实施公开招聘制度以前，体育系统单位人员补充以体育院校毕业生为主；实施公开招聘制度以后，同时随着单位运行管理的科学化、规范化程度不断提高，招聘体育院校毕业生比例有所下降。青年干部专业分布整体相对比较平均，这也相对符合秦皇岛基地当前综合性服务保障单位的发展定位。

（三）体育系统青年干部基本现状（以秦皇岛基地为例）

1. 思想现状

据笔者了解，秦皇岛基地当前青年干部整体思想状况相对稳定且良好。笔者先前参与过单位全面深化改革背景下职工抗风险能力调查，面对当前的全面深化改革，大部分职工能保持理性心态，明白这是大势所趋，必须要紧跟时代。同时单位目前接待任务相对稳定，体制内工作和收入稳定性的优势尚存，工作生活暂无后顾之忧，虽不能说毫无思想波动，但总体思想保持健康向上。

2. 工作现状

针对当前体育系统面临的东京奥运会、北京冬奥会和卡塔尔世界杯三大任务，秦皇岛基地承担了大量的备战集训服务保障工作。大部分青年干部工作态度端正，对待工作积极认真负责，能够保质、保量地按时完成工作任务。

3. 学习现状

秦皇岛基地青年干部整体学历水平较高，综合素质也相对较高。在抗风险能力调查中我们也针对学习情况进行了调研，过半数青年干部能够保持一定的危机意识和忧患意识，并且结合自身岗位工作实际，有针对性地参加相关培训和进行自学。

4. 生活现状

当前事业单位体制内稳定性的优势尚存，单位能够在政策范围内保证职工正常的福利待遇。根据单位幸福指数调查问卷统计，单位全体职工包括青年干部幸福指数处于较高水平。当然，当下青年干部也面临子女教育、赡养父母、住房条件等一些实际生活问题。

（四）青年干部的自身优势

经过对以秦皇岛基地青年干部为样本进行的基本情况梳理与分析，结合当今青年干部身心特点，不难看出，青年干部具有其他群体不可比拟的优势。

1. 思想开放，纳新力强

青年干部伴随着国家改革开放出生、成长，随着经济发展和文化交流的不断深入，宣传媒介和自媒体的兴起，青年干部思维活跃，价值多元，善于了解新事物，接受新思想。

2. 工作大胆，创新性高

思则变，变则通，通则达。青年干部特别是较年轻的干部个性突出，有初生牛犊不怕虎的闯劲，头脑灵活，善于将思想上的新成果转化为工作中的行为方式和处事方法。

3. 学习面广，洞察力足

青年干部精力充沛，善于打破传统的思维方式和学习习惯，运用现代化智能化手段接收知识与信息。同时青年干部善于关注社会热点并发表观点。

4. 生活丰富，兴趣广泛

青年干部成长于经济快速发展和文化生活日益丰富的时代，大量新鲜事物衍生。青年干部有相对更广泛的爱好，社会活动也更加丰富。

（五）青年干部的自身局限性

仍以秦皇岛基地样本为基础，并结合笔者自身工作经验及体会，也不难梳理出当前青年干部的不足之处。

1. 资历浅，经验不足

青年干部受限于工作年限、成长经历等因素，经验阅历不足是必然的。但通过此前的调查数据来看，有相当比例的青年干部缺少对个人职业的总体规划和定位，认为完成交待的工作即完成本职工作，8小时工作外全用于个人消遣，日复一日与他人逐渐形成一定的职业差距。

2. 多元价值下的各种思潮涌动

青年干部相对缺乏系统的理论知识、党性和政治生活锻炼，站位不够高，极易受到不符合我国国情的价值观如金钱至上等观念的影响。面对工作和选择有时多以个人利益为出发点，看重眼前却忽视长远。岗位确有责任大小之分但无高低贵贱之别，但一些青年干部在岗位调整后出现思想波动，认为调整到基层一线服务保障部门就是领导对其不认可而发配角落，在基层任劳任怨别人也看不到工作业绩，反之行政部门易出成绩、得到领导认可，等等。青年干部忽视了各岗位的锻炼机会，却计较短期内的得失，此类思想确需要扭转。

3. 专业性和全面性匹配程度不高

从笔者所在单位来看，虽为综合性训练基地，但体育行业属性不会改变。在单位实行公开招聘制度以后，体育院校毕业生减少，其他新进入的青年干部确实具备工作岗位所需的专业要求，却缺少了体育基础知识的普及。部分青年干部有所意识并会在进入单位后自主学习，也有部分青年干部意识落后从而导致其岗位专业性和行业全面性的匹配不甚理想。

4. 对待压力与机会的迷茫心态

当今社会确有不少浮躁风气，青年干部尤甚。理想很丰满，现实很骨感。面对压力与机会时，不少青年干部不自觉偏向压力一方，却忽视机遇与挑战并存，他们抱怨靠奋斗不如拼背景，认为所谓起点低一般就永无出头之日，却忽视了最重要的事在人为，极易在自己划定的小圈子兜兜转转，负能量爆棚。

（六）秦皇岛基地青年干部培养的几点尝试

长期以来，秦皇岛基地一直保持居安思危的忧患意识和清醒的头脑，秉承“以人为本”的工作理念和指导思想，加大青年干部培养力度。面对当前社会全面深化改革，通过政策宣讲、创新培训、岗位交流、抽调锻炼等方式，并结合青年干部自身情况合理定位，激发潜能。同时也紧跟中央与国家体育总局相关组织人事制度改革进度和相关政策落地，完善培训、考核以及激励奖励机制，鼓励青年干部不断进步。

1. 加强顶层设计

制定了秦皇岛基地青年人才培养管理暂行办法并认真参照执行，设计培养计划并分阶段实施，让青年干部培养制度化、规范化。

2. 加大培训力度

积极组织青年干部参加国家体育总局组织的相关业务培训，并与秦皇岛市委党校、燕山大学合作设计精品课程，举办专项能力提升班及旁听课程，同时制订年度培训计划，通过外请讲师、现场教学等方式举办公需培训，并根据岗位特点制订岗位专业培训计划，全面提升青年干部理论水平和专业素质。

3. 强化党课建设

单位党委委员、各支部书记定期为全体党员上党课，加强全体干部职工特别是青年干部党性修养，增强“四个意识”，坚定“四个自信”，坚决做到“两个维护”，强化责任担当，强化风险意识。

4. 加强岗位交流

根据单位岗位设置方案和干部职工竞聘工作实施方案，结合职工自身条件和专业能力，并根据工作需要综合考虑青年干部个人意愿开展岗位交流，同时兼顾统筹“专”与“精”，实现工作收获与青年干部成长的“双赢”局面。

5. 完善抽调锻炼

根据单位接待任务的性质特点，在遇有整体接待任务或工作时，发挥单位“集中力量办大事”的优良传统，并从培养青年干部“一专多能”或“几专多能”出发，积极协调各部门，抽调青年干部在一定期限内参与单位服务保障工作，如培训工作外出督导、大型赛事的竞赛组织、后勤保障等工作，开阔青年干部眼界，更能让他们发现自身不足，对标找差距，努力求进步。

三、加强体育系统青年干部培养的对策和建议

（一）健全体制机制保障

党的十九大报告指出，要坚持党管干部原则，坚持德才兼备、以德为先，坚持五湖四海任人唯贤，坚持事业为上、公道正派，把好干部标准落到实处，并提出要求坚持严管和厚爱结合、激励与约束并重，完善干部考核评价机制，建立激励机制和容错纠错机制，旗帜鲜明地为那些敢于担当、踏实做事、不谋私利的干部撑腰鼓劲。

2018年5月，中共中央办公厅印发了《关于进一步激励广大干部新时代新担当新作为的意见》（以下简称《意见》），专门就激励干部担当印发文件，是贯彻落实党的十九大精神的重要举措。《意见》以有效调动广大干部干事创业的活力、动力为主线，以解决干部不想为、不能为、不敢为等问题为重点，从加强思想教育、树立正确用人导向、发挥考核评价作用、建立健全容错纠错机制、提升干部能力素质、热情关心关爱干部、凝聚创新创业合力等方面提出一系列要求。同时也要求完善和落实谈心谈话制度，注重做好思想政治工作，掌握干部思想动态，及时帮干部解开思想"疙瘩"。健全待遇激励保障制度体系，落实体检、休假等制度，保证正常福利，保障合法权益，解决青年干部的后顾之忧。

2018年6月29日，习近平总书记主持召开中共中央政治局会议，审议《关于适应新时代要求大力发现培养选拔优秀年轻干部的意见》。会议指出，中国特色社会主义进入新时代，我们党团结带领人民进行伟大斗争、建设伟大工程、推进伟大事业、实现伟大梦想，关键在于建设一支高素质专业化的干部队伍，归根到底在于培养选拔一批又一批优秀的年轻干部继续奋斗。要按照做好新时代年轻干部工作的总体思路、目标任务、政策措施，统一思想、提高认识，进一步推进青年干部工作制度化、规范化、常态化。

体育系统要紧跟国家相关组织人事制度改革进度和相关政策落地，完善培训、考核以及激励奖励机制，鼓励青年干部干事创业热情。

（二）组织部门科学培养

组织路线服务政治路线，对组织部门而言，做好青年工作、加强青年队伍建设是培养青年干部成才的重要举措，也是推动单位事业发展的关键路径。

1. 加强顶层设计，建立科学合理的培养体系

正如培养优秀运动员，除运动员自身的天赋和优秀条件外，还需要教练员的科学训练和指导，才能发挥其最大潜能。青年干部培养也是一样，青年干部自身条件和潜能不尽相同，需要组织部门合理设计培养方案，让每一名青年干部都能得到进步和提高，保证人尽其才，人尽其用，才能形成合理的干部梯队。

2. 加强干部教育培训工作

干部教育培训是建设高素质干部队伍的基础性工程，在推进事业发展进程中具有不可替代的重要作用。既要加强理论知识培训，提高党性修养，筑牢理想信念；又要加强专业知识培养，提升业务水平和综合素质，练就过硬本领。

3. 广泛开展岗位交流和锻炼

注重向基层岗位倾斜，要勇于向青年干部“压担子”，根据青年干部思维活、创新强的特点创造性开展工作。要加强调查研究，以强化实践锻炼为重点，以确保选准用好为根本，提高创新能力，强化责任担当。

4. 强化作风建设

加强青年干部党风廉政建设，在源头上把关，树立正确的政绩观，牢记为人民服务的根本宗旨，营造风清气正的青年干部成长环境。

参考文献

[1] 习近平.决胜全面建成小康社会 夺取新时代中国特色社会主义伟大胜利——在中国共产党第十九次全国代表大会上的报告[M].北京：人民出版社，2017.

[2] 吴晶，姜潇.习近平在中央党校（国家行政学院）中青年干部培训班开班式上发表重要讲话[EB/OL].（2019-03-01）[2019-06-28].http://www.xinhuanet.com/politics/leaders/2019-03/01/c_1124182661.htm.

[3] 习近平.在纪念五四运动100周年大会上的讲话[EB/OL].（2019-04-30）[2019-06-28].http://cpc.people.com.cn/n1/2019/0430/c64094-31059998.html.

[4] 习近平.在全国组织工作会议上的讲话[EB/OL].（2018-09-17）[2019-06-30].http://www.qstheory.cn/zdwz/2018-09/17/c_1123442866.htm.

加强新时代竞技体育后备人才德育教育

国家体育总局离退休干部局　吕婷

竞技体育后备人才是指具有体育潜质，通过选拔进入体育运动学校、少年儿童体育学校、体育传统项目学校和符合条件的青少年体育俱乐部、社会力量举办的其他培训机构，从而参加体育训练的青少年、儿童。竞技体育后备人才同时具有在校学生和青少年运动员双重身份。德育课是对学生进行思想政治教育、道德教育、法制教育、职业理想教育、心理健康教育的课程，对帮助学生确立正确的政治方向，科学的世界观、人生观、价值观和形成良好的道德品质起着重要的导向作用。对处于青少年甚至儿童阶段的竞技体育后备人才来讲，德育课是重要的必修课：就个人而言，事关他们的人格健全、全面发展和运动职业生涯；就国家民族而言，关系到能否担当起时代赋予体育的责任，以至于体育事业能否全面、协调、可持续发展。因此，上好竞技体育后备人才的德育课，具有双重重要的意义。

一、竞技体育后备人才德育教育现状

竞技体育后备人才的“学训矛盾”一直是“老大难”问题。虽然思想政治是中小学的必修课，但由于种种原因，德育课程的效果并不理想。在《北京市中职运动员学生德育课教学改革探析》中，有研究者曾针对北京市木樨园体校和先农坛体校的200多名专业运动员发放了调查问卷，调查结果是“学生对德育课热情度不够；德育课现有的教学内容不能满足运动员学生的需要；德育课教学方法和教学手段比较陈旧；运动队对队员的思想教育较为欠缺”。国家体育总局一直重视运动员、教练员的思想政治工作，2019年在国家队中开展了“祖国在我心中”主题活动。通过建强党团组织、开展系列专题活动、开展特色实践活动、搭建信息化宣传平台等方式，加强运动员的思想教育工作，并提出了要把活动中的好经验、好做法固化为国家队的规章制度，建立健全国家队的爱国主义长效机制。

目前来看，主题活动取得了良好的效果，但进入国家队的运动员，基本上处于运动员队伍中“金字塔尖”的位置。如何强基固本，筑牢广大青少年运动员的思想政治基础，还需要进一步改革完善青少年运动员德育课程，使其系统更加完善，内容更加丰富，涉及范围更加广泛。

二、竞技体育后备人才德育教育存在的问题

一是教育主体不清。在国家体育总局、教育部联合印发的《关于加强竞技体育后备人才培养工作的指导意见》（以下简称《指导意见》）中，明确指出“各级各类体校是竞技体育后备人才培养的主体”[①]；专家解读认为，文化教学、教师配备、教师培训等属于教育部门负责的全部交由教育部门管理，日常管理、竞赛训练等由体育部门管理。作为主要德育渠道的德育课，毫无疑问，应由教育部门负责组织落实，而竞技体育后备人才作为运

① 由于“各级各类体校是竞技体育后备人才培养的主体”，本文所论述的竞技体育后备人才德育教育主要指各级各类体校中的德育，普通学校中的德育课程不在本文探讨的范围之内。

动员，他们的生活、学习、心理、所处环境又具有特殊性，不能等同于一般的在校学生，贴合他们训练竞赛实际的德育教育，是教育部门无法给予的。运动队的教练员等对青少年学生工作不是很精通，校方选派的德育老师对运动队的业务和体育文化又不是很熟悉，导致学校教育和体育文化的对接出现空白地带，德育的效果不是很明显。

二是部分体校对德育工作不够重视。《指导意见》明确提出，强化青少年三级训练网络建设。各级各类体校是竞技体育后备人才培养的主体，担负着后备人才训练、竞赛、教学的重任。由于升学、就业的压力，体校对运动员文化课的重视程度日益提高，而对没有硬性考核指标的德育课往往不够重视。

三是教学方式有待改革。运动员的教育有别于普通学生的教育，“一刀切”“一锅煮”的教学方式肯定达不到好的效果。担纲竞技体育后备人才教育的教育部门没有处理好普通学生的德育与运动员德育之间的“共性”与“个性”、普遍性与特殊性之间的关系，将二者简单地混在一起，没有形成运动员的德育独立教学内容体系。在教学组织机制上，照搬中小学德育课本，缺乏德育整体的计划性、针对性、系统性。由于运动员学生训练、竞赛时间紧张，组织教育活动力度不够，方法手段上，重视课堂教育，轻实践体验；重理论灌输，轻启发引导；重传统方法，轻手段创新，教育效果自然大打折扣。

三、加强和改进竞技体育人才德育的建议

一是教育部门和体育部门都要把运动员学生的德育当成一件大事来抓。认真贯彻落实习近平总书记关于要提高运动素质能力，也要加强思想政治教育，增强使命感、责任感、荣誉感，打造能征善战、作风优良的国家队的指示精神。要形成主要领导负

责、学生工作部门牵头、班主任和教练员落实、全体教职工参与的行之有效的管理方式。要精心培养和提高教师做思想政治工作的能力，把思想政治工作做在日常、做到个人。

二是理顺后备人才德育机制。体育部门要加入到后备人才德育工作中来，立足行业特征，对后备人才进行有针对性的德育教育规划，建立小学—中学—高校的德育教育体系，将贴合运动员实际的德育教育贯穿于培养和选拔竞技体育人才资源链的全过程，真正做到体育部门和教育部门各司其职，齐抓共管。

三是明确德育重点。鉴于德育课是学校进行德育教育的主渠道，建议由体育部门和教育部门共同研编针对竞技体育后备人才的德育教材。目前北京市中小学德育课程主要有：小学《品德与生活》《品德与社会》，初中《思想品德》，高中《思想政治》等。这些课程，对于青少年运动员来讲是不够的。习近平总书记在全国教育大会上指出：“要在坚定理想信念上下功夫，教育引导学生树立共产主义远大理想和中国特色社会主义共同理想……要在厚植爱国主义情怀上下功夫，让爱国主义精神在学生心中牢牢扎根，教育引导学生热爱和拥护中国共产党，立志听党话、跟党走，立志扎根人民、奉献国家。”[①]因此，竞技体育后备人才的德育工作需要突出爱国主义、理想信念教育、社会主义核心价值观教育，同时还要加强职业道德和职业操守教育、社会责任和公众形象教育、传统文化和革命历史教育等。体校立足体育事业实际，应在教材中增加针对运动员的爱国主义教育、新中国体育发展史、优秀运动员的事迹、职业道德教育、反兴奋剂内容等，使青年运动员从小树立使命在肩、奋斗有我的精神，坚定为国争光的信念，激发积极投身体育强国建设的热情。

① 习近平出席全国教育大会并发表重要讲话[EB/OL].（2018-09-10）[2019-11-19].http：//www.gov.cn/xinwen/2018-09/10/content.5320835.htm.

四是丰富德育手段。积极探索新时期运动员思想政治工作的新途径和新形式。根据训练比赛任务的需要，把德育工作融入运动队文化建设、环境建设和队风队魂建设之中。比如，建立荣誉馆、开展励志教育讲座、举行升旗仪式，组织军训、反兴奋剂承诺签字仪式等活动。

五是加强教育合力。在对学生运动员这一特殊群体进行教育方面，要重视运动队的作用。注重从小事做起，从点滴抓起，把德育融入日常管理和训练比赛的各个环节；教练员要加强对运动员的德育德教，在训练过程中，有针对性地加以引导和教育。

六是利用网络信息技术加强德育。学生运动员训练、竞赛、学习的压力很大。德育工作要善于运用“润物细无声”的方式开展。利用年轻人喜闻乐见的微信、移动客户端、影视、游戏等多种手段开展教育，提高德育的效果。

学生运动员的德育工作应在不断提升德育的亲和力、针对性、时效性上下功夫，及时回应其在学习训练成长中遇到的现实困惑和具体难题，满足其成长发展的需求和期待。体育部门应尽己所能，为竞技体育后备人才的全面发展创造良好条件，提供必要保障，创新方式方法，同时和教育部门一起，努力在实践中不断探索总结，寻求切实有效的教学方法，齐心协力培养全面发展的体育强国建设者、社会主义建设者和接班人。

参考文献

[1] 国家体育总局，教育部.关于加强竞技体育后备人才培养工作的指导意见[EB/OL].（2017-12-08）[2019-11-19]. http://www.sus.edu.cn/info/1149/15204.htm.

[2] 高云，陈竺，朱晓兰.体育后备人才德育课程的研究——以北京体育大学附属竞技体育学校为例[J].青少年体育，2015（1）：21-22，121.

[3] 陈春梅.北京市中职运动员学生德育课教学改革探析[J]. 思想政治课教学，2018（3）：91-94.

建设世界一流科技期刊
为创新型国家服务

国家体育总局体育信息中心　王金羽

党的十九大报告指出，创新是引领发展的第一动力，是建设现代化经济体系的战略支撑。报告对加快建设创新型国家做出了战略性系统部署。创新的内涵非常丰富，其核心是科技创新。科技创新是国家竞争力的核心，在全面创新中起引领作用。习近平总书记指出，谁牵住了科技创新这个“牛鼻子”，谁走好了科技创新这步先手棋，谁就能占领先机、赢得优势。实施创新驱动发展战略，要紧紧抓住科技创新这个关键。只有牢牢抓住科技创新这个“牛鼻子”，摆脱核心关键技术受制于人的窘境，我国才能真正成为世界科技强国和经济强国。

推进党的十九大精神贯彻落实，切实担负好培育社会主义核心价值观、推动科学技术发展改革创新、提升国家智库影响力和国际影响力，是科技期刊独特且不可替代的使命与责任。在习近平新时代中国特色社会主义思想指引下，科技期刊创新发展的第一要务、第一考验，就是要坚持解放思想、与时俱进，坚持战略思维、系统思维，坚持问题导向，主动识变、应变、求变，加强战略谋划，找准战略支点，重塑工作格局，推动我国科技期刊从量变到质变的转化。

一、创世界一流科技期刊在建设创新型国家中所起的作用

科技期刊作为传播专业理论知识和传递科技信息的重要载体，在开展学术交流、推动科技发展和人类社会进步过程中一直扮演着重要角色。在过去100多年中，80%以上的世界科技成果首发在科技期刊上。科技期刊在发布和记录科研成果、推动学术交流、倡导学术争鸣、激发创新思维、引领学科发展前沿、提升公众科学素养等方面发挥了重要的社会功能。因此，建成世界科技创新强国，成为世界主要科技高地和创新中心，就必须拥有一批能在国际上起到主导和引领作用的科技期刊。

科技期刊与科学技术发展相互促进，并行贯穿于历次科技革命和产业变革，在科技发展进程中，世界科学中心的变迁对科技期刊的发展也有显著影响。科技期刊的数量、种类、功能、运作模式随着科学技术的发展而不断变化。

18世纪60年代，第一次工业革命（蒸汽时代）从英国发起并逐渐向西欧大陆和北美传播。这一时期，英国科学技术得到较快发展，助推了科学学会、协会等团体的产生，并促进了科技期刊的发展。世界上第一份科技期刊《哲学汇刊》于1665年3月6日由英国皇家学会创办，牛顿、李斯特、麦克斯韦等十几位科学巨匠在该刊上发表过具有重要意义的论文。

19世纪60年代后期，第二次工业革命开始，人类进入“电气时代”。这一时期，德国成为世界科学中心，主要领域是数学、物理和化学。德国科学影响力可以从获得诺贝尔奖的科学家数量上得到体现。为了保持在各自领域的领先发展，美国和英国的物理学家、化学家不得不阅读德国的期刊。据统计，1909年，美国《化学文摘》上所有学术文献45%的引文来自德国期刊。

第三次科技革命（信息时代）从美国发端，世界科学中心由

欧洲向美国转移。美国科技期刊迅猛发展，每年发表科技文献总量居世界第一，其中《科学》《细胞》《物理评论快报》等发展成为世界顶尖科技期刊，刊登了众多来自世界各国著名科学家的前沿研究成果。在该阶段，世界科技期刊出版与新兴技术融合，出版传播方式出现重大创新，新型出版平台不断涌现。随着信息技术的发展，科技期刊逐步走向数字化、集团化、国际化。

世界科技期刊发展史表明，科技期刊的发展是对科技进步和创新的有力支撑。如今，科技期刊已经成为一个国家争夺国际科技创新知识产权的重要平台。

建设世界科技强国，不仅需要拥有一批世界一流的科研机构、研究型大学和创新型企业，成为全球高端人才创新创业的重要聚集地，涌现出一批重大原创性科学成果和国际顶尖水平的科学家；与之相适应，也需要拥有一批高素质的科技团体和世界一流水平的科技期刊。科技期刊建设作为科技发展战略的重要组成部分，也在建设创新型国家中发挥着不可替代的作用。

二、建设世界一流科技期刊的机遇与挑战

中国科技期刊的发展机遇与挑战并存。近年来，随着中国经济的飞速发展和经济实力的日益增强，国家对科研经费投入持续大幅度增加，中国的学术论文无论数量、质量和影响力都取得了快速的增长，科技期刊具备良好的发展基础。同时，中国科技期刊受到高度重视，国家从政策和资金上给予了史无前例的支持，中国科技期刊处于重要的发展机遇期。但是，科技期刊发展环境在改善的同时，也存在着诸多发展中的问题，需要管理层、科技界、期刊界同心协力，抓住机遇，迎接挑战。

（一）中国科技期刊处于重要发展机遇期

我国现代意义上的科技期刊诞生于20世纪初，与世界科技期刊发展相比起步较晚，我们在追赶中不断缩短着与世界的距离。特别是改革开放以来，中国科技高速发展，助推了中国科技期刊的跨越式发展

1. 我国科技发展日新月异，为建设世界一流科技期刊提供现实基础

（1）国家战略支撑科技发展。1978年，邓小平同志在全国科学大会上，提出“科学技术是生产力”。1995年，江泽民同志在全国科学大会上，提出实施科教兴国战略。2006年，胡锦涛同志在全国科技大会上，宣布中国未来15年科技发展的目标，即2020年建成创新型国家。2012年，党的十八大明确提出“科技创新是提高社会生产力和综合国力的战略支撑，必须摆在国家发展全局的核心位置”。2016年，《国家创新驱动发展战略纲要》正式实施。2017年，党的十九大提出，要深入实施创新驱动发展战略，加快建设创新型国家和世界科技强国。2018年，习近平总书记在中国科学院第十九次院士大会、中国工程院第十四次院士大会上强调，中国要强盛、要复兴，就一定要大力发展科学技术，努力成为世界主要科学中心和创新高地。

（2）国家科技投入规模增长。2017年，全社会研发支出达到1.75万亿元，接近2000年的20倍。研发经费投入强度上升到2.12%，达到中等发达国家平均水平。研发人员全时当量达401万人年，居世界第一。

（3）科技创新成果持续涌现。2017年，我国发明专利申请量和授权量均居世界第一，PCT（《专利合作条约》）专利居世界第二位。科技进步对经济增长贡献率达到57.5%。重大创新成果持续涌现，科技创新能力迈上新台阶。

2. 科技期刊政策持续发力，使我国科技期刊驶入高速发展快车道

进入新的发展阶段，国家有关部门和相关单位不断出台、发布科技期刊发展政策和措施，经费投入不断加大。特别是近6年来，中国科技期刊发展的必要性和紧迫性得到广泛认同，科技期刊建设被视为科技发展战略的重要组成部分。

（1）政策和措施提供支持。近年来国家密集出台了一系列政策和措施支持我国科技期刊的发展。2011年，新闻出版总署启动国家数字复合出版系统工程。2013年，中国科学技术协会、财政部、教育部、国家新闻出版广电总局、中国科学院、中国工程院六部门共同实施“中国科技期刊国际影响力提升计划”。2014年，国家新闻出版广电总局下发《关于规范学术期刊出版秩序促进学术期刊健康发展的通知》。2015年，国家新闻出版广电总局下发《关于推动传统出版和新兴出版融合发展的指导意见》，国务院办公厅印发《关于优化学术环境的指导意见》。2016年，第七届中国科学院学部主席团第二十次会议明确要求，从2019年起，院士候选人10篇代表性著作中，至少应有1篇在《中国科学》《科学通报》或其他中国优秀期刊上发表。2018年5月30日，中共中央办公厅、国务院办公厅印发了《关于进一步加强科研诚信建设的若干意见》等。

（2）数量规模不断增长。中华人民共和国成立之初，我国科技期刊仅约80种，1965年约400种，此后10余年间，科技期刊出版事业几乎处于全部停顿状态。直到改革开放后，我国科技期刊才重新迎来发展，并实现了从少到多的快速积累：从1978年恢复、新办期刊约400种，到1988年猛增至2900余种，2017年底已达5052种（中文科技期刊4599种，英文科技期刊330种，中英文双语科技期刊123种），居世界第三位。

（3）学科领域不断完善。2017年在5052种科技期刊中，基础科学类期刊有1559种，占总数的30.84%；应用技术类期刊为2297种，占总数的45.47%；医药卫生类期刊为1196种，占总数的23.67%。其中基础科学、应用技术和医药卫生类的英文期刊分别为154种、109种和67种，分别占英文科技期刊总数（330 种）的46.67%、33.03%和20.30%。

（4）品牌建设初见成效。目前，我国已经形成了生命科学、材料科学、数学、物理、光学等具有国际影响力的科技期刊集群，涌现出一批代表我国学科优势、具有国际影响力的品牌期刊。《纳米研究》《石油勘探与开发》《分子植物》《国际口腔科学杂志》等期刊在本学科领域影响因子排名进入全球前10%；《细胞研究》于1990年3月创刊，2017年最新影响因子达到15.606，跻身于国际一流期刊行列；《光：科学与应用》于2012年3月创刊，2017年度影响因子达到13.625，目前在全球光学期刊中排名第三；《国家科学评论》于2014年创刊，《纳微快报》于2009年创刊，《光子学研究》于2013年创刊，均在较短时间内跃居全球同类期刊影响力前列，显示出我国科技期刊发展的强劲势头。

（5）国际影响力日益提升。随着“创新驱动”战略的深入推进，中国科技期刊从数量的增长逐渐转变为对期刊质量的追求上来。近10年来，我国科技核心期刊的总被引频次和影响因子分别以14%和5.4%的速度保持增长，中国大陆地区入选SCI期刊由2012年的135种上升至2017年的192种，且位于学科影响力前1/4（Q1区）的期刊由6种增加至44种。SCI收录中国期刊中被列为“高被引论文”的数量和比例也在逐年上升。

（6）集群化初见规模。2017年1月18日，中国科技出版传媒股份有限公司（科学出版社）成功登陆A股主板市场，成为我国首个进入资本市场的包含科技期刊的出版单位。如今，形成了以中国科技出版传媒股份有限公司等为龙头的期刊出版企业，以中国光学期刊网、材料期刊网和中国力学期刊联盟等为代表的学科刊群。

（7）数字化发展成效显著。以中华医学会中华医学网、中国科学院中国科技期刊开放获取平台和中国知网《中国学术期刊（网络版）》出版传播利用评价平台等为代表的数字化期刊平台，正在积极探索从编辑、出版、传播到利用的全链条新型出版模式的数字化转型。

（二）中国科技期刊发展面临的挑战

当今，世界科技发展日新月异，带动世界发展格局深刻变化。在合作与开放中，中国经济飞速发展，科学技术不断进步，国际地位不断提高，部分尖端科技发展走在世界前列，新兴交叉学科不断涌现，大数据、人工智能等新一代数字技术日趋成熟，为科技期刊的发展带来了重大机遇。与此同时，我们仍需清醒地认识到我国科技期刊与国际科技期刊的差距，积极应对建设世界一流科技期刊所面临的挑战。

1. 科技期刊引领能力不足

把握前沿学科、新兴交叉学科领域最新进展能力不足，对全球高端人才和首发论文的吸引力不强，缺少集聚一流学术资源、孕育一流科研成果、引领学科发展方向的世界一流科技期刊。流向海外期刊的中国论文近10年增长2.6倍，2017年达到33.5万篇，占我国科技论文总量的26%；ESI数据库中近10年被引频次最高的1%的论文中我国有14.3万篇，全球占比达16.62%，约95%发表在外国期刊上。

2. 期刊体系布局失衡

新兴交叉学科领域基本空白，专业化期刊少，同质化低水平重复办刊。英文期刊仅占我国科技期刊总量的6%，与同为非英语母语国家德国的51%、日本的21%相差甚远；2018年在SCI划分的

182个学科领域中，我国有73个学科是空白；理工科综合类期刊508种，一级学科综合刊374种，综合期刊占比达17%；而SCI数据库仅有0.89%的综合期刊。

3. 管理治理方式传统

主管、主办和出版多头管理以及属地管理，集约化程度低，造成科技期刊发展“小散弱”。据统计，2017年我国共有5052种科技期刊、1375个主管单位、3232个主办单位、4381个出版单位。

4. 出版运营机制落后

我国科技期刊产品形态单一、服务意识不够、传播能力不足。出版单位大部分不具备市场主体地位。具有独立法人资格或挂靠在法人性质企业下的出版单位仅占30.1%，缺少集约化、集群化发展；运营方式粗放，营销推广不足，融合创新不够，人才和市场竞争力弱。

三、建世界一流科技期刊，为创新型国家服务

2018年11月14日，在中央全面深化改革委员会第五次会议上审议通过了《关于深化改革培育世界一流科技期刊的意见》。这是在我国科技期刊发展史上具有里程碑式的事件，从国家的层面确定了通过科学编制重点建设期刊目录，做精做强一批基础和传统优势领域期刊，实现以建设世界一流科技期刊为目标的发展战略，为我国科技期刊工作指明了方向。

（一）何为一流科技期刊

所谓世界一流科技期刊，没有明确的定义，简单地说，就是能发表最具原始创新意义的研究成果并在世界范围内得到广泛认可、学科影响力指标位居世界综合或学科领域定量统计排名前5%

的期刊。

从发文量、总被引频次、高被引论文数、影响因子等多个角度都可以看出在学术影响力占主流的评价环境下，国际一流科技期刊不仅稿源多，而且整合经营能力强，聚焦一流前沿科学问题，发表论文质量水平高，影响力大，备受各领域研究学者的青睐。

一流科技期刊的特性有以下几个。

（1）具有一流的行业资源掌控力。抓得住一流的专业人才、抓得住一流的学会、协会 。

（2）具有一流的前沿问题把握力。如《科学》《自然》《细胞》等期刊发表了代表人类科技发展进程的成果论文。

（3）具有一流的学术话语权与影响力。如《科学》《自然》《细胞》等期刊在官方网页上均有详细的同行评议指南，保障了这些顶级期刊在发表高水平、引领性工作的同时，在社会上也能产生巨大的影响力。

（4）具有一流的文化塑造与经营能力。在顶级期刊的成长过程中，竞争是残酷的，世界一流科技期刊的产生是期刊发展正常新陈代谢、自然竞争的结果。

（5）具有一流的专业人才培养力。一流期刊把发现人才、助力成长作为己任，注重对青年人才、初始创新的提携。它们开辟绿色通道，设立专项奖励，鼓励优秀人才在本刊发表论文。

（6）立足科技中心，把握学科前沿，建设国际品牌。一流科技期刊与科技中心具有高度的耦合性，例如剑桥大学之于《自然》。在期刊崛起的过程中，学科的作用突出。

（7）明确激励制度，优化办刊环境，吸引优秀人才。期刊之间的编辑是相互流动的，不仅在内部流动，而且在出版机构之间流动，高水平编辑获得相应的薪酬、社会认可，是我们吸引高水平人才办刊的基础。

（二）对标一流，建设具有世界影响力的科技期刊

1. 对标一流，特色发展

对标国际一流学会和一流期刊建设发展经验，推动具备国际竞争优势的英文期刊走向世界舞台，形成引领示范。加强顶层设计，分类施策，统筹中英文期刊协调发展，统筹基础研究类、技术应用类、科普类期刊协同跃升。

2. 学术引领，需求牵引

增强对全球高端人才和优秀论文的吸引力，建设集聚一流学术资源、孕育一流科研成果、承载一流学术论文的世界一流科技期刊体系，逐步提升质量水平，建立学术声望。

优先创办一批前沿学科、新型交叉学科领域科技期刊，重点推动一批具有国际竞争优势的英文学术期刊进一步提升质量与影响力，大力培育一批传统优势学科、综合交叉和战略新兴领域的英文学术期刊，统筹部署一批服务国家经济社会发展、提升公共科学素质的中文期刊。

3. 问题导向，路径创新

针对我国科技期刊发展的系统性问题，抓住“互联网下半场”的历史机遇，重点推动运营模式和治理方式改革，加快数字化、集团化、国际化进程，形成“三化融合”耦合系统，找准发展路径，实现跨越式发展。

4. 产学结合，会刊协同

坚持开放协同，创新出版传播模式与机制，着力打造跨越布局的新机制、新平台。实行国家引导与市场推进相结合，注重品牌塑造，强化政府与学会、企业等办刊主体和数字化平台的战略协同，以一流学科、一流学会促进一流期刊建设，全面提升我国科技期刊发展的整体效能。

习近平总书记在两院院士大会上指出，中国要强盛、要复

兴，就一定要大力发展科学技术，努力成为世界主要科学中心和创新高地。他强调，我们比历史上任何时期都更接近中华民族伟大复兴的目标，我们比历史上任何时期都更需要建设世界科技强国！作为国家创新体系的重要组成部分，新时代的中国科技期刊，必须站在新的历史起点和国际背景下，以全球视野谋划，合作、开放、共赢，以落实《关于深化改革培育世界一流科技期刊的意见》为抓手，进一步推进改革创新，积极利用先进的技术手段和网络环境，快速提升中国科技期刊的学术质量和传播水平，建设世界一流科技期刊。

参考文献

[1] 中国科学技术协会.中国科技期刊发展蓝皮书（2017）[M].北京：科学出版社，2017.

[2] 中国科学技术协会.中国科技期刊发展蓝皮书（2018）[M].北京：科学出版社，2018.

[3] 张立.2017—2018年中国数字出版产业年度报告[M].北京：中国书籍出版社，2018.

科技体育竞赛活动融入学校 STEM 教育研究

国家体育总局航空无线电模型运动管理中心　姜玉龙

新时代体育行业协会如何发展，特别是参与人群应如何增加均出现了新的情况，体育行业协会的工作也会随之发生变化，出现新事物，遇到新问题。扩大参与活动人群关系到适应新时期科技体育协会发展需要，因而对其进行研究和思考意义重大。

本文通过对科技体育行业协会增加参与人群现状进行调查研究，分类梳理、剖析构成要素，对照体育的总体发展要求，提出新时期增加参与人群模式的思考，以期为体育协会转型提供理论和实践指导。

一、科技体育竞赛活动与学校STEM教育开展的现状

科技体育竞赛活动起源于20世纪50年代，在全国青少年中开展的“三模一电”校外科技活动，经过50多年的不断发展，已形成包括模型（航海、航空航天、车辆、建筑）、定向、无线电和模拟等在内的竞赛表演和展示活动。

（一）科技体育竞赛活动的定义和基本特征

科技体育是人们无须通过身体直接抵抗，运用特定的知识、

技能和科技含量较高的器材（仪器）体现成果和技术水平的体育运动。科技体育项目除具备体育项目的基本特征外，还具有知识性、智体性、创造性、融合性等特征。所谓知识性，是指参与科技体育项目活动须以掌握更多的科学技术知识为前提；智体性是指在增强参与者体质的同时，能有效地促进参与者的智力发展，强体健脑，促进身心全面发展，这是科技体育项目的特有优势；创造性是指参与者能获得亲自设计、制作、改装运动器材的创造空间；融合性是指科技体育项目涉及面广、时空跨度大，可以提升参与者的综合素质。

（二）科技体育竞赛活动项目现状

目前，广泛开展的科技体育竞赛活动项目主要有模型类、定向类和模拟类三种（表1），都对参与者的体力和智力提出了双重要求。

表1　目前全国性科技体育活动项目

类别	名称
模型类	①“我爱祖国海疆”全国青少年航海模型教育竞赛活动 ②“飞向北京”全国青少年航空模型教育竞赛活动 ③“驾驭未来”全国青少年车辆模型教育竞赛活动 ④“共筑家园”全国青少年建筑模型教育竞赛活动 ⑤ 中国国际飞行器设计挑战赛总决赛
定向类	① 全国青少年定向越野锦标赛 ②“红动中国”全国定向系列赛 ③ 迷宫定向活动
模拟类	① 全国青少年模拟遥控锦标赛 ② 全国青少年模拟飞行锦标赛

模型类项目主要包括航海、航空、车辆和建筑四个领域的

运动器材或实物的控制制作。例如，航空模型，以无人机穿越为主；航海模型，要求参赛者能够完成联合表演和自动避让等任务；车辆模型，需要参赛者按要求控制车辆，完成攀爬、漂移和快速行进等任务；建筑模型，则需要表现城市、学校或某一场景的设计与制作的过程。

定向类项目要求参与者借助一定的科技类手段，到访地图上所指示的各个点标，以最短时间到达所有点标并到终点者胜利。定向活动通常在森林中举行，也可在公园、校园，甚至城市街头举行；定向活动容易设计出满足不同年龄、性别、体能和定向技能水平参赛者需要的比赛路线。例如，定向越野活动多半设置在森林或野外，城市定向以城市街区为运动场地，迷宫定向把特殊设计的迷宫作为活动主场，放在校园操场、街边绿地公园等地进行。

与其他两类相比，模拟项目更突出对科技的要求。例如，模拟遥控飞行就是通过模拟器和模拟软件，在电脑屏幕上模仿真实的模型飞机进行飞行。模拟器是进行这一运动必备的硬件，它的设置和操纵方式与真实模型飞机的遥控器一模一样，甚至有些真实模型飞机的遥控器通过特定装置可以直接接入电脑。操作者还可以在模拟软件中对自己的模型进行新的设计和修改，并能够立即体验到修改后的飞行效果。

（三）学校STEM教育发展的现状

STEM是科学、技术、工程与数学的英文单词首字母的缩写。STEM教育强调融合科学、技术、工程、数学四大学科，通过整合后的综合课程，培养学生的科学精神、解决问题的能力、社会参与能力，从而增强学生解决实际问题的能力，解决分科教学带来的学习与应用脱节的问题。1986 年，美国提出了 STEM 教育的思想，开启了基于STEM理念的系列教育改革与创新运动，并出台了新的科学课程标准。目前，STEM教育已经得到世界各国的广泛认可，并且在全球范围内深刻影响着科技类学科课程和教学。我国学者从2001年起逐渐开始进行STEM教育研究。2011年，教育部印发了义务教育18门学科的课程标准，更强调课程的综合化和学科之间的联系，与STEM的思想一致。2011年以后，STEM教育开始走进学校课程实施研究者的视野，并在2015年以后持续成为热点。

有学者对美国实施STEM教育带来的国家竞争力变化进行了分析，认为STEM 教育对于提升美国国家竞争力的作用主要体现在五个方面：提升国民素质，与健康、初等教育指标及高等教育与培训指标密切相关；促进就业与收入分配的均衡化，与制度环境指标有关；促进种族平等与性别平等，有利于提升劳动力市场效率指标；增强国家经济实力，关乎技术设备指标、金融市场发展指标、商务成熟性指标；驱动创新，是创新指标的重要依托。这充分说明了STEM 教育的可行性。

目前，我国学校的STEM教育实践仍处于起步阶段。以素养提升为核心的课程理念得到广大教育工作者的初步认同，但是课程仍以校外教育机构提供为主。学校实施的STEM教育，由于受到学科化评价、现有师资限制等原因，基本以校本课程形式开展，所用教材以国外课程翻译本居多。近年来，随着课程领域对学生技术素养要求的提升，以项目学习为主要方式的科技综合实践活动越来越受到学校重视，进一步激发了学校研究和利用STEM教育理念、教育方法的热情。

二、科技体育竞赛活动融入学校STEM教育的机遇与挑战

长久以来，我国各类学校虽然没有明确提出STEM的教育理念，但是教育与生产劳动结合、知识与能力并举的教育思想一直

融入学校教育之中。科技体育竞赛活动作为一种教育效果检验和兴趣特长培养活动，已经被相当多的师生认可和喜爱。可以说，目前推进科技体育竞赛活动融入学校STEM教育是机遇与挑战并存。

（一）科技体育竞赛活动融入学校STEM教育的机遇

科技体育竞赛活动由于充分整合了科技和体育两方面的要求，与学校STEM教育在科技教育的实践性、综合性等方面都具有一致性；同时，还可以辅助落实体育的竞技性、增强课程趣味性等。可以说，目前学校STEM教育的旺盛需求，为科技体育竞赛活动融入学校课程提供了机遇。

科技体育竞赛活动可以采取将竞赛活动内容、形式融入学校相关STEM教育活动的方式。目前，可以采取的途径主要有以下六大方向：第一，将青少年科技体育放在STEM教育的大背景之中，直接融入学校课程内容体系；第二，探索青少年科技体育与综合实践教育、研学教育结合；第三，将青少年科技体育作为校外教育和营地教育的内容；第四，利用课后“330工程”、学校社团、兴趣小组等，在学校内固定化地进行科技竞赛相关知识学习、技能训练、竞赛演练等；第五，把科技体育竞赛的学习和活动整合到体育、科学、物理、美术等相关学科之中；第六，与学校的特色活动结合，作为学校运动会、科技节、文化节、少先队主题教育、创建特色校、冬令营和夏令营等活动的一部分内容。

（二）科技体育竞赛活动融入学校STEM教育存在挑战

科技体育竞赛活动作为一类广为人知的运动，相关的一些项目已经在不少学校持续开展，也培养了一大批模型、测向、电子制作方面的爱好者。每年全国科技体育教育竞赛活动有200万青少年、5000多所学校参与，这为科技体育竞赛活动融入学校STEM教育提供了很好的群众基础。然而，科技体育竞赛活动要融入学校正式课程体系，面向更多学生开展，还存在一些挑战。

首先，在课程内容准备方面。科技体育竞赛活动目前的指导仍然以技术、技能为主，更多地关注学生的素养发展，任务指向性非常明确。而STEM教育最终的教育目标在于帮助学生养成科技素养，需要学生学会“像科学家一样思考”。现有的科技体育竞赛活动若要融入学校STEM教育，就需要在内容方面做更多补充，还需要开发系列教材和学习资源，把更多精力放在学生素养养成和能力提升方面。

其次，在课程师资准备方面。由于教育目标导向不同，目前的科技体育竞赛教练，并不能完全胜任学校STEM教育课程实施。学校现有的师资对科技体育竞赛活动指导也缺乏经验。所以，要想科技体育竞赛活动进入学校STEM课程，还需要进行多方面的师资培训。

三、科技体育竞赛活动融入学校STEM教育模式建议和对策

受到传统认识和固有体制的限制，科技体育竞赛活动还没有真正融入学校STEM教育之中。国家体育总局作为科技体育竞赛活动的主管部门，可以从师资建设、课程开发、资源保障等多方面主动扩展科技体育竞赛活动的管理内涵，积极助力学校STEM教育；也可以和其他部门一起，共同加入STEM教育生态环境建设，为国家科技后备人才培养贡献力量。

（一）国家体育总局积极参与学校STEM教育

科技体育竞赛活动和学校STEM教育分别归属国家体育总局

和教育部管理。科技体育竞赛活动作为全民科学素养提升项目的一部分，应该立足为教育服务，积极主动地为学校STEM教育贡献科技体育竞赛活动的优质资源。

首先，国家体育总局可以积极与教育部门在科技体育竞赛活动方面开展合作。国家体育总局现有的不少科技体育竞赛活动，如航模、定向、模拟等活动，主要参与对象仍为广大青少年学生。竞赛的参与和组织离不开学校和地方政府的支持。目前，国家体育总局的科技体育竞赛活动，积极响应的人群仍然以一线教师为主。他们不能从教育系统直接获取竞赛信息，想要参与的教师收到活动通知后，需要自下而上层层申请，才能组织学生参加。这种组织模式，影响了科技体育竞赛活动的参与面。如果国家体育总局在组织这类活动时能够主动联系教育主管部门，形成自上而下的组织体系，将扩大活动的影响力，让更多学生获得参与科技体育活动的机会。

其次，国家体育总局可以加强面向各级各类学校的宣传和活动组织力度。部分管理者会简单地把科技体育活动归为体育活动或科技活动，不能充分认识活动的综合性和教育价值。这也是这类活动不能得到更广泛重视的原因。青少年学生是祖国的未来，青少年学生的素养直接关系到国家的竞争力。国家体育总局应该积极参与学生体育素养和科技素养的培养活动，加大对科技体育活动的宣传和组织力度。

最后，国家体育总局可以积极参与学校STEM教育师资培训。目前，组织学生参与科技体育竞赛活动的教师以科技类教师为主。科技体育类活动需要科技教师和体育教师的全力配合。科技体育竞赛活动重视结果，学校STEM教育重视过程。要实现科技体育活动和学校STEM教育融合，就需要扎实地落实教育和竞赛的各个环节。但是，学校现有的科技教师对科技体育竞赛类活动的内容和要求不熟悉，国家体育总局各个科技体育竞赛活动的裁判对项目式学习的建设和实施也比较陌生。这就要求在科技体育教育项目融入学校STEM教育过程中，国家体育总局积极组织力量参与学校教育师资培训，为项目活动顺利推进奠定人员基础。

（二）以现有科技体育竞赛活动为基础开发学校STEM课程

根据STEM课程融入学校教育的方式，STEM课程的实施可以分为两种形式：一种是保持科学、技术、工程、数学等学科不变，在学科教学中加入STEM的思想，通过教学活动培养学生综合应用知识和技能的能力；另一种是采取项目学习的方式，通过学生在完成项目的学习过程中综合应用知识和技能，实现学校的STEM教育。

项目式学习是一种正在被广大学校认可并实践的课程实施方式。通过设置与学生知识和能力匹配的挑战项目，可以为学生提供综合应用已学知识、进行自我反思和评价、与人合作和交流等多方面能力的锻炼机会，从而促进学生对知识的理解能力和创新应用能力。成果的检验和分享也是项目式学习的重要组成部分。

科技体育项目具有综合性、挑战性、合作性等特征，可以和学校的项目式学习很好地融合。

首先，从科技体育的内容上来看，一般项目的设置都具有综合性。例如航模设计就综合了数学、工程、物理、技术、艺术等多个学科知识。因此，科技体育项目和STEM理念下的项目式学习设计理念是一致的，不少科技体育项目在内容上可以直接作为STEM项目学习的成果检验部分使用。

其次，从科技体育的实施方式上来看，整个过程一般包括项目学习、项目实施、项目展示、项目评价等环节，与项目式学习的环节也具有高度一致性。但是，传统科技体育的关注点在项目评价环节，对其他环节重视略有不足；而学校内的STEM教育每个环节都有独特的教育价值。在教育评价环节，除项目完成效果外，还包括学习行为评价。在评价实施方式上，传统科技体育项目评价主体单一，为统一的他评；而学校STEM教育为了追求更好的教育效果，往往会加入学生自评和学生之间互评环节，从而实现学生的自我反思和改进。

（三）积极参与共建STEM教育生态

STEM教育生态，是一个跨部门学习环境的构架。构建一个良好的、完善的系统，需要通过社会各界，包括大学、博物馆、企业、政府部门及社会机构等，共同努力来联合开展。国家体育总局也属STEM教育生态的组成部分，更应积极地参与共建合作，互相协助、彼此成就。

从以上分析来看，现有的科技体育竞赛活动如果要融入学校STEM教育，已经有了良好的内容基础，但是还需要进行一些改进。首先，关注的重点从竞赛的结果向科技教育活动全过程转移。其次，挑战项目内容增加梯度，主动与学生发展阶段学习内容结合。在科技挑战上设计更多进阶难度，为学生提供更多科技素养发展空间。最后，还要保持科技体育竞赛项目的竞技性，保持现有的赛事活动，使学校STEM教育项目有发展出口，有展示和交流平台，维持师生持续的参与热情。

综上所述，科技体育活动具有丰富的教育内涵，若能和学校教育深度融合，就能更好地促进学生科技素养、体育素养、创新能力、合作交流能力等多方面提升。现有情况下，科技体育活动的价值还没有被活动的组织者和参与者充分认识。国家体育总局作为科技体育教育活动的组织者，应积极参与国民素养提升的工程，在活动内容、师资培养、活动组织等多方面积极与相关部门沟通协调，最大化地发挥科技体育活动的积极作用，同时为体育行业协会发展贡献力量，更好地适应新时期对体育协会发展提出的新要求，满足群众对美好生活的向往。

参考文献

[1] 航空科技体育事业产业“十二五”规划[N].中国体育报，2011-04-11（3）.

[2] 刘程.基于项目学习的STEM教学实践研究[D].上海：上海师范大学，2017.

[3] 龙玫，赵中建.美国国家竞争力：STEM教育的贡献[J].现代大学教育，2015（2）：41-49.

浅谈传承登山精神的现实意义

国家体育总局登山运动管理中心　董京华

登山精神是中华体育精神的重要组成部分。中华人民共和国成立以后，中国登山运动伴随着中国体育事业的逐步推进，得以较快地发展，并不断取得辉煌成就。登山运动中所孕育的登山精神不仅曾被全国人民所颂扬和讴歌，也为完整地诠释中华体育精神提供了重要支撑。

当代中国正经历着最为广泛而深刻的历史变革，进一步推动中华体育精神与中华民族精神的高度融合，将为构筑和弘扬社会主义核心价值观，彰显中国精神、中国价值、中国力量提供特有的思想文化标识。与此同时，继续传承作为中华体育精神重要内涵的登山精神，也将为培育和践行社会主义核心价值观，强化体育文化的感召力、影响力和凝聚力，促进文化强国建设发挥更大的作用。

一、登山精神的形成

1956年，中国第一支登山队中华全国总工会登山队成立。1958年，中国登山协会成立，是组织、管理和推进中国登山运动的唯一的全国性机构。中国登山协会自成立以来，已经组织了数十次在国内外有重大影响力的高山探险活动，而登山精神则在这些活动的开展过程中，逐步形成并发扬光大。其中，在数次攀登珠穆朗玛峰的重大活动中，登山精神得到充分展现。

（一）不畏困难艰险，首次登顶珠穆朗玛峰

中国登山队第一次最具影响力的攀登活动是在1960年5月25日完成。当天凌晨，中国珠穆朗玛峰登山队的王富洲、贡布、屈银华三名队员登上珠穆朗玛峰顶峰，创造了人类首次从珠峰北坡登上地球之巅的伟大壮举。

珠穆朗玛峰位于中国和尼泊尔两国边境。当时对于珠穆朗玛峰的归属，中尼双方在边界谈判时还存在一些争议，尼泊尔的其中一条理由是：中国人从没有登上过珠穆朗玛峰。因此，中国首次攀登珠穆朗玛峰的任务，不仅是为了促进体育运动发展，也肩负着国家赋予的光荣政治使命。

1960年攀登珠穆朗玛峰活动，是在国内三年困难时期及苏联单方面退出联合攀登珠穆朗玛峰活动等诸多不利条件下开展的。而我国登山运动员为了完成祖国交给的任务，还是发扬了大无畏的革命精神，克服了无数艰难险阻，取得了从北坡首次成功登顶珠穆朗玛峰的伟大胜利。这一胜利在国际和国内都产生了巨大影响，既充分展示了中国人民在中国共产党的领导下，无高不可攀、无坚不可摧的革命英雄主义精神；同时，他们的成功登顶也极大地鼓舞了全国各族人民，更加激发了全国人民的爱国热情。

（二）维护祖国荣誉，再次攀登珠穆朗玛峰

1960年中国登山队首登珠穆朗玛峰时，由于人员、天气、装备等原因，三名队员最终登顶是在夜间完成的，没有留下任何登顶影像资料。有些外国人便借此说道：登顶没有依据，无法证实其真实性。

为了维护祖国的荣誉和尊严，1975年中国决定再次组建登山队攀登珠穆朗玛峰。经过精心筹备，在经历了无数艰辛与考验的

情况下，中国登山队9名队员于1975年5月27日下午14时30分，再次从北坡成功登顶珠穆朗玛峰，创造了男女混合集体登顶人数最多的世界纪录，藏族队员潘多成为世界上第一个从北坡登顶珠穆朗玛峰的女性。

在将五星红旗插到了珠穆朗玛峰峰顶的同时，中国登山队员还将随身背负的金属测量觇标牢牢固定在了珠穆朗玛峰峰顶，不仅留下了不容置疑的证据，还测量出了珠穆朗玛峰的高度为8848.13米。

（三）抗击“非典”疫情，再现辉煌

2003年5月，正值“非典”疫情肆虐之时，中国登山协会为纪念人类登顶珠穆朗玛峰50周年，组织了珠穆朗玛峰攀登活动，中央电视台全程直播了登顶过程。这次登山活动通过电视直播，引发了全国亿万人民群众的关注，为全民抗击 “非典”疫情起到了巨大的鼓舞作用。

（四）奥运火炬传递，圣火照亮珠穆朗玛峰

实现奥运火炬在珠穆朗玛峰顶峰传递，是中国申办2008年北京奥运会时对世界的承诺。为了兑现这一承诺，2008年5月8日，北京奥运火炬接力珠峰传递登山队成功登顶珠穆朗玛峰。在那一时刻，队员们置身地球之巅，高举着奥运火炬，不仅实现了奥运史上最富传奇色彩、最富挑战精神的传递，同时也向世界展示了中华民族的精神和力量。

2008年北京奥运会全球火炬传递虽然经历了曲折，但仍成为奥运史上参与人数最多、传递路线最长、到达范围最广的一次火炬接力。而将圣火在珠穆朗玛峰峰顶传递的壮举，进一步诠释和升华了奥林匹克理念，传递了“更快、更高、更强”的奥林匹克精神，以及“和平、友谊、进步”的国际主义精神。

二、传承登山精神的现实意义

（一）有助于挑战自我，实现目标追求

登山是一项勇敢者挑战自我、挑战极限的探险运动。登山过程中不仅充满各类危险和挫折，有时还会危及人的生命。那么，人类为什么还要去登山并不断追求登顶呢？每位登山者的回答不尽相同，但他们都会认可法国哲学家杜马尔所说的“因为在下面，永远不知道上面有什么”。这种不断探索和进取的精神，既是登山者不断攀登向上的动力，也推动了人类不断前进、不断挑战自我。今天，在实现中华民族伟大复兴的进程中，我们同样会面临各种风险，仍然需要这种勇于面对挑战、不断克服困难、励志攀登进取的登山精神。

（二）注重生态保护，促进和谐发展

现代登山运动多针对高海拔山峰的攀登。而前所未有的大规模人类登山活动，也使得高海拔山峰的生态环境受到了不同程度的影响。因此，山峰及周边生态环境的保护越来越成为人们所关注的重要课题。

恩格斯曾经指出：“我们不要过分陶醉于我们人类对自然界的胜利。对于每一次这样的胜利，自然界都对我们进行报复。”值得庆幸的是，随着环保意识的不断增强，人们已经逐渐认识到，我们不仅要遵循生命的自然规律，更要遵循大自然的客观规律；人类的任何活动都必须建立在保护生态环境的基础上，才能得到和谐发展。

近些年来，国内相关管理部门围绕高海拔山峰的环境保护，已经采取了一系列行之有效的措施，包括在登山大本营及以上区域组织开展了大规模垃圾清理行动，在登山季节严格把控攀登人

数等措施，都取得了良好的效果。

（三）有助于国际交往，增进彼此了解

改革开放以后，中国部分高海拔山峰资源获准对外开放。为了加强国际间登山交流合作，仅在珠穆朗玛峰攀登项目上，中国就先后与众多国家开展了联合攀登。例如：1988年，中国、日本、尼泊尔三国登山者携手挑战珠穆朗玛峰，实现了从南北两侧会师峰顶、双向跨越珠穆朗玛峰的目标；1990年，中国、美国、苏联的登山者以“和平”的名义会聚珠穆朗玛峰，并站到了峰顶之上；1997年，中国与斯洛伐克、巴基斯坦分别开展了联合攀登珠穆朗玛峰活动并获得成功；等等。这些国际间的登山交流活动，加深了彼此之间的了解，增进了友谊，促进了和谐。

（四）有助于民族团结，实现共同追求

历次重大登山活动，在登山队构成上都有多民族队员的身影。仅就1975年攀登珠穆朗玛峰的活动来说，就有汉族、藏族、回族、蒙古族、朝鲜族、土家族、鄂温克族等七个民族的队员。他们为了实现共同的追求和梦想，携手并肩、克服困难，取得了一次又一次的成功，充分展示了中华各民族人民的团结，具有特殊的示范作用。

1999年5月27日，为采集第六届全国少数民族传统体育运动会圣火火种，西藏登山队10名藏族队员全员登上珠穆朗玛峰进行了圣火采集，使得这届运动会的开幕别具风采。

（五）有助于科技先导，辅助登山活动

高海拔山峰的特殊地理环境造就了危险地形和恶劣气候，除雪崩和冰裂缝等潜在威胁外，高寒缺氧，狂风、暴雪等天气状况，也是影响攀登的最大障碍。因此，近些年来国内所开展的大

型登山活动，均力求借助现代科技手段和技术支持团队予以保驾护航。以2008年珠穆朗玛峰火炬传递为例，就有多家科研单位和技术支持团队分别围绕在攀登过程中的保燃、气象预报、通信保障、电视全程直播、网络信息传递等环节进行了综合保障，不仅有效助力了登山活动，也显示了中国科技的发展进步和综合国力的强大。

三、登山精神的文化内涵

文化是人类在社会历史实践过程中所创造的物质财富和精神财富的总和。登山精神作为中华体育精神的重要组成部分，也是中华民族精神中不可或缺的要素和重要表现形式。其文化内涵的核心是“不畏艰险、顽强拼搏、团结协作、勇攀高峰”的奋斗精神。要传承登山精神就必须契合新时代中国特色社会主义建设要求，大力弘扬中华体育精神，为加快推进体育强国建设服务。

（一）要发扬不畏艰险、敢于斗争的精神

当今，在实现“两个一百年”奋斗目标的进程中，同样会面临无数风险和挑战，需要继续发扬不畏艰险、敢于斗争的精神。要努力提高各种斗争本领，有效抵御重大风险，应对重大挑战，克服重大阻力，解决重大矛盾。中国共产党原本就是在斗争中诞生、成长、壮大的政党，始终保持斗争精神是中国共产党人在革命、建设、改革中不断取得胜利的重要法宝，也是中国共产党领导人民不断取得新的伟大成就的力量所在。

中华民族正处在实现伟大复兴的关键时期，前进的道路不可能一帆风顺。作为党员干部，我们要在复杂环境中保持定力，在推进改革发展中勇于担当，在重大原则问题上敢于亮剑，在从严治党上敢为人先。要牢牢把握正确方向，矢志不渝、奋勇向前，

为实现中华民族伟大复兴的中国梦做出应有的贡献。

（二）要发扬顽强拼搏、锐意改革的精神

随着国家社会经济的不断发展，体育已为越来越多的人所重视，参与体育锻炼的人群不断壮大。体育事业的推进和体育产业化改革能否适应当今中国社会发展的需要，不单单是经济的问题，更是关乎人民群众幸福感、满足感的大问题。唯有锐意改革，走出一条体育产业高质量发展的道路，才能真正满足人民群众日益增长的美好生活需要，才能实现体育强国建设要求。

国务院办公厅印发的《关于促进全民健身和体育消费推动体育产业高质量发展的意见》中，提出了10个方面的具体举措，为加快推进体育强国建设指明了前进方向。

当前，积极推动全民健身，助力健康中国建设，既是新时代赋予体育工作者的光荣使命，也是推进体育强国建设的必然要求。我们要客观地看待和分析我国体育事业所取得的成就和面临的问题，积极转变思路，发掘竞技体育多元化功能，全面推动体育改革向纵深发展，继续发扬顽强拼搏、锐意改革的精神，努力把体育工作不断向前推进。

（三）要发扬团结协作、攻坚克难的精神

中国登山运动在历史上所取得的辉煌成就，无不展现出团结协作、攻坚克难、无私奉献的集体主义精神。若要实现一个既定目标，需要有一支能够团结协作的团队。一个团队只有具备了凝聚力和向心力，才能够相互协作，发挥出每一个人的作用。只有懂得团队精神的人，才能明白团结协作的重要性，才会把团结协作当作自己的一份责任。推进体育强国建设，实现中华民族的伟大复兴，需要中国人民团结一致，秉承统一的意志、统一的行动、统一的目标、统一的信念，不断增强中华民族的凝聚力。团结就是力量，团

结协作是一切事业成功的基础，是立于不败之地的重要保证。

（四）要发扬勇攀高峰、执着追求的精神

作为中国共产党人，在各种矛盾冲突面前，要勇于知难而上；在困难危机面前，要勇于挺身而出。要以执着追求、勇攀高峰的精神，面对一系列重大风险的考验。

党的十九届四中全会通过了《中共中央关于坚持和完善中国特色社会主义制度、推进国家治理体系和治理能力现代化若干重大问题的决定》，这是全党的一项重大战略任务。新时代体育工作者，要遵从这一战略任务，加强社会主义文化建设，推进体育全方位发展，满足人民日益增长的美好生活需要，不忘初心，牢记使命，砥砺奋进，勇攀高峰。

当前，体育事业的发展水平已经成为一个国家综合国力和社会文明程度的重要体现。随着竞技体育、全民健身和体育改革的稳步推进，传承登山精神，践行与中华民族精神相融合的中华体育精神，对于提高我国文化软实力，促进社会主义核心价值观的培育，进一步加强文化强国建设和推进体育强国建设都具有重要的引领作用；有利于在实现中华民族伟大复兴的历史进程中，增强全民族的凝聚力和向心力，激励和鼓舞中国人民不断克服前进中的困难，实现预期的攀登目标。

参考文献

[1] 邵生林.西藏和平解放后登山运动的辉煌成就[J].西藏民族学院学报（哲学社会科学版），2011，32（1）：81-89.

[2] 李丽，鹿永建. 攀登精神之巅 点亮人类的精神明灯[EB/OL].（2008-05-08）[2019-11-20]. http://torch.2008.sina.com.cn/dt/other/2008-05-08/095981447.shtml.

推进反兴奋剂教育工作
弘扬中华体育精神

国家体育总局反兴奋剂中心　赛飞

WADA（世界反兴奋剂机构）倡导“以价值观为基础的教育”，将维护体育精神作为制定《世界反兴奋剂条例》及其国际标准的基本原理。“预防为主，教育为本”是我国反兴奋剂工作遵循的基本原则之一。反兴奋剂教育工作伴随着中国反兴奋剂事业的发展已经走过30个年头，经过不懈努力，反兴奋剂教育“模式化、规模化、体系化”的任务已经达成并在向“精细化、人性化、科研化”的目标转型，朝着实现“全覆盖、全周期、常态化、制度化”的反兴奋剂教育长期目标不断迈进。在此背景下，如何深刻理解中华体育精神并将其融入我国反兴奋剂教育工作中，将对提高中国运动员，尤其是青少年运动员的整体素质，进而推动体育强国建设，培养和践行社会主义核心价值观起到重要作用。

一、中华体育精神的内涵与当代价值

（一）中华体育精神的内涵

追溯世界体育的发展历程，目前我们所熟知的以奥林匹克精神为核心理念的现代体育发源于西方并在19世纪末开始逐渐传入中国，在这一过程中与中华民族传统体育不断碰撞和融合。近代以来，从“五四运动”到中华人民共和国成立，再到中国特色社会主义建设进入新时代，体育在每一段历史时期都留下了浓墨重彩的一笔，并越来越凸显出其多元的价值。随着2008年北京奥运会的成功举办，中国开始由体育大国向体育强国迈进；随着中国特色社会主义进入新时代，体育作为文化建设的重要组成部分也进入了新时代。

习近平总书记爱好体育、了解体育、关心体育，党的十八大以来，他在关于体育工作的重要论述中多次提到中华体育精神。2013年8月，习近平总书记在会见全国体育先进单位和先进个人代表时强调，广大体育工作者在长期实践中总结出的以“为国争光、无私奉献、科学求实、遵纪守法、团结协作、顽强拼搏”为主要内容的中华体育精神来之不易，弥足珍贵，要继承创新、发扬光大。

中华体育精神是与所有中华民族宝贵精神相互交融的产物和其内涵的集中体现。“为国争光”是爱国主义精神的集中体现，也是中华体育精神的核心和动力；“无私奉献”是大公无私精神的集中体现，代表着责任感和道德境界；“科学求实”是崇尚科学、不断创新、追求真理的集中体现，如“乒乓精神”；“遵纪守法”是公平竞赛、纯洁体育的集中体现，代表着诚信观、金牌观，如运动员坚决“对兴奋剂说‘不’”；“团结协作”是团队精神和集体主义的集中体现，代表着大局观、全局观，如“女排精神”；“顽强拼搏”是自强不息、坚持到底的进取精神的集中体现，是激发动力的源泉。

（二）中华体育精神的当代价值

1. 中华体育精神与社会主义核心价值观

党的十八大报告明确提出，倡导并践行“富强、民主、文明、和谐、自由、平等、公正、法治、爱国、敬业、诚信、友善的社会主义核心价值观”。而中华体育精神则充分体现了社会主义核心价值观的要求，两者本质要求一致，践行目标相合，发展路径相通。因此，将中华体育精神继承创新、发扬光大，对培育和践行社会主义核心价值观具有积极的促进作用和重要的社会意义。

2. 中华体育精神与反兴奋剂价值观

WADA在其所颁布的《世界反兴奋剂条例》中对于反兴奋剂工作所秉持的价值观进行了明确描述，即“反兴奋剂体系努力维护体育运动固有的价值观，该价值观被称为体育精神”。其内容包括：道德、公平竞赛与诚实；健康；优秀的竞技能力；人格与教育；趣味与快乐；团队协作；奉献与承诺；尊重规则与法律；尊重自己、尊重其他参赛者；勇气；共享与团结。这些内容对于体育运动的参与者如何弘扬体育精神、开展公平竞赛、追求人类卓越提出了明确的要求。

如果将中华体育精神与反兴奋剂价值观进行对比，不难发现以“为国争光、无私奉献、科学求实、遵纪守法、团结协作、顽强拼搏”为主要内容的中华体育精神，在很多内容上与反兴奋剂工作所秉持的价值观不谋而合，并且中华体育精神充分展现了中华民族的特色，它不仅显现出体育精神固有的特征，同时还显现出了中华民族特有的品格和精神，可以说中华体育精神是《世界反兴奋剂条例》所描述的体育精神的中国化表达。相对《世界反兴奋剂条例》中描述的体育精神，它在选择整体本位的同时，又充分凸显了个体存在的自我价值；它在选择国家主体的同时，又兼顾了社会主体和个人主体；它在强调竞争的同时，又体现了和谐、科学、法治等社会理念。

与此同时，在我国所颁布的《中华人民共和国体育法》《反兴奋剂条例》《反兴奋剂管理办法》等法律法规中，也对"促进社会主义物质文明和精神文明建设""增进青年、少年、儿童的身心健康""实行公平竞争的原则"等体现和弘扬中华体育精神的原则进行了阐述，并将其作为加强反兴奋剂宣传、教育、监督管理，提高体育运动参加者和公众的反兴奋剂意识等工作的前提和目标。由此可以看出，将中华体育精神融入目前在我国开展的以价值观为基础的反兴奋剂教育工作势在必行。

二、反兴奋剂教育工作现状及发展趋势

（一）国际反兴奋剂教育工作现状及发展趋势

《世界反兴奋剂条例》开篇明义，反兴奋剂体系努力维护体育运动固有的价值观，该价值观被称为"体育精神"，也是奥林匹克精神的精髓。使用兴奋剂在根本上与体育精神背道而驰。为了弘扬体育精神，与使用兴奋剂的行为做斗争，条例要求各反兴奋剂组织为运动员，包括青少年运动员和运动员辅助人员，制定并实施反兴奋剂教育和预防项目。反兴奋剂教育弘扬和维护体育精神的作用日益凸显，并得到世界各国反兴奋剂机构和包括WADA在内的国际体育组织的支持。WADA主席克雷格·里迪在接受媒体采访时表示"教育是反兴奋剂的终极武器"。

2021年1月1日，作为新版条例14个附属国际标准之一的反兴奋剂《教育国际标准》（ISE）正式颁布实施，作为一项强制性标准，在完善全球反兴奋剂教育体系、细化教育内容和形式的

基础上，更是将“以价值观为基础的教育”进行了强化和凸显。至此，WADA形成了一整套体系，为反兴奋剂教育工作的开展提供了所有的必备要素。在该体系的指导下，WADA正持续开发一系列反兴奋剂教育指南和学习工具，供各国家和地区反兴奋剂机构、国家体育单项组织及赛事组委会使用。目前，WADA正在与联合国教科文组织、国际奥委会（IOC）等机构一起开发适用于中小学课堂教育的价值观教育系列课程，并已经在5个国家进行试点。

（二）中国反兴奋剂教育工作现状及发展趋势

中国反兴奋剂教育工作经过长期的发展，尤其是在中国反兴奋剂中心成立后的10年间，取得了长足的进步和丰硕的成果，得到了国内国际的一致认可和高度评价。《世界反兴奋剂条例》《反兴奋剂管理办法》均对反兴奋剂教育进行了具体规定。其中，《反兴奋剂管理办法》在开篇总则即指出“预防为主、教育为本”是反兴奋剂工作遵循的三原则之首，并在第三章对反兴奋剂宣传教育进行了详细阐述。根据办法要求，国家体育总局于2017年首次印发《2017年全国反兴奋剂教育工作实施方案》，其目的是让反兴奋剂教育项目切实服务于专业运动员及辅助人员，让反兴奋剂教育活动逐步走进体育参与者及社会公众，让反兴奋剂教育工作努力成为以价值观为基础的社会教育。近几年，反兴奋剂教育内容不断丰富，形式不断拓展，范围不断延伸，机制不断成熟，形成了教育准入、拓展、讲座三种模式，以中国反兴奋剂教育平台（CADEP）、官方自媒体、公共媒体为三个平台，以专业委员会（教育、运动员委员会）、中心教育预防处、教育讲师团为三支团队的“中国反兴奋剂教育3×3体系”，2018年教育受众覆盖超过45万人，在“模式化、规模化、体系化”的阶段性目标达成的基础上，正在向“精细化、人性化、科研化”的目标转型和迈进，对于“以价值观为基础”的反兴奋剂教育的中国阐释、中国做法、中国故事有了更迫切和更明确的需要。

三、中华体育精神与反兴奋剂教育相融合的时代意义

（一）中华体育精神为以价值观为基础的反兴奋剂教育注入时代内核

《世界反兴奋剂条例》第二部分“教育与研究”中对反兴奋剂教育进行了详细的阐述。反兴奋剂教育内容分为“信息教育”和“预防教育”两个层面，其目的是预防运动员有意或无意地使用禁用物质和禁用方法。

“信息教育”侧重于反兴奋剂规则、程序等，主要讲述运动员，尤其是注册检查库运动员应知应会的反兴奋剂知识教育，它包括：禁用清单中的物质和方法；兴奋剂违规；使用兴奋剂的后果及其处罚；对健康的危害和不良的社会影响；兴奋剂管制的实施程序；运动员和运动员辅助人员的权利和义务；治疗用药豁免；营养补充品的风险管理；兴奋剂对体育精神的损害；行踪信息要求；等等。“预防教育”则是通过价值观教育，作用于运动员及其辅助人员，尤其要通过学校课程设置重点关注青年人的教育。预防教育旨在弘扬体育精神，以创建一个无兴奋剂体育的良好环境，对运动员和其他当事人所做的选择产生积极和深远的影响。WADA要求所有签约方应在其能力和责任范围内互相合作，实施、评估并监督无兴奋剂体育的信息教育和预防教育。

长期以来，我国开展的反兴奋剂教育主要是针对国家队、省市专业队等精英运动员的“信息教育”，尤其是2008年探索实施“反兴奋剂教育准入制度”工作以来，“信息教育”在精英运动

员中开展的广度和深度不断扩大，并取得显著成效。近年来，伴随着建设体育强国目标的提出和推进，我国参与体育运动的人员规模急剧攀升，对反兴奋剂工作提出了更高的要求。2017年，国家体育总局提出了“全覆盖、全周期、常态化、制度化”的反兴奋剂教育目标，这对反兴奋剂教育内容有了更加广泛和细致的要求，以价值观为基础的“预防教育”的计划和实施提上日程。

习近平总书记对反兴奋剂工作有许多重要论述和批示精神。要完成“拿奥林匹克精神金牌，拿遵纪守法金牌，拿干净金牌”“坚持对兴奋剂问题零容忍，把冬奥会办得像冰雪一样纯洁无瑕”等工作目标，反兴奋剂教育工作将发挥至关重要的作用，将新时代中华体育精神融入反兴奋剂教育工作，将极大地丰富教育内容、拓展教育形式、扩充教育内涵、扩展教育外延，其必要性显而易见。

（二）反兴奋剂教育承载着传播中华体育精神教育的时代使命

党的十八大以来，习近平总书记深刻地回答了我国体育事业发展中的一系列重大理论和现实问题，提出了一系列新理念、新战略、新思想，做出了一系列新部署、新要求、新决策。这都是习近平新时代中国特色社会主义思想的重要组成部分，是做好新时代中国体育工作的根本遵循。同时，坚定中国特色社会主义道路自信、理论自信、制度自信，说到底是要坚定文化自信。坚定文化自信是更基础、更广泛、更深厚的自信，是更基本、更深沉、更持久的力量。弘扬包括中华体育精神在内的中华民族精神，是增强文化自信的重要内容。

习近平总书记在谈到如何培育和弘扬社会主义核心价值观时强调，要切实把社会主义核心价值观贯穿于社会生活的方方面面，要从娃娃抓起、从学校抓起，做到进教材、进课堂、进头脑。将中华体育精神教育融入反兴奋剂教育正是这一重要论述的具体实施，此举将起到长效性效果。

与此同时，以中华体育精神为内核的反兴奋剂教育将把“信息教育”与“预防教育”从以价值观为基础的层面拓展到广大青少年体育运动参与者及其身边的人，从而使反兴奋剂教育更加生动、更加具体且具有新时代的感召力和影响力，进而长效作用于体育运动参与者的运动生命乃至人生中去，使其从小开始树立正确的人生观、世界观、价值观，为新时代中国特色社会主义体育事业的建设提供强有力的精神食粮和思想保障。

（三）中华体育精神和反兴奋剂教育携手并肩传递新时代文化自信

经过长期发展，我国的反兴奋剂教育工作在教育模式和教育手段的创新和整合上取得了一系列成果。2009年，国家体育总局提出“反兴奋剂教育准入”这一强制性教育手段，经过10年的完善和发展，取得了良好的教育效果，并得到包括WADA等国际组织和各国家反兴奋剂机构的高度认可及效仿；“反兴奋剂教育3×3体系”作为近几年来中国整合归纳形成的反兴奋剂教育解决方案，不仅在国内省（市）、协会推广实施，更是在国际上崭露头角，并在2018年第2届全球反兴奋剂教育大会上进行广泛的推介。目前，中国反兴奋剂中心已经或正在推进与津巴布韦、马里等国家，和南亚、大洋洲、非洲六区等区域反兴奋剂组织签订反兴奋剂教育领域的合作协议。这些都为反兴奋剂国际合作起到极大的推动和促进作用，国际合作“教育为先”已成为世界反兴奋剂领域的共识。

随着中华体育精神的融入，我国反兴奋剂教育的品牌辨识度将会增强，信息传播量将会拓宽，文化影响力将会提升，这不仅为在国际领域深入开展反兴奋剂外交提供复合型的技术支撑，还将为国家倡导的“一带一路”倡议中文化和体育领域的合作做出应有的贡献，两者携手并肩传递新时代中国的文化自信。

四、推进中华体育精神与反兴奋剂教育相融合的工作思路

（一）制定中华体育精神与反兴奋剂教育相融合的管理制度

加强顶层设计是我国反兴奋剂教育工作发展到现在的历史必然，也是顺应国际、国内反兴奋剂工作动向的现实举措。WADA已经在2017年启动编制《世界反兴奋剂条例》附属的新标准——《教育国际标准》；我国《反兴奋剂管理办法》中也明确要求国家反兴奋剂机构负责制订反兴奋剂教育计划并组织实施，国家反兴奋剂机构负责制订反兴奋剂教育资格准入制度实施细则，并指导实施。

为此，中国反兴奋剂中心须尽快制定并颁布《反兴奋剂教育管理办法》（或指导意见）以及附属的相关实施细则和工作指南，包括《反兴奋剂教育准入实施细则》《纯洁体育教育讲师管理办法》《反兴奋剂教育拓展活动工作指南》，并将弘扬中华体育精神的理念和做法写入上述文件中，监督并指导各省（市）体育局、项目中心或协会开展反兴奋剂教育工作。

（二）开展中华体育精神与反兴奋剂教育相融合的科学研究

为了更好地实施和开展以中华体育精神为内核的反兴奋剂教育，首先，国家体育总局或中国反兴奋剂中心层面采用社会公开立项的方式设立“新时代中华体育精神”及“拿干净金牌”反兴

奋剂教育专项研究课题，深入研究新时代中华体育精神、“拿干净金牌”理念的内涵和外延；着重研究新时代中华体育精神在青少年人群中的传播途径和方式方法。

其次，在课题研究形成的理论体系基础上成立专项工作组，持续收集、设计、开发基于目前反兴奋剂教育知识体系的“信息教育”“预防教育”的个性化产品，并逐步形成针对不同人群、不同运动专项的课件库、案例库、数据库、理论库，进而整合形成反兴奋剂教育“资源库”。

最后，在教育实践和深入调研的基础上，借助科技创新并借鉴国内外成功做法，将反兴奋剂教育“资源库”的内容不断更新丰富到“反兴奋剂教育3×3教育体系”的各个模块中，从而形成“实践—理论—再实践”的良性循环。

（三）完善中华体育精神与反兴奋剂教育相融合的实施模式

1. 精英运动员层面

2017年天津全运会反兴奋剂教育工作已经对体育精神教育的融入做了初步的探索。主要做法是将WADA所定义的体育精神进行提炼和归纳，首次提出“体育精神云”的概念。“体育精神云”是中国反兴奋剂教育品牌，是以价值观为基础的反兴奋剂教育理念的中国阐释；“云”由体育精神词语组成，寓意“崇高、纯洁”，作为一种象征和载体，体现在所有反兴奋剂教育活动中。天津全运会代表团教育准入、赛时拓展教育活动以及线上、线下各类讲座，均设置了体育精神的知识、案例、考题等内容，在各类教育用品的设计上更是将体育精神理念融入其中。从各方反馈来看，此举大幅度提升了对运动员及辅助人员的教育效果，并对反兴奋剂工作的正面宣传起到了积极的促进作用。此后，相同的模式也运用在平昌冬奥会、雅加达亚运会、布宜诺斯艾利斯青奥会中国体育代表团准入工作以及省运会的反兴奋剂教育工作中。

“中国反兴奋剂教育3×3体系”中，三种教育模式包括教育准入、拓展活动、教育讲座，目前主要开展对象是国家队、省（市）专业队等精英运动员及其辅助人员。针对精英人群的教育，可借鉴前期模式——2017年至今，体育精神教育和三种教育模式的结合方式，实现中华体育精神教育融入反兴奋剂教育工作中，并不断发展和完善。

2. 非精英运动员层面

我国《反兴奋剂管理办法》中明确要求，高等体育院校和体育运动学校应当开设反兴奋剂教育课程或讲座，国家体育总局专门编制了反兴奋剂知识读本，并在2015年下发《关于做好体育运动学校开设反兴奋剂课程有关工作的通知》。通过几年的推进，很多高等体育院校、体育运动学校都开设了反兴奋剂课程或定期举办讲座，对反兴奋剂知识和理念的传播起到了极大的促进作用。

然而，由于目前开设课程或讲座所使用的教材和课件，主要是以“信息教育”为主，许多内容并不直接适用于青少年。因此，可借鉴WADA为“预防教育”所开发的以价值观为基础的教育课程，开发新时代中华体育精神教育课程，以符合青少年为主要受众群体的需求，且适用于当代社会主义核心价值观的传播。

（四）创新中华体育精神与反兴奋剂教育相融合的传播途径

首先，视觉形象设计是宣传教育工作的基础元素。前期“体育精神云”概念设计已经初具规模并打下了坚实的视觉基础，值得一提的是，以“体育精神云”为元素设计制作的象征纯洁体育的奖牌形象，得到了各方认可，并广泛使用在目前我国的反兴奋剂工作交流中。针对中华体育精神的视觉融入，可设计一套完整的视觉形象及其衍生产品，应用在各类教育活动中。

其次，充分利用“中国反兴奋剂教育3×3体系”中三个平台，通过中国反兴奋剂教育平台、反兴奋剂中心官网和官微以及合作公共媒体进行广泛的宣传推广。中国反兴奋剂教育平台自2018年6月上线以来，注册用户已达近18万人，并在持续增长；其中，各省市优秀青少年运动员占80%以上。借助此平台进行中华体育精神和反兴奋剂教育相融合的教育，将会对青少年群体的价值观形成产生积极和深远的影响。

（五）扩大中华体育精神与反兴奋剂教育相融合的国际影响

积极参与“一带一路”建设。以中国反兴奋剂中心正在推进的与津巴布韦、马里等国家，和南亚、大洋洲、非洲六区等区域反兴奋剂组织的教育合作项目为契机，“反兴奋剂教育搭台，中华体育精神唱戏”，为“一带一路”建设的文化合作与传播贡献力量。

努力讲好中国故事。目前，国际、洲际、国家等不同层面举办的综合性、专题性反兴奋剂会议不胜枚举，在其中可以越来越多地看到中国身影、听到中国声音。充分利用这些宝贵的机会讲述中华体育精神，将会潜移默化地推动中国文化在国际社会的传播和推广。

充分利用主场优势。近年来，中国承办的国际赛事越来越多，反兴奋剂中心自2015年与国际田径联合会首次合作至今，已经承办十几场国际赛事的反兴奋剂教育活动，积累了丰富的工作经验。2022年冬奥会将在北京举办，WADA和国际奥委会已经开始与中国反兴奋剂中心探讨赛事期间的反兴奋剂教育合作项目，这将是我们充分展示和集中体现中国反兴奋剂教育成果的巨大舞台，将中华体育精神和反兴奋剂相融合的教育项目落地并实施，将会向世界传递“拿干净金牌”的中国理念，也将会为“把冬奥会办得像冰雪一样纯洁无瑕”做出贡献。

参考文献

[1] 国家体育总局.反兴奋剂管理办法[EB/OL].（2014-12-10）[2019-07-02]. http://www.sport.gov.cn/n16/n1092/n16864/5943310.html.

[2] 国家体育总局.2017年全国反兴奋剂教育工作实施方案[EB/OL].（2017-04-06）[2019-07-02].http://www.sport.gov.cn/n316/n336/c796663/content.html.

大力弘扬女排精神

国家奥林匹克体育中心　高明

2019年国庆前夕，中国女排以全胜战绩卫冕世界杯，第十次荣膺世界“三大赛”冠军，为中华人民共和国70华诞献上贺礼，也让女排精神再次随中华人民共和国的旗帜高高飘扬。习近平总书记亲切会见载誉归来的中国女排队员和教练员代表。而在国庆群众游行中，中国女排压轴出场，“祖国万岁”成为以女排为代表的亿万中华儿女最深情的告白。中国女排取得的辉煌成绩，延续的女排精神，对新时代中国特色社会主义建设具有极高的价值和精神推动力量。

一、女排精神的形成和发展

中华人民共和国成立初期，百废待兴，社会、经济、文化、教育的发展都处于世界较低水平。此时，急需一种民族的力量，为中国注入强大的精神活力。和平时期，代表“更快、更高、更强”的体育事业，逐步成为各国展示综合国力、展示民族精神的主要窗口。

（一）女排精神的初步形成

为了推动中国竞技体育的腾飞，尤其是竞技体育中最具代表性的大球类项目快速发展，1965年，国家总理周恩来批准中国女排邀请素有“魔鬼教练”之称的日本女排教练大松博文前来中国指导，他为中国女排的训练质量和效果带来了巨大的改变。当时的国家体委再结合军队盛行的“郭兴福”训练法，创新性地提出了“三从一大”训练原则。在这一训练理念下，女排精神在福建漳州的竹棚里生根发芽。中国女排励精图治、永不言弃，终于在1981年世界杯上以7战全胜的战绩夺得第一座冠军奖杯，尤其是最后一局在落后的情况下，全体成员奋力拼搏，充分展现了中华儿女不屈不挠、顽强坚韧的精神，成功逆转夺冠，感动了千千万万的同胞，各行各业纷纷打出 “向中国女排学习”的口号。随后，中国女排又连夺世锦赛、奥运会等世界大赛冠军，成就“五连冠”伟业。这一历史时期，是女排精神逐步展现形成的时期，也是中国刚向世界敞开大门、奋力追赶的关键时期。与改革开放同时唱响的女排精神，深深地镌刻进中国人民的集体记忆中；女排“五连冠”就像一面旗帜，激发了一代中国人投身改革大潮的豪情壮志。

（二）女排精神的世纪中兴

此后一段时间，随着世界各国强队的崛起，中国女排优秀队员的“断层”，中国女排成绩出现下滑，虽历经换帅、队员重组等措施，也未能再次登上世界大赛的最高领奖台。2001年，曾做过多任中国女排陪打教练的无名英雄陈忠和，成为国家女排主教练。在陈忠和的带领下，中国女排终于迎来了久违的胜利，连续取得了冠军杯、世界女排大奖赛的冠军，并在2003年获得日本世界杯的冠军。随后，中国女排又取得了2004年雅典奥运会冠军，经过20年再次登上国际最高赛事的领奖台。女排精神在世纪之交再度中兴，再次为国人带来了强大的精神动力。

（三）女排精神的凤凰涅槃

2008年北京奥运会之后，陈忠和辞去中国女排主教练职务，就任福建体育局副局长，继续为福建省体育运动事业的发展贡献着自己的力量。随后，中国女排经历了三次易帅，但是一直到2012年伦敦奥运会，中国女排都没能再次取得世界大赛冠军，女排精神的弘扬又一次跌入低谷。2013年，创造“五连冠”辉煌成绩的主力运动员之一、素有“铁榔头”之称的郎平临危受命，成为新一届中国女排主教练。郎平在当年取得优异成绩之后，放弃优厚的待遇自费赴美国学习体育管理。随后几十年，她一直未放弃心爱的排球事业，在意大利、美国等国家的大学队、俱乐部及国家队执教，积累了大量的执教经验。郎平在运动员时期形成的爱国精神、使命感，使她难以割舍对中国女排的感情。回到国家队任教练以后，郎平秉持着“大国家队”的人才选拔理念，凭借着先进的球队管理经验，在无私奉献的爱国精神下，带领中国女排连夺2015年世界杯、2016年奥运会和2019年世界杯三次世界大赛冠军，实现世界大赛“三连冠”的伟业。

特别值得一提的是，2019年世界杯，中国女排以11连胜的战绩夺得了世界杯冠军。赛后中国女排受到了习近平总书记的亲切接见，并乘坐中华人民共和国成立70周年盛大庆典的花车压轴出场。总体上看，作为三大球中唯一一支夺取过世界冠军的运动队，中国女排的影响力早已超越体育本身的意义，不仅是中国人的时代记忆，更是激励国人接续奋斗、自强不息的精神符号。尽管成绩有起伏，但团结协作、顽强拼搏的女排精神始终代代相传，极大地激发了中国人的自豪感、自尊心和自信心，为我们在新征程上奋进提供了强大的精神力量。

二、新时代必须大力弘扬女排精神

女排精神不仅成为体育领域的品牌意志，更被升华为民族面貌的代名词，演化成指代社会文化的一种符号。

（一）女排精神是新时代爱国敬业精神的集中表达

为什么每一次走上世界大赛最高领奖台，中国女排教练团队、运动员都会热泪盈眶、激动不已，那是因为她们对祖国爱得深沉，她们都怀着一颗伟大的爱国之心，她们深知自己的使命；为什么她们每球必争，不顾自己的个人安危，长年累月地在训练馆重复着排球技战术训练，因为她们已经将敬业精神深深烙在心里。中国女排征战2019年日本世界杯期间，郎平在接受媒体采访时提道：只要穿上带有中国的球衣，就是代表祖国出征。每一次比赛，中国女排的目标都是升国旗、奏国歌。可以说，爱国精神已经深入到每一名中国女排运动员的心中。

（二）女排精神是新时代拼搏进取精神的集中表达

郎平对女排精神有这样一段精辟的阐释：“女排精神不是赢得冠军，而是有时候知道不会赢，也竭尽全力。是你一路虽走得摇摇晃晃，但站起来抖抖身上的尘土，依旧眼中坚定。只要你‘打’不死我，我就和你‘咬’到底。希望女排的经历给国人带来正能量。”拼搏进取是女排精神的精髓，面对强敌敢于亮剑，面对苦难敢于挑战，面对责任敢于承担，这就是女排精神最为重要的精神体现。在拼搏进取精神的指引下，相信习近平总书记提出的实现中华民族伟大复兴的中国梦定能实现，为新时代中国特色社会主义建设提供强大的精神动力。

（三）女排精神是新时代改革创新精神的集中表达

21世纪是信息化、科学化的社会，要想在体育运动中取得良好的成绩，获得持续的发展，必须在掌握对手信息、努力改革创新中找出遏制对手技战术的方法和手段。中国女排现在取得辉煌成绩，但是如果不锐意创新、推陈出新，很有可能就会被下一个对手超越。因此，中国女排要想保持较高的技战术水平，在未来的世界大赛中继续取得良好的成绩，必须时刻保持一颗改革创新的心。这种改革创新的精神，也正是在科技信息高速发展的新时代，我国其他行业所必须拥有的、需要大力弘扬的、最重要的精神。

三、新时代要继续大力弘扬女排精神

几十年来，中国女排始终注重通过紧密团结、协调配合来增强团队整体实力。实现中华民族伟大复兴，不是一个人或一部分人的梦想，而是全体中国人民共同的追求；中国梦的实现，不是成就一个人或一部分人，而是造福全体中国人民。这就要求我们，在追梦征程中必须大力弘扬女排精神，形成同心共筑中国梦的千钧合力。

（一）解读好女排精神的时代内涵

习近平总书记会见中国女排代表时，对她们给予了高度肯定。她们在赛场上的表现一方面展现了祖国至上、团结协作、顽强拼搏、永不言败的精神面貌；另一方面激发了全国人民的爱国热情，增强了全国人民的民族自信心和自豪感。从受女排精神鼓舞的北大学子喊出“团结起来，振兴中华”的时代最强音，到中国女排夺得三连冠、五连冠再到成为十冠王，女排精神历久弥新。岁月变迁，中国已成为世界第二大经济体，扬我国威和提振信心的方式和渠道日趋多元。但时至今日，中国女排夺冠依然令举国上下心潮澎湃、激情迸发。如今，我们前所未有地靠近世界舞台中心，前所未有地接近实现中华民族伟大复兴的目标，前所未有地具备实现这个目标的能力和信心，但前进道路上仍然充满风险和挑战。在国家由大向强发展的关键阶段，我们尤其需要大力弘扬女排精神，凝聚起实现中华民族伟大复兴中国梦的磅礴力量。

（二）弘扬好女排精神价值导向

习近平总书记指出："一个民族的复兴需要强大的物质力量，也需要强大的精神力量。没有先进文化的积极引领，没有人民精神世界的极大丰富，没有民族精神力量的不断增强，一个国家、一个民族不可能屹立于世界民族之林。"看着女排姑娘们一次一次飞身鱼跃救球，一次一次带伤参加比赛，这种不抛弃、不放弃的精神，一直延续并影响各个行业。无论何时何地，人民需要英雄，生活需要榜样。显然，女排精神已成为一种创造精神、奋斗精神、团结精神、梦想精神的代表。郎平说，"一路虽走得摇摇晃晃，但站起来抖抖身上的尘土，依旧眼中坚定"。这种坚定的眼神，是中国女排向胜利进军的战略定力，实现中华民族伟大复兴，尤其需要这种战略定力。

（三）传承好女排精神奋斗基因

女排精神不仅是中国体育精神的高度凝练，更是中华民族精神和时代精神的集中体现。1981年，中国女排在第三届世界杯决赛夺冠后，太原机械学院全体师生送来了"振兴中华"的大匾。从那以后，女排精神就超越了摘金夺银的意义，影响和激励着一代又一代中国人为实现中华民族伟大复兴而不懈奋斗。究其根源，正在于女排精神深刻蕴含着推动民族复兴的英雄基因。身处新时代，尤其要继往开来，进一步把女排精神传承好、发扬好，使之化为全党全国各族人民团结奋斗的强大精神力量，为实现"两个一百年"奋斗目标、实现中华民族伟大复兴的中国梦不懈奋斗。

小 组

课题成果

全民健身设施有效供给研究

群众体育课题研究组

党的十八大以来，以习近平同志为核心的党中央高度重视全民健身工作。2014年10月，国务院印发《关于加快发展体育产业促进体育消费的若干意见》，首次提出将全民健身上升为国家战略。随着我国社会经济的快速发展与全民健身运动的不断普及，广大人民群众对美好生活的期望迫切，对全民健身事业发展提出了更高要求。当前，“健身去哪儿”成为人民群众普遍关心的热点问题。全民健身设施是促进全民健身活动广泛开展的基本条件，因此，增强健身设施供给成为我国全民健身事业发展面临的重要课题。它既是一项重要的民生工程，也是发展以人民为中心的体育、建设体育强国的基础。以供给侧改革思维推进全民健身设施有效供给，一方面能够不断满足广大人民群众日益增长的体育需求，有利于推动体育融入生活，培养健康生活方式，提高人民群众的获得感和幸福感；另一方面将提升要素供给效率，促进体育消费，推动体育产业高质量发展，为我国经济稳步增长做出贡献。

一、增强全民健身设施有效供给的重要意义

近几年来，我国经济保持中高速增长，国内生产总值已稳居

世界第二，中产阶层迅速扩张，接近3亿人，其在保健、旅游、体育、娱乐等方面的消费支出迅速增长。2017年我国城乡居民家庭恩格尔系数降至29.30%，符合联合国划分的富足标准。习近平总书记在党的十九大报告中指出，中国特色社会主义进入新时代，我国社会主要矛盾已经转化为人民日益增长的美好生活需要和不平衡不充分的发展之间的矛盾。在体育领域，为了不断满足人民健身需求，促进人的全面发展，认真贯彻习近平总书记关于体育工作的重要论述，国务院办公厅相继出台了《体育强国建设纲要》和《关于促进全民健身和体育消费推动体育产业高质量发展的意见》，为新时期全民健身的发展和全民健身设施建设指明了方向，并且提供了政策保障。

（一）增强全民健身设施有效供给，是不断满足人民群众日益增长的多元化健身需求的必要举措

在新时代，人民群众健康水平有所提高，全民健身意识极大增强。每年参与大型全民健身示范性活动的总人数超过1亿人次。2017年天津全运会以“我要上全运”为主题的群众体育项目选拔赛在全国共举办赛事数万场，参赛群众达数百万人。2018年全国共举办马拉松及相关运动规模赛事1581场，比2017年增长超过43%。据不完全统计，目前活跃在城乡基层社区以健身团队为主体的未登记体育社会组织的数量超过100万个，网络体育组织数量超过80万个，并呈快速发展之势。青少年体育社会组织不断涌现，全国各类青少年体育俱乐部超过6000个。

2016年国家体育总局发布的《体育产业发展“十三五”规划》明确提出，我国体育需求将从低水平、单一化向多层次、多元化扩展，体育消费方式将从实物型消费向参与型和观赏型消费扩展。2018年我国人均国民总收入达9732美元，人民群众拥有了中高端体育消费的能力，许多全民健身参与者已不再满足于传统

的、大众的体育项目，小众运动项目受到越来越多人的关注，滑雪、水上、户外等运动的需求大大增加。2018年全国雪场的数量已经超过740家，全年滑雪人次突破2000万人。

人民群众日益增长的多层次、多元化体育需求对全民健身设施供给提出了更高的要求。《体育强国建设纲要》明确要求统筹建设全民健身场地设施，鼓励社会力量建设小型体育场所，完善公共体育设施免费或低收费开放政策，有序促进各类体育场地设施向社会开放。

（二）增强全民健身设施有效供给，是全面建成小康社会的内在需求

体育参与率与人民群众幸福感密切相关。联合国公布的2019年《世界幸福报告》中全世界幸福感最高的国家，与非营利组织全球健康研究所的调查报告《为健康而动：全球体育活动经济》（Move To Be Well: The Global Economy of Physical Activity）中公布的体育和身体娱乐活动参与率最高的国家，排在前20位的有14个是重合的，如挪威、冰岛、瑞典、芬兰和丹麦都是幸福感强且体育参与率高的国家。

习近平总书记顺应世界体育发展潮流，在会见第31届奥运会中国体育代表团全体成员时指出："希望同志们充分认识体育对提高人民健康水平的积极意义，落实全民健身国家战略，普及全民健身运动，促进健康中国建设。"习近平总书记在出席全国卫生与健康大会时强调，没有全民健康，就没有全面小康。要把人民健康放在优先发展的战略地位，以普及健康生活、优化健康服务、完善健康保障、建设健康环境、发展健康产业为重点，加快推进健康中国建设，努力全方位、全周期地保障人民健康，为实现"两个一百年"奋斗目标、实现中华民族伟大复兴的中国梦打下坚实的健康基础。

在全面建成小康社会决胜期，全民健身在提高全民族身体素养和健康水平方面发挥着重要作用。而场地设施是限制全民健身发展的关键因素，解决“健身难”的问题需从场地设施供给抓起。从这个角度出发，提升全民健身设施有效供给是全面建成小康社会的内在需求。

（三）增强全民健身设施有效供给，是落实全民健身国家战略和体育强国建设战略的基础保障

党的十八大以来，习近平总书记在多个重要场合深刻阐述了全民健身在体育强国建设中的重要作用。习近平总书记强调，要广泛开展全民健身运动，促进群众体育和竞技体育全面发展。各级党委和政府要高度重视体育工作，把体育工作放在重要位置，切实抓紧抓好。体育强则国家强，国家强则体育强。发展体育事业不仅是实现中国梦的重要内容，还能为中华民族伟大复兴提供凝心聚气的强大精神力量。要弘扬中华体育精神，弘扬体育道德风尚，推动群众体育、竞技体育、体育产业协调发展，加快建设体育强国。加快建设体育强国，就要坚持以人民为中心的思想，把人民作为发展体育事业的主体，把满足人民健身需求、促进人的全面发展作为体育工作的出发点和落脚点，落实全民健身国家战略，不断提高人民健康水平。

由此可见，落实全民健身国家战略和体育强国建设战略离不开全民健身的普及，而全民健身设施有效供给是满足人民健身需求、广泛开展全民健身运动的基础保障。

二、我国全民健身设施供给工作的成效与存在的主要问题

总结我国全民健身设施供给工作取得的成绩和经验有利于坚

定信心，做好今后的工作；而谈问题有利于保持清醒，深挖问题根源，对症下药。

（一）我国全民健身设施供给工作的成效

在以习近平同志为核心的党中央正确领导下，国家体育总局会同中央有关部门，利用中央集中彩票公益金、中央预算内投资、中央财政资金，支持地方建设完善社区健身中心、体育公园、农民体育健身工程、县级公共体育场、足球场等全民健身设施。从2014年开始，中央财政分别按照补贴标准的20%、50%、80%，对东部、中部、西部地区的1200多个大型公共体育场馆免费或低收费开放进行补助。在国家体育总局等中央部门的指导支持下，地方各级政府加大了对全民健身设施建设的投入力度，结合当地实际新建、改建了一批健身设施，并且在建立全民健身设施建设管理部门联动机制、制定全民健身设施规划建设政策标准、鼓励社会力量参与、支持各类公共体育场馆对社会开放、推动学校体育场地开放、开展体育扶贫等方面取得了一定的成绩。

1. 出台多项场地设施政策，积极制定相关标准

国家体育总局会同中央有关部门先后出台《城市居住区规划设计标准》《城市公共服务设施规划标准》《城市社区体育设施建设用地指标》《国家体育总局关于进一步加强室外健身器材招标采购及配建管理工作的意见》《大型体育场馆免费低收费开放补助资金管理办法》等多项场地设施政策。此外，国家体育总局还开展了“所有权归国有、经营权归公司”的两权分离改革试点和“改造功能、改革机制”的试点工作。

在相关标准方面，先后研制出台了2项场地配置标准，即全民健身活动中心分类配置要求、城市社区多功能公共运动场配置要求；5项场地建设标准，即体育建筑设计规范、游泳池给排水工程技术规程、体育场馆声学设计及测量规程、体育场馆照明设计及检测标准、体育建筑智能化系统工程技术规程；14项场地设施标准，如体育照明使用要求及检验方法、室外人工滑雪场节水技术规范、高尔夫球场节水技术规范、滑索通用技术条件、城市社区体育设施技术要求、游泳池水质标准，等等。

在场地服务方面，出台休闲露营地建设与服务规范；在青少年营地方面，出台全民健身活动中心管理服务要求、体育场所服务质量管理通用要求等。

与此同时，各省（自治区、直辖市）也逐步制定相关政策，完善全民健身设施服务规划体系。例如，河北省发展和改革委员会、体育局联合印发了《河北省“十三五”公共体育普及工程实施方案》，对县级公共体育场、全民健身活动中心和足球场等中央预算内投资补助项目进行了总体部署和安排。《湖北省新全民健身示范工程四年行动计划》以县、乡镇（街道）、村三级体育设施建设为主体，《湖北省全民健身赛事活动四年行动计划》以促进项目普及和打造有影响、有特色、辐射力强的品牌赛事活动为目标，带动群众体育“六边”工程实施，为推动公共体育服务体系建设提供了有力保障。

2. 全民健身设施数量大幅增长

中华人民共和国成立以来，特别是改革开放40多年来，我国体育场地设施建设快速增长。据《第六次全国体育场地普查数据公报》，我国有体育场地169.46万个。其中，室内体育场地16.91万个，室外体育场地152.55万个，体育系统所属的大型体育场馆有1300多个。

根据2018年国家体育总局会同国务院全民健身工作部际联席会议成员单位开展的“健身去哪儿”工作专题调查结果来看，截至2017年12月31日，全国行政村健身场地设施覆盖率超过87%，社区健身场地设施覆盖率超过88%。有26个省（自治区、直辖市）行政村健身场地设施覆盖率达到80%，其中，实现100%全覆盖的省（自治区、直辖市）有13个；有23个省（自治区、直辖市）社区健身场地设施覆盖率达到80%，其中，实现100%全覆盖的省（自治区、直辖市）有14个。全国行政村健身场地设施覆盖率相比“十二五”末期（74%）有了显著的提高，北京、山西、辽宁、黑龙江、上海、江苏、浙江、安徽、福建、湖南、广东和宁夏等12个省（自治区、直辖市）已经实现了行政村和社区健身场地设施全覆盖。全国有12个省（自治区、直辖市）人均体育场地面积达到1.8平方米，提前实现《全民健身计划（2016—2020年）》中“人均体育场地面积达到1.8平方米”的目标。

3. 全民健身设施的资金和土地投入增幅较大

近年来，各级政府通过政策支持、资金引导等方式建立多元投入机制，调动各级政府积极性，全面提升了全民健身设施建设水平。例如，“十三五”以来，吉林省体育局为调动各级政府积极性，在全民健身场地设施建设方面加大投入，每年向省财政厅争取5000万元全民健身综合场馆建设和维修改造资金，专项用于补助各市县综合场馆建设；“十二五”以来，全省全民健身场地设施投入超过30亿元，群众健身条件得到了明显改善。为全面落实中央关于精准扶贫、精准脱贫方略和习近平总书记脱贫攻坚重要讲话精神，部分省（自治区、直辖市）结合中央集中彩票公益金转移支付支持建设体育设施工作，通过地方体育彩票公益金补贴模式将体育设施建到贫困地区，推进公共体育服务均等化。

4. 公共体育场地设施开放取得新进展

在落实好中央关于大型公共体育场馆免费、低收费开放补助政策的基础上，上海、贵州、广东等地出台了中小型公共体育场馆开放运营扶持政策。

广东省从2015年开始，在省级体育彩票公益金中安排1.406亿元补助中小型公共体育场地设施免费、低收费开放，并开展了创建广东省公共体育场馆免费、低收费开放示范单位以及学校体育场馆向社会开放示范单位等工作。贵州省于2016年印发了《关于推进全省中小型体育场馆向社会开放的实施办法（暂行）》，落实配套资金，推动该省中小型体育场馆向社会免费、低收费开放。上海市采取政府购买服务的形式，向服务于社区的机构提供适当的财政补贴。

（二）我国全民健身设施供给存在的主要问题

虽然我国全民健身事业取得了令人瞩目的成就，全民健身设施数量大幅度增加，设施管理和服务水平显著提升，群众健身的环境和条件明显改善，但是人民群众日益增长的体育需求与体育设施有效供给不足的矛盾依然突出，体育场地设施的建设和服务与群众的需求还存在较大差距。

1. 全民健身设施政策和标准有待进一步完善

建立科学完善的健身场地设施标准化体系是场地设施实现规范化发展的重要依据，而相应的行业服务管理规范则是切实解决群众“健身去哪儿”问题的重要内容。目前，我国新型群众性健身场地设施如体育公园和体育综合体等在建设施工、竣工验收，尤其是运营管理和服务等方面的标准规范仍有所欠缺，项目实施缺乏规范化指引和可参考的标准化操作流程，由体育部门进行监管缺乏依据，场地设施在安全方面存在隐患，在服务质量方面参差不齐。例如，河北省反映场地设施验收缺乏标准，天津市则认为经营性场馆缺乏行业规范和标准。中央财政对部分大型公共体育场馆给予了免费或低收费开放补助，目的是提高公共体育场馆利用效率，为群众提供更多的健身活动场地。但是，很多地方公共体育场馆补助政策主要依据座位数安排补助资金，中小型场馆享受不到补助，特别是社会力量运营的场馆得不到补助。与此同时，对公共体育场馆免费或低收费开放进行财政补助，冲击了社会力量兴办的体育场馆，使其难以实现盈利，从而影响了社会力量兴办体育健身场所的积极性。

2. 全民健身设施的资金投入不足，用地保障不够

我国群众健身场地设施主要来自政府财政资金，投资来源单一。各地虽把公共体育设施的建设、维修、管理资金列入本级人民政府基本建设投资计划和财政预算，但预算金额比例并无具体规定，特别是部分省份由于近年来财政资金紧缺且脱贫任务艰巨，本级预算主要用于脱贫攻坚工作，对健身场地设施建设支持力度不足。与此同时，社会力量投资较少也是造成健身场地设施资金不足和来源单一的重要原因。目前，社会力量参与群众性健身场地设施投资的意愿不强、范围不广，其原因主要是国家对社会力量兴办体育场馆的政策支持不明确，地方对鼓励社会力量兴办体育设施的相关支持政策落实不到位。科学规划是合理布局群众健身场地设施、破解群众“健身去哪儿”问题的重要前提。尽管《中华人民共和国体育法》《公共文化体育设施条例》等相关法规条例对于公共体育设施用地以及人均室内外场地面积都有明确规定，但各省（自治区、直辖市）都不同程度地存在体育用地指标相对紧缺，存在体育用地性质被改变、体育用地被占用等问题，具体体现为城区内规划体育用地较少，县、街道（乡镇）、社区（行政村）的建设缺乏整体的体育健身设施规划，在集中居住区内难以安排健身场地设施。

3. 学校体育设施开放度不够，有效利用率不高

《全民健身计划（2011—2015年）》评估结果显示，全国各省（自治区、直辖市）中，学校体育场地开放率在50%以下的有15个，开放率在80%以上的只有5个。此次调查结果显示，目前约占全国现有体育设施存量40%的学校体育设施对外开放工作依然进展较慢，部分学校短暂开放后又“闭门谢客”。这一方面造成资源闲置，另一方面学校周边社区居民无健身设施可用。调查发现，2017年教育部办公厅会同国家体育总局办公厅印发的《关于推进学校体育场馆向社会开放的实施意见》在实施中还有很多障碍需要克服，包括：场地设施开放后如何保障师生和锻炼人员的安全，如何明确因场地设施开放带来的学校职工加班的工作补贴和责任，等等。

4. 全民健身设施的管理服务水平需进一步提高

从20世纪90年代国家体育总局支持推动各地建设“全民健身路径”室外健身器材等全民健身设施项目以来，目前多数行政村和社区已建有健身设施。与此同时，也存在室外健身器材等健身设施超期“服役”、更新不及时、损坏后管理维修跟不上等问题。很多地方尚未建立行之有效的健身设施管理维护机制，相关责任主体不明晰，权、责、利划分不清，大大制约了这些健身设施的管理使用。

另外，我国基层体育管理部门和服务单位人才匮乏。以云南省为例，全省16个州（市）仅有3个体育单列部门，13个与其他机构合并部门，129个县（市、区）中，128个体育部门与其他部门合并。由于合并后部门领导对体育工作和全民健身事业的认识不到位，专职从事体育工作人员减少，加之体育方面的经费有限，各项体育工作落实难度很大，体育场馆普遍缺乏专业运营管理人才及服务人员。与此同时，尽管部分有条件的省份已经先试先行，探索建立了平面化、动态化的健身场地设施数据管理平台，初步或部分实现了对健身场地设施的立项申报、审批、建设、竣工、日常管理与维护、使用等情况的监管，但国家尚缺乏对健身场地设施建设管理信息化平台的顶层设计。由于缺乏统一的技术标准和管理服务要求，平台建设质量参差不齐，难以形成地区间和国家的数据共享；同时，面向群众个体的智能化体育健身服务碎片化严重，缺乏统筹管理，不利于建立健身场地设施大数据。

三、增强全民健身设施有效供给的对策建议

全民健身设施建设是全民健身普及的基础和保障，是落实体育强国建设战略的关键因素，也是全面建成小康社会的内在需求。为满足人民群众对健身设施的需求，必须坚持以习近平新时代中国特色社会主义思想为指导，以供给侧改革思维推进全民健身设施有效供给，细化相关政策法规，并且加强贯彻落实，用好存量，扩大增量，提升要素供给效率，力争做到全民健身设施可持续供给。

（一）完善和细化全民健身设施政策和标准

破解“健身去哪儿”难题涉及体育、发改、自然资源、住建、财政、税务等多个部门，需协同发力，要充分发挥国务院全民健身工作部际联席会议的示范引领作用，推动建立健全各级政府全民健身工作部门间联席会议制度。从国家层面完善政策机制，在重大城建项目规划中，将全民健身等体育元素纳入整体规划和建设之中。将体育部门纳为地方各级政府城乡规划建设委员会成员单位，为体育部门参与各级规委会工作提供便利。抓紧研究制定关于全民健身设施规划建设的指导意见，实施《城市居住区规划设计标准》《城市公共服务设施规划标准》，指导地方根据不同城市人口规模、地域面积，落实全民健身设施规划建设相关指标，并要求各地将全民健身设施纳入经济社会发展规划、城乡建设规划、土地利用总体规划，实现“多规合一”。体育部门要编制更多项目、更多种类的全民健身场地设施国家标准和技术规范，并指导制定地方标准。要修订地方公共体育场馆补助政策，将目前主要依据体育场馆座位数进行补助，转为主要依据体育场馆接待人次、体育赛事和体育活动开展情况等体育场馆应提供的公共体育服务进行补助。

（二）切实保障全民健身设施用地供给和资金投入

建议中央有关部门研究出台切实可行的政策措施，指导支持地方利用绿化用地、闲置土地等建设全民健身设施。按照《城市社区体育设施建设用地指标》规定，新建居住区和社区要按室内人均建筑面积不低于0.1平方米、室外人均用地不低于0.3平方米的标准，配套建设全民健身设施，并与住宅区主体工程同步设计、同步施工、同步验收、同步投入使用。对没有全民健身设施或现有设施未达到规划建设指标要求的老城区、已建成居住区，要通过改造等方式予以完善。城乡规划主管部门在规划审核和建设工程设计方案总平面图审查时，应将《城市居住区规划设计标准》《城市公共服务设施规划标准》《城市社区体育设施建设用地指标》落实情况纳为审查内容，不符合标准要求的不得组织竣工验收。鼓励城市将待利用土地临时用于建设体育健身设施，按照临时建筑办理规划手续。在经费投入上，一方面要加大中央财政对全民健身设施的转移支付力度，制定具体的扶持办法；另一方面要积极争取各级财政资金，同时鼓励和引导社会各级力量，筹集各种资金，整合各种资源，共同推进体育场地设施建设工作。在资金使用方面，有关部门要督导各地严控大型体育场馆建设，将资金重点投向社区健身中心、体育公园、健身步道、社区多功能运动场等群众身边的小型体育健身设施。

（三）挖掘学校体育设施开放潜力

抓好《关于推进学校体育场馆向社会开放的实施意见》的贯彻落实工作，地方政府要制定具体方案，采取具体措施，将学校体育场馆开放纳入政府公共服务范围、本级政府财政预算，为学校体育场馆开放创造必要条件，提高学校体育场地对社会开放的积极性、主动性。各级政府部门要制定对学校体育场地设施开放安全、管理、维护等问题具有可操作性的政策指导文件，提供运营管理资金支持，协调推进学校体育设施向群众免费或低收费开放，并不断延长开放时间，拓展开放项目，从而解决群众无法就近健身的问题。

（四）鼓励引导社会力量兴办全民健身设施

建议有关部门研究制定利用绿化用地、闲置土地、废旧厂房等土地和建筑建设全民健身设施的规划与项目报批指引，为社会力量利用这些非体育用地和非体育建筑建设全民健身设施提供指导、创造便利。鼓励和吸引社会资本以合资、独资、政府与社会资本合作等方式参与体育场馆设施建设。同时，加快推进通过政府购买服务方式向社会力量兴办的健身场所购买公共服务，弥补公共体育健身设施的不足。加大对社会力量兴建体育场馆设施扶持力度，鼓励社会力量建设小型化、多样化活动场所和健身设施，从资金、土地、税费等方面给予支持。要落实对民营场馆在经营方面的各项优惠政策，细化地方标准，降低经营成本和消费价格，激发社会资本活力。拓宽对全民健身场馆开放补助范围，特别是坚持公益开放，为群众全民健身提供服务的民营体育场馆，在水、电、燃气、供暖等方面给予明确的优惠政策。规范体育场馆设施经营的行业标准，规范收费、服务、项目培训等标准，引导专业人员或社会体育指导员参与场馆的服务组织工作，使以社会力量为经营主体的场馆逐渐得到群众的信任和认可。

（五）完善全民健身设施建设，提升管理服务水平

建议中央有关部门进一步加大资金投入力度，指导支持地方建设完善群众身边的健身设施，包括健身步道、体育公园、社区健身中心、智能健身房、“双改”体育场馆（改造场馆功能、

改革场馆管理体制）、街边镶嵌式健身点、利用商场和旧厂房改造的体育设施、体育运动休闲综合体等，引导支持地方维修、更新超期“服役”的健身设施。推动大型体育场馆向体育服务综合体转变，理顺场馆所有权和经营权的关系，降低体育场馆自身运营管理成本，投入资金主要支持群众参加体育赛事活动和日常健身。建议进一步完善公共体育场馆建设与开放的评估体系，对相关评分办法、参数指标进行优化，对各类场馆进行分类评估，可建立公共体育场馆开放评估信息管理系统，对体育场馆免费、低收费开放工作的资金申报、监管执行、检查评估等工作做到全方位掌握，并提供相关信息交流平台，实时共享相关信息与资源，并通过逐步延展的方式，与各体育场馆的开放服务平台对接整合，从而提高监管和评估工作效率，提升管理和服务水平，实现全过程监控与管理。

（六）加强组织领导，强化监督检查

按照中央统筹、省（自治区、直辖市）负总责、县（市、区）抓落实的总体要求，建立责任明确、分工合理、齐抓共管的工作机制。各级政府要以县级行政区域为基本单元和落实主体，将全民健身设施规划建设工作纳入重要议事日程、重点安排，将健身场馆、场地建设的规划、资金等纳入财政预算之内，中央对各级政府依法履行全民健身场地设施建设主体责任要有监督和问责机制。各级政府也要对本行政区域全民健身设施规划建设、场馆开放等各项工作进行监督检查，聚焦全民健身设施规划建设领域存在的主要矛盾、突出问题和缺漏环节，强化对全民健身设施规划设计、用地指标落实情况的督导检查和绩效评价，实现规划督查全覆盖。

参考文献

[1] 于子茹."平语"近人——习近平的健康之"道"[EB/OL].(2015-10-30)[2019-11-29].http://www.xinhuanet.com/politics/2015-10/30/c_128372965.htm.

[2] 陈凯茜.2017年全国恩格尔系数29.3% 已达联合国富足标准[EB/OL].(2018-01-18)[2019-11-29].http://www.xinhuanet.com/fortune/2018-01/18/c_129794235.htm.

[3] Global Wellness Institute.Physical Activity Is an $828 Billion Market - To Reach $1.1 Trillion+ by 2023[EB/OL].(2019-10-15)[2019-11-29].https://globalwellnessinstitute.org/press-room/press-releases/physical-activity-billion-market/.

[4] 杨磊.开展全民健身，建设健康中国 习近平总书记一直在关心[EB/OL].(2019-08-07)[2019-11-29].http://sports.people.com.cn/n1/2019/0807/c14820-31281297.html.

[5] 金佳绪.留心看，习近平新春前夕考察这些细节[EB/OL].(2019-02-03)[2019-11-29].http://www.xinhuanet.com/politics/xxjxs/2019-02/03/c_1124081875.htm.

青少年体育后备人才培养模式研究
——以篮球为例

竞技体育课题研究组

中华人民共和国成立后，我国青少年后备人才培养模式经历了起步阶段（1949—1966年）、业余体校三级化调整阶段（1966—1972年）、“举国体制”三级训练网体系阶段（1972—1986年）、体教结合改革阶段（1986年至今）四个阶段。1972年开始，业余体校和与业余体校相关联的训练基地创建，训练开始恢复，逐渐形成了业余体校—省市专业队—国家队三级化培养模式。这个模式在计划经济阶段显示了一定的制度优越性，体育系统培养出的专业运动员在国际比赛中取得了优异的成绩。随着经济社会发展的转型、人才竞争的加剧和就业制度的改革，三级化培养体系对青少年后备人才的吸引力逐渐减少。尤其是以1998年中国大学生篮球联赛为标志的学校比赛体系逐渐建立并发展后，单一渠道的以体育系统为核心的青少年人才培养模式逐渐发展成体育、教育、社会的多元化培养模式。体育和教育结合的方式也演变了几种方式：一是高校招收高水平运动员；二是青少年专业队学校化，这被称为体教模式；三是中学办特色运动队，这被称为教体模式。

2017年11月10日，国家体育总局、教育部联合印发了《关于加强竞技体育后备人才培养工作的指导意见》；2017年11月

28日国家体育总局与教育部、中央文明办、发展改革委、民政部、财政部、共青团中央等七部委联合印发了《青少年体育活动促进计划》；2019年8月10日，国务院办公厅印发了《体育强国建设纲要》，其中提出“创新优秀运动员培养和优秀运动队组建模式”，要“构建政府主导、部门协同、社会力量积极参与的‘三大球’训练、竞赛和后备人才培养体系”；在“重大工程专栏”中提出“青少年体育发展促进工程”。这些文件的下发和推出，给新时代青少年体育后备人才培养新模式的探索提供了政策依据。

一、我国青少年体育后备人才培养模式的现状概述

（一）现阶段我国青少年体育后备人才主要培养途径

途径一：体校、后备人才基地、体育职业技术学院等职业学校。体校、后备人才基地、体育职业技术学院等职业学校长期以来一直是我国高水平青少年体育后备人才培养的主要途径之一，已经形成了比较完善的训练体系，在训练和比赛方面有较丰富的经验和较完备的场馆设施条件。但随着教育系统开始培养高水平运动队，体育系统的学校面临竞争力不足、生源萎缩的问题，后备人才的储备遇到巨大的挑战。图1为传统意义上的体育、教育、社会三条培养途径示意图。

途径二：全日制普通中学。全日制普通中学具有得天独厚的升学教育资源、人才资源优势，传统体育项目学校等普通中学通过建设校级运动队培养后备人才，但由于学重于训，训练后勤保障不足，教练员专项能力欠缺，训练的系统性、训练时间和投

入不如体育系统的职业学校，使得优秀竞技后备人才的成才率较低。近年来，随着足球、篮球、健美操等项目进入校园，参与校园体育的人数迅速增长，但获得普遍良好的社会认可度和形成舆论氛围尚需时日，短期内很难为培养高水平后备人才做出贡献。

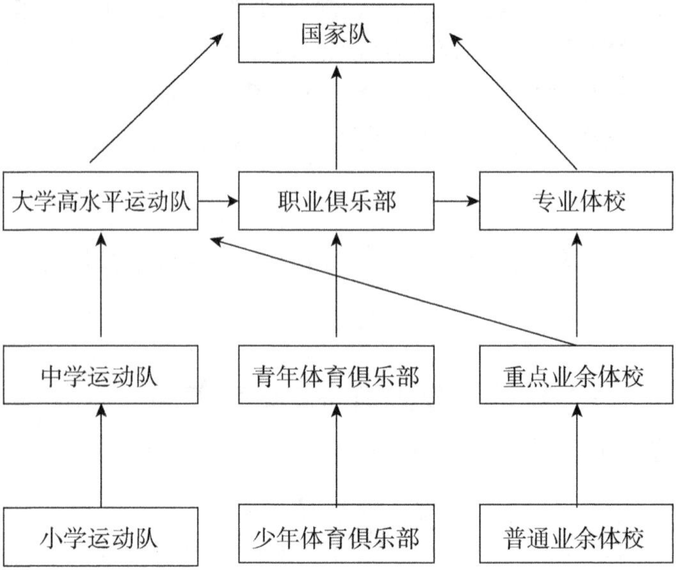

图1

途径三：职业俱乐部。职业俱乐部聚集了优质的社会资源，包括国内高水平的教练员、天赋较好的运动员、明确的人才培养目标、相对高质量的后勤保障等，是目前我国青少年高水平后备人才培养的重要渠道。但目前除足球项目主要靠俱乐部培养青少年后备人才以外，其他项目的职业俱乐部数量不多。且俱乐部财力有限，人才培养是个长期工程，投入较大，从投入产出的角度看，他们只能侧重培养天赋突出、将来能进入职业体育的顶尖苗子，培养的高水平后备人才质量高但数量少，很难形成大面积的高水平人才培养梯队。

途径四：社会体育培训机构。随着全民健身和体育产业的快速发展，我国出现了大量的社会体育培训机构，这些机构具有灵活、适应市场能力强的优势，能较好地满足社会对青少年培训的广大需求，通过产业化、市场化和商业化运作，在市场运作中获得一席之地。但是这些机构中的大多数聚焦于财务目标，缺乏项目发展规划；费用较高，专业水平低，主要以普及性教育为主；教练员水平也参差不齐。就目前情况看，它的主要功能在于启发项目兴趣，传授项目基本技术，带动青少年锻炼身体，是青少年运动娱乐、培养健康体格的手段，很难成为我国青少年后备人才培养的主要渠道。

途径五：走出国门，去欧美留学训练。经济较发达的国内大中城市，部分天赋较好且有经济条件的青少年走出国门，到欧美较先进的青少年训练环境中留学训练。当下，也有一些通过这种形式培养出来的优秀青少年脱颖而出。

途径六：国内发达城市的国际学校。在北京、上海、广州等地的国际学校内，由于没有国内的升学压力，课业负担较轻，体育课的比重相对较大，出现一批热爱体育、常玩体育的学生人群，其中不乏优秀的青少年体育人才。

（二）体育、教育、社会参赛和受训青少年人数的比较

以篮球为例，目前我国逐渐形成了青少年篮球三大赛事体系，即中国篮球协会U系列赛事、中体协（中国中学生体育协会）全国初高中联赛，以及耐高、Jr.NBA、斯伯丁初中联赛为代表的城市邀请赛。中国篮球协会U系列赛事体系由U13、U15、U17、U19和U21比赛组成，基本构成了每两个年龄段都有全国性比赛开展的格局。2018年中国篮球协会主办的U系列比

赛共计31项，赛区达61个，参赛球队共计478支，其中男子参赛队290支，女子188支，比赛场次达2449场，29 388人次参赛。

2018年全国初中高中篮球联赛累加参赛队伍221支，参赛队员人数累计2497人。大学职业院校篮球联赛和CUBA联赛合计参赛队伍1766支，累计参赛队员人数达61 085人。

中国篮球协会主办的中国小篮球联赛是一个融合学校、体校和社会俱乐部各层面的12岁以下运动员参加的篮球业余比赛。2018年全国参赛人数超过10万人，2019年参赛人数增加到18万人。

表1为篮球高水平后备人才基地数、开展篮球运动的体校数量以及校园篮球特色学校数量的数值对比。综上所述，三种最主要的人才培养模式中，从参加篮球比赛的学校数量上看，体育系统的存量最小，教育系统次之，最广大的人群在社会，但从人才质量上看，高水平职业篮球俱乐部的后备人才储备质量最好，其次是体校。此外，通过中国篮球协会后备人才基地的在训青少年人数分析得出，受经济发展程度限制，各省市高水平基地的分布并不均匀，东部地区多，中西部地区较少。

表1　篮球高水平后备人才基地、开展篮球项目的体校、校园篮球特色学校数量对比

	2017年开展篮球项目的体校	2018年中国篮球高水平后备人才基地	2018年校园篮球特色学校
数量/个	1720	44	6357

二、人才培养存在的主要问题

如果说青少年体育后备人才是水，那么学校就是源，所有的青少年体育后备人才，从广义来说包括社会俱乐部的青少年，均来源于学校，这里的学校既包括体校，也包括普通学校。青少年后备人才的培养模式目前还是以政府为主导，包括国家投资建设的体校、学校，其他私立学校、自费留学以及社会俱乐部的培养模式属社会化和市场化形式，这种形式是补充。青少年后备人才数量比10年前总体上有所增长，但顶尖人才的质量却有所下降。主要原因具体分析如下。

（一）社会对体育的偏见未消除

中国自宋代以来形成了重文轻武的传统，学而优则仕。况且体育这个词还是舶来品，中华人民共和国成立以前，体育是外国人和少数国内上流社会人士的游戏，与老百姓并无多少交集，未在群众心中扎下根，他们对体育也没有全面深刻的理解。重训练轻学习的竞技体育青少年人才培养模式给全社会留下了“头脑简单，四肢发达”的印象。不仅学校、家长，大多数人对体育都一直存在着偏见，学训矛盾一旦出现，都以牺牲体育时间而告终。

（二）青少年体育后备人才培养模式不合理

当前几种主要的体校、高水平社会俱乐部等国内后备人才培养模式都是从青少年群体中选择一部分天赋较高且喜爱体育的青少年，尽可能多地把所有的训练、竞赛等资源倾注给他们，锁定目标，精耕细作，以输送优秀人才、竞技夺标为唯一目标，但不注重人的全面发展，不考虑人的个性特点，对综合能力的培养有所欠缺。部分学校做到了学训并重，但校队的训练强度、训练水平限制了对运动员潜力的发掘。以足球为例，2019年中国足球人口数据显示，青少年业余球员（8~18岁）91 772人，草根球员（含学校和社会培训机构）150 986人。与中国2亿多青少年在校生相比，以上几种培养模式，只培养了极少一部分精英体育人才，未顾及广大青少年群体的体育需求，导致青少年体育后备人才的塔基单薄。广大爱好体育但没有被校队选中的青少年失去了在接受体育教育的机会，失去了体会体育乐趣的机会，失去了在体育中成长的机会。这与《体育强国建设纲要》内的文件精神无疑是相背的，也漏掉了一批值得培养的青少年。

（三）两种不同的行政管理体制，导致青少年人才培养条块分割

全国2亿多的青少年在校生，是中国体育的基础和未来。但目前青少年群体由于培养渠道不同，归属不同部委管理，导致资源不能共用，人才不能流动，影响运动水平的提升。目前两者结合已经做得不错的项目有足球、篮球等，但融合过程依然任重而道远。2017年中国篮球协会改革以来，中国篮球协会与学生体协之间建立了战略合作伙伴关系，U系列赛事全面向教育系统放开，训练营专门给教育部门留出名额，国青、国少的选拔上也吸收了学校的学生参加。但学生体协面对抛来的橄榄枝较为迟疑，它们有自己的训练体系和竞赛体系，因历史原因不愿轻易突破，顾虑重重。协调沟通机制尚未建立，资源未能形成有效的合力，制约着我国青少年体育整体水平的飞跃。

（四）体育教育的目标定位在增强学生体质，与青少年后备人才培养不一致

《青少年体育活动促进计划》中提到，以习近平新时代中国特色社会主义思想为指导，以提高青少年体质健康水平和综合素质为根本目标，以“强化体育课和课外锻炼，促进青少年身心健康、体魄强健”为根本宗旨，坚持政府主导、部门协作、社会参与，建立和完善有利于青少年体育活动开展的体制机制，营造全社会关心支持青少年体育的氛围，引领促进青少年体质健康的新实践。体育教育的目标为增进学生体育技能和促进其体质达标，

加强体育课和课外体育锻炼，促进青少年健康成长，与培养和选拔优秀青少年体育后备人才的目标存在较大差距，学校体育向后备人才培养方向转变也缺少政策依据。

（五）基层教练员执教能力偏弱

我国高水平教练员十分欠缺，在中国篮球协会注册的青少年篮球教练员约为386人。与职业队相比，基层体校教练员工作条件艰苦，待遇较差，上升通道不畅，能够常年扎根基层的教练员很少，也很少有专业队下来的高水平运动员愿意去基层执教。随着老一批高水平、高职称的教练员退居二线，新补充进来的年轻体校教练员专业水平和敬业精神有待提高。教育系统的教练员大部分由体育老师兼职，缺乏专业体育教练员的能力素质，训练效果和质量受到一定制约。目前社会篮球培训机构中的教练员流动性较大，且大多数没有资格证书，水平不明。

（六）体校管理机制欠缺，不能承担更多的社会责任

体校目前的管理机制大多数是政府拨款下的事业管理机制，经费有限，训练费、伙食补贴、教练员工资等按编制每月拨付，经费审计要求严格。故体校目前只能做好招生范围内的例行工作，无力安排更多的社会培训、体育普及教育、职业教育转型等工作。此外，不允许收费训练的规定，使体校教练员失去开拓社会体育教育的积极性，也无法承担更多的体育社会责任。

三、新时代体教融合的工作对策

在新时代，青少年体育后备人才培养工作应以人为本，以人的全面发展为培养目标，本着创新、协调、绿色、开放、共享的新发展理念，打开体教融合的新篇章。

（一）加强宣传，培养社会对体育的正确观念

大力宣传体育对强健体魄，培养勇敢拼搏、奋勇向上、公平竞争、团结合作的人文精神，塑造和完善人格的作用，以及增进了解的社会交往功能。加强体育成功人士的正面宣传教育，大力宣传中国杰出运动员、教练员的感人事迹，提升他们的社会影响力和美誉度。大力宣传中华体育精神（女排精神、乒乓精神、登山精神）、爱国主义、集体主义、革命英雄主义精神，讲好中国体育故事。

（二）从国家顶层设计上统一认识，让体育和教育各自做自己擅长的事

要改变目前两个部委各管一摊的现状，真正实现青少年后备人才的举国体制，就需要从国家层面进行资源整合，进行制度的创新，让体育和教育各自做自己擅长的事。国家体育总局来负责青少年所有赛事的规划、合并，培训体育教师和教练员，向学生体育协会提供方案和技术支持。教育部管理所有学校包括体校在内的教学工作，以及组织学生报名参赛、体育教师参加培训和比赛培训资格的认定工作，把体育教育下沉到学校的每个角落。

（三）两个部委联合建立青少年各年龄段和不同水平的赛事体系以及在此基础上的人才选拔体系，建立吸引特殊人才的奖学金计划

1. 调整学生体育教育目标

在这百年之未有之大变局，教育系统应从观念上彻底改变练体育耽误学习的偏见，还原体育原本从属于教育的本质。学校体育存在的意义不仅仅是使学生体质健康标准达标，更要将促进青少年提高身体素养和养成健康生活方式作为学校体育教育的重要

内容。允许青少年在体育上做更多的探索，把热爱体育、有体育天分和潜力的青少年向高水平培训机构输送，使之成为未来的体育栋梁之材。

2. 建立统一的多层次不同水平的丰富赛事体系

不再区分参赛的主体是体校还是学校或是青少年俱乐部，是否能参加这个比赛，或能不能参加那个比赛，唯一的划分标准是年龄段和球队的整体水平，建立多层次不同水平的赛事体系，并且采用就近参赛、周末参赛的方式，让所有在校青少年均能按自己的意愿选择参加体育训练和比赛，在项目中找到适合自己的位置。做到无差别地对待每一名学生的体育教育权利。体育部门和教育部门可以分工，各办几个年龄段，体育部门为教育部门提供技术支持和人才的跟踪。同时，学校应对从事体育或从事其他特长的青少年在学业上给予一定的灵活度，但也要保证教育的公平性。图2是在新体教融合模式下的篮球赛事分级体系。

图2 新体教融合模式下的新篮球赛事分级体系

3. 建立多种形式的冬夏令营、训练营体系，培养和选拔人才

在全国U系列赛事的大平台上，分年龄、分区域开展协会、学校、社会培训机构组织的多种多样的冬夏令营和训练营，目的形式多样化，普及提高都可涉及。国家和地区体育协会通过制定标准、建立体系、开展冬夏令营以及与训练营建立合作关系，及时了解青少年后备人才的情况，对发现和培养输送青少年后备人才的组织机构进行适当的补贴和奖励，对优秀人才进行备案和跟踪。

4. 设立国家拔尖体育人才奖学金计划

在指定的后备人才培养基地或学校，协会或项目中心与教育机构可以联合设立国家拔尖体育人才奖学金计划。符合要求的学生可以向学校提交申请，由协会或项目中心专家组验证同意后，列入特殊培养计划。列入特殊培养计划的学生可以进入国内名校就读，并且由协会或项目中心保证其学习期间训练和竞赛的机会，提高竞技水平，为以后进入国字号队伍做准备。

（四）建立全行业的教练员培训和荣誉体系，全面提升基层教练员的执教水平，在行业内鼓励积极向上的行业风气

1. 建立全行业的教练员培训体系

为了着力解决目前基层教练员专业技术水平低的现状，体育部门，尤其是各级项目协会，应主动担负起培训全体基层教练员执教水平的责任。培养教练员是一个长期工作，需要大量的投入和持之以恒的努力。目前，中国篮球协会已建立了统一的国家级和A、B、C、D、E六级教练员等级认证制度和继续教育制度，统一学习、培训、考核、竞争上岗标准。在此基础上，还需要体育、教育两个部门联合建立专家组分头下基层指导青训，对科学

执教理念进行宣讲。

2. 建立体育教练员的全国性荣誉和奖励体系

基层教练员长年工作在训练的第一线，待遇差，工作繁重，工作变动的机会不多。项目协会管理者和学校管理者应提高管理水平，注意给他们多创造学习培训的机会，补充新鲜的行业信息，建立合理的激励和考核机制，及时肯定他们在工作中的成绩和付出，对工作有成绩的教练员及时进行精神和物质奖励，让他们劳有所获，心理上有归属感和幸福感。大力提倡工匠精神，培养一批专业化高素养教练员团队，全面提升教练员的实力、社会影响力。

（五）体校自我改革，改变僵化体制

随着社会对体育服务等各类产品的需要，体校等体育类职业学校应改变目前仅为竞技体育服务的现状，高点站位，从全局的角度考虑问题，以人民为中心，以青少年为中心，逐渐转变职能，向社会广泛地提供体育培训、职业教育、青少年体育培训等多种服务。

（1）体校应改变目前僵化的管理体制。现在的公有制体校都是事业单位编制，业务范围、专业设置、财务管理都非常严格，影响体校的活力。要进行体制机制改革，给学校松绑。

（2）在巩固和保证现有竞技体育重点项目的青少年后备人才训练的基础上，应积极向社会体育培训开放，使之成为青少年社会培训的前沿阵地。

（3）以负责的态度，规划和设计本校学生将来的职业方向、能力培养的方向。改变目前不适应社会需求的专业设置，设计符合社会需要的应用型专业。重视在校学生的文化课学习，合理安排学训时间，严格考试制度。

（4）给教练员松绑，鼓励他们在教学和训练上的创新和探索，并积极引进优秀教练员和管理开发人才，改变学校的现状。

（六）大力推进基层学校的体育设施建设和相关政策配套

要想建立一个宽基础的青少年后备人才培养体系，各普通学校需要充足的场地器材、教练员和训练时间。随之而来的是资金的投入和场馆协调，建场地场馆或租赁场地，培训体育老师或者聘用教练员。培训体育老师和教练员可以由项目协会或中心来负责，免费或低价进行培训。如聘用专职教练员，则需要创建一系列关于教练员的薪资待遇、晋升、奖励等的人事制度，为教练员进学校铺平道路。除此以外，还需要不受影响的训练时间。这是一个复杂的社会问题，涉及社会教育的公平性。怎样才能让家长、学校心甘情愿地把体育训练的时间留出来？如果体育成绩在考试中所占的比重加大，家长们自然会给学生留出锻炼身体的时间。如果练好体育有更好的选择、更好的前途，家长们自然会重视体育。十年树木，百年树人，这个道理需要长期宣传巩固。

参考文献

[1] 国务院办公厅.体育强国建设纲要[M].北京：人民出版社，2019.

[2] 王守恒，都娟，宫鲁鸣. 我国篮球项目竞赛体育后备人才培养发展的战略思考[J].首都体育学院学报，2013（6）：53-61.

[3] 李建国，林德华.竞技体育后备人才培养多元创新模式研究[J].广州体育学院学报，2014, 34（2）：73-76，80.

[4] 侯子宇.重点高中男子篮球队管理模式研究[D].株洲：湖南工业大学，2019.

[5] 付旭东.政府主导下的竞技体育后备人才培养现状及发展对策研究[D].大连：大连理工大学，2017.

[6] 王楠.我国竞技体育后备人才培养模式的演变[J].体育文化导刊，2013（6）：60-62.

打造国家体育总局系统国有资本投资运营平台路径研究

体育产业课题研究组

改革开放以来，国有企业、国资企业一直在探索改革。党的十八届三中全会对新时期国有企业改革部署提出要求，党的十九大强调要完善各类国有资产管理体制，改革国有资本授权经营模式，促进国有资产保值、增值。2019年，国务院办公厅发布《体育强国建设纲要》，明确提出“体育产业更大、更活、更优，成为国民经济支柱性产业”的目标，以及“打造一批具有国际竞争力的知名体育企业和具有国际影响力的自主体育品牌”的战略任务。党的十九届四中全会明确提出“形成以管资本为主的国有资产监管体制，有效发挥国有资本投资、运营公司功能作用”。在上述背景下，针对国家体育总局（以下简称“总局”）系统内国有企业普遍存在的问题，本文将以习近平新时代中国特色社会主义思想为指导，以《体育强国建设纲要》任务的落实为目标，顺应国家事业单位改革、国企改革的趋势，研究对总局系统所属企业进行平台化管理的必要性，探索总局系统所属企业战略转型、提质增效、整合资源、实现集中统一监管的路径。

一、总局系统所属企业现状与问题

（一）总局系统所属企业基本情况

1. 总局系统所属企业发展历程

总局系统所属企业的发展历程伴随着我国体育事业的发展改革，大致分为改革探索期（1978—1992年）、办企高潮期（1992—1997年）、内部调整期（1997—2009年）、治理整顿期（2009—2014年）、全面深化期（2014年至今）五个阶段。

1979年，我国恢复了在国际奥委会的合法席位。在财政预算紧张的条件下，为适应优先发展竞技体育的战略要求，原国家体委直接投资兴办了多家企业，通过企业创收弥补财政投入的不足。1992年，伴随着运动项目管理体制改革和全民健身计划全面展开，总局系统下属事业单位进入办企高潮期，事业单位投资成立的企业超过60家。1997年，受到党的国有企业战略性改组政策的影响，总局系统各事业单位办企业的步伐明显放慢。1999年，总局将一批全民所有制企业划归下属事业单位或社团管理。2009年后，以“提升企业的管理和运行水平，建立和完善权责清晰、管理规范、经营有序的现代企业管理制度，切实提高企业经济效益，确保国有资产保值增值”为目标，总局经济司和财务中心共同组织开展了总局系统所属企业审计整改工作。2014年11月，中央第十一巡视组对总局反馈巡视意见时指出，国家体育总局直属单位行政、事业、社团、企业四位一体，权力高度集中，干部兼职普遍，利益关系复杂。[①]针对总局系统所办企业要解决的主要问题以及中期发展目标和长远战略规划，深化总局系统企业改制改革工作于2019年组织开展。

---

① 慈鑫.全国单项体育协会改革试点起步[N].中国青年报，2014-12-30（06）.

2. 总局系统所属企业发展现状

目前总局系统有62家企业，其中，北京体育大学所属企业已纳入教育部高校所属企业体制改革，人民体育报业总社属财政部文资办履行出资人职责的中央文化企业，因此纳入总局系统企业改制改革范围的企业有55家。

纳入改革范围的55家企业，从企业性质看，全民所有制企业28家，公司制企业27家。从投资主体看，事业单位投资43家，社团投资12家，国有独资50家，社会化多元投资5家。从行业分布看，主营业务为体育产业范畴的约占70%，非体育产业的主要分布在服务、旅游住宿餐饮、批发零售等行业，其中，中体产业作为总局系统唯一上市公司，主营业务正在从房地产逐渐向体育产业转型。从规模结构看，2018年，总局系统所属企业资产规模总计84.85亿元，其中，资产过亿企业10家，资产在1000万～1亿元的企业14家，资产在100万～1000万元的企业20家，资产在100万元以下的企业11家。在所有者权益方面，2018年，总局系统所属企业所有者权益总计45.52亿元，所有者权益过亿企业6家。从经营状况看，2018年总收入33.82亿元，净利润2.37亿元。31家盈利企业中，年收入过亿企业8家，2018年没有净利润过亿企业（最高的为中体产业，为8390.65万元）。

（二）总局系统所属企业存在的问题

整体来看，总局系统所属企业现代企业制度建设步伐总体存在“三个滞后”的问题，即滞后于市场经济发展要求，滞后于国有企业改革的整体进程，滞后于体育发展的战略需求。具体表现在以下几个方面。

1. 现代企业制度未建立

改制工作严重滞后。目前，我国国有企业改革已经到了“集团层面股份制改革”的新阶段，相比之下，总局系统所属企业的全民所有制企业数量仍然超过一半，股份制改革更是严重滞后，上市企业只有1家。

政企不分，事企不分。总局系统所属企业普遍是政府职能、事业职能的延伸，事业单位（出资）下属企业往往与所属中心联系密切，多数企业负责人由事业编制人员兼任，企业只能在逐利目标与公益目标之间摇摆。很多企业借用所属中心有形资源与无形资源，开展的业务也大多由各中心交办。

法人治理结构不健全。由于政企关系、事企关系没有理顺，公司制改革滞后及企业独立性的缺失，法人治理结构或者无从谈起，或者形同虚设。

管理科学化程度低。总局系统所属企业管理水平总体较低且参差不齐，特别是存在企业财务管理“事业化”的现象。由于事企之间的关系紧密，为了控制企业经营所带来的经济、社会及政治风险，总局系统所属企业的财务管理、财务审计完全依照事业单位的相关规定实施，忽略了企业与事业单位工作目标的根本差异，削弱了企业在市场经济、竞争环境中的生命力。

2. 国有资产管理体制不完善

国有资产监管机制有缺陷。相关法律法规仍不健全不完善；国资监管机构力量相对薄弱；总局的监管机构（经济司与财务中心）、各事业单位及所属企业之间的监管权力和责任缺乏清晰界定；监管手段和方式还存在不足，监管的科学性、针对性、有效性有待进一步提高；国资管理分级授权体系仍然不合理；监管考核机制不完善，国有资产保值增值责任仍未全面落实。

国有资本布局不合理。总局系统所属企业设立的初衷很多是通过创收弥补体育事业经费的不足，因此，不可能进行所谓的战略选择，这导致总局系统所属企业的“去体育化”。根据调研反馈材料得到38家在营企业情况，其中一半企业主要经营内容为体育相关业务，另外，还涉及住宿餐饮、批发零售、服务、广告等竞争性领域。这不符合符合关于体育发展的国家战略、落实国家体育产业政策的总体要求。

3. 社会资源对接不充分

业务层面的封闭性。总局系统所属企业很多是以服务本单位的对外经济交往活动为主要业务，近年来，虽然企业对外拓展取得一定成效，但在市场化合作方面仍然存在不足，特别是在无形资产合作方面，尚未充分有效地利用市场机制，存在一定的内幕交易，导致国有无形资产流失。

资本层面的封闭性。《中共中央、国务院关于深化国有企业改革的指导意见》的一大特色就是明确提出推进国有企业混合所有制改革，放大国有资本功能，提高国有资本配置和运行效率，实现各种所有制资本取长补短、相互促进、共同发展。从总局系统所属企业现状来看，目前的企业多数还是单个事业单位所属的国有独资企业，已经实现股权多元的企业中有几家还是总局系统内部的主体组合。

4. 企业竞争力普遍不足

企业缺乏市场开拓能力。如前所述，在总局系统所属企业中体育类企业也多以服务所在事业单位内部活动为主，缺乏市场开拓能力；非体育类企业规模普遍较小，也以服务本单位系统内部为主，缺乏资金实力、人才积累，市场开拓能力严重不足，并且还受制于事业体制局限。

人才短缺瓶颈制约突出。企业普遍缺乏德才兼备、善于经营、充满活力的优秀企业家，更缺乏各方面的专业管理人员，近年来还出现了人才大量外流现象，导致了企业竞争能力进一步受损。

企业经济效益普遍较差。由于企业规模较小、市场开拓能力不强及激励不足、绩效考核滞后等原因，总局系统所属企业虽然有盈利或在扭亏过程中，但资金周转率、利润率等经济效益指标普遍较低。如果考虑到很多企业还借用了所属事业单位的资源（房屋、水、电、人员等），经济效益水平则更加堪忧。

总之，在企业运行相对封闭、竞争能力普遍不足、经济效益普遍较差的条件下，除少数企业之外，总局系统所属企业普遍缺乏国际竞争力，缺乏对中国体育产业发展应有的创新力、引导力、控制力和影响力。

5. 激励约束机制不合理

事业单位激励机制缺失。事业单位作为企业的投资主体，理应关心企业经营效益好坏，但在现行体制下，事业单位实行工资总额管理，企业增收所形成的收益并不能用于员工福利的改善，这导致事业单位缺乏将企业做大做优的内在动力。

企业激励机制不到位。在总局系统所属企业，主要负责人都来自上级事业单位，但由于受到一系列条件的约束，如副处以上干部不能在企业任职，事业编制员工不能在所办企业持股或获取薪酬补助，这些人员缺乏获得正规收入的有效激励。由于事业编制的企业负责人（副处级以下）从事业单位获取薪酬，在工资总额管理条件下，也没法获得有效奖励，因为会挤占其他事业编制员工的收入。此外，即使是非事业编制的企业人员，往往其收入也未与经营业绩挂钩，干好干坏一个样，普遍缺乏积极性和主动性。

问责体系不完善。在事企不分、规则不完善、激励不足、盈利较差的条件下，问责机制也难以有效建立。

二、平台建设的现实依据与理论支撑

研究总局系统所属企业问题，需要综合考虑多方面的国家改革动向和政策，其中最主要的包括国有企业改革、事业单位改革、体育及相关产业的促进政策。

（一）国有企业改革

国有企业是中国特色社会主义的重要物质基础和政治基础，是我们党执政兴国的重要支柱和依靠力量。习近平总书记在2016年10月10日召开的全国国有企业党的建设工作会议上明确指出了国有企业的功能定位，即“六个力量”①。党的十八届三中全会、党的十九大、十九届四中全会均明确提出，完善国有资产管理体制，以管资本为主加强国有资产监管，对经营性的国有资产，国家要按照管股权和资本经营的原则进行监管，为国有资产管理体制改革指明了方向。此后，国企改革有序推进，18个配套文件陆续出台从而细化任务，央企和地方试点有效推进，并且取得一定成效，如17个省（自治区、直辖市）开展了分类工作，全国国有企业改制面已超过80%，央企、省属企业中股权多元化比例已达到67.7%。国企改革施工图逐渐清晰，改革明显加速。

（二）事业单位改革

事业单位改革是我国改革开放进程的重要组成部分，1978年以来的事业单位改革大致分为四个阶段：恢复调整期（1978—1992年）、稳步探索期（1992—2002年）、试点推进期（2002—2010年）、全面深化期（2011年至今）。2011年3月23日，《中共中央、国务院关于分类推进事业单位改革的指导意见》下发，要求到2015年完成事业单位分类改革，到2020年建立起功能明确、治理完善、运行高效、监管有力的管理体制和运行机制，形成基本服务优先、供给水平适度、布局结构合理、服务公平公正

① 使国有企业成为党和国家最可信赖的依靠力量，成为坚决贯彻执行党中央决策部署的重要力量，成为贯彻新发展理念、全面深化改革的重要力量，成为实施“走出去”战略、“一带一路”建设等重大战略的重要力量，成为壮大综合国力、促进经济社会发展、保障和改善民生的重要力量，成为我们党赢得具有许多新的历史特点的伟大斗争胜利的重要力量。

的中国特色公益服务体系，此后又出台了一系列配套文件。

综合来看，事业单位改革虽取得一定成效，但总体进程滞后于预期，分类工作尚未完全到位，改革尚未形成合力。体育事业单位是我国事业单位体系的重要组成部分，目前，总局43家直属事业单位已完成分类。2014年年底，国家体育总局还制定了《以运动项目管理中心和单项体育协会改革为突破口，深化体育管理体制改革的方案》。根据该方案，破解“四位一体”的核心是管办分离和协会实体化运行，按照六种不同类型和方式推行全国性单项体育协会改革试点工作。

总之，从产权主体来看，总局系统所属企业的权益主体是各事业单位及协会，事业单位改革的进展直接关系到这些企业的发展动力与活力，全面深化事业单位改革是总局系统所属企业战略转型的重要制度前提。体育事业单位改革虽然在积极探索并取得了一定突破，但改革效果仍有待观察，并且受制于国家事业单位改革整体推进的进度。虽然从原则上讲，政企分开、政事分开、事业与企业分开、政府与行业协会分开、事业与行业协会分开等都是经济社会发展的内在要求，但这种分开并不是截然分离，不同主体之间必然是一种良性互动的分工协作关系，其中的分离尺度需要通过实践来检验和矫正。毫无疑问，总局系统所属企业发展战略转型，是体育系统治理体系和治理能力现代化探索的重要组成部分，不可能一蹴而就。

（三）体育及相关产业政策

我国经济正处于从传统高增长模式向“新常态”转型过渡的关键期，体育产业特别是体育服务业是经济新常态的重要增长点。党的十八大以来，为促进经济转型升级，国家出台了一系列产业促进政策，与体育产业发展相关的政策主要包括（按出台时间先后）：《关于促进健康服务业发展的若干意见》《关于加快发展体育产业促进体育消费的若干意见》《关于加快发展生活性服务业促进消费结构升级的指导意见》《“健康中国2030”规划纲要》《关于促进全民健身和体育消费推动体育产业高质量发展的意见》。

总局系统所属企业作为体育发展的“国家队”，应在引领体育产业发展、促进体育事业兴盛方面发挥重要作用，成为体育发展的中流砥柱，这是时代赋予的神圣使命。

三、国有资产投资运营平台必要性分析

（一）国有资产投资运营平台的演变和概念

国有资产投资运营平台的产生与国有企业监督管理体制改革密切相关。1998年，中央进行政府机构改革，按照社会主义市场经济的要求，这次机构改革迈开了政企分开的步伐。在这次改革过程中，有些地方将行业行政主管部门顺势改组成行业性公司，并赋予其该行业国有资产出资人的职能，进而演化成所谓的“中间层公司”。2003年4月，国务院国有资产监督管理委员会（国资委）正式挂牌，地方各级国资委（局）相继成立，国有资产逐步纳入各级地方国资委的监管框架下，进而形成了“国资委—国有企业”两层监督管理模式。这一时期，在两层监督管理架构下，国有企业中演化出偏重承担政策性职能及国有资产管理职能的国有资产投资运营平台，但各地对该平台的管理及未来走向均处于摸索状态，定位不明确、不统一。党的十八大之后，新一轮国有资产改革给予国有资产投资运营平台明确身份定位，成为国有资产投资运营平台发展历程中的重要分水岭。

2013年11月，党的十八届三中全会审议通过了《中共中央关于全面深化改革若干重大问题的决定》，文件说明了我国国企改革的核心在于从“管企业”向“管资本”的转型，并首次提出国有资本投资、运营公司的概念。国有资本投资公司是国家授权经营国有资本的公司制企业。公司的经营模式，是以投资融资和项目建设为主，通过投资实业拥有股权，通过资产经营和管理实现国有资本保值、增值，履行出资人监管职责。

2018年7月，国务院再次下发《关于推进国有资本投资、运营公司改革试点的实施意见》，文件明确区分了国有资本投资公司和运营公司的战略定位和主要功能。

（二）国有资产投资运营平台需求分析

国有资产投资运营平台是体现政企分开、政资分开、所有权和经营权分开的重要载体，其在政府与企业之间建立“一臂之距”，一方面，隔断政府对国有企业的直接行政干预，给予企业在经营权和剩余收益分配权上较大的自由；另一方面，政府对国有企业的管理和监督并未因为放手而失控，而是更新了管理监测指标，由“管资产”转变为“管资本”，不再完全拘泥于国有资产规模和实体形式。针对总局系统内企业现状及问题，落实以管资本为主的改革国有资本授权经营体制的要求，调研、组建国有资本投资运营平台已是当务之急。国有资本投资运营平台是介于政府国有资产监管部门与实体企业之间的桥梁，组建此类公司是解决总局系统企业现有问题的重要举措。

（三）国有资本投资运营平台可借鉴模式分析

1. 地方国有资本投资运营平台模式

2013年12月，上海率先发布首个地方国资国企改革方案，拉开了新一轮地方国资改革的序幕。据不完全统计，截至2016年11月，已有山东、江西等30个省份制定了相关细化方案；截至2017

年年底，各地国资委共改组、组建国有资本投资运营公司89家。综合各地的国企改革实践，地方国有资本投资运营平台的搭建主要可分为混合一体化、双平台驱动和“1+N”组合三种模式（表1）。

表1 地方国有资本投资运营平台的模式特点和代表案例

构建模式	特点	代表性平台
混合一体化模式	集投资、运营等多功能于一体，可通过构建“金融+实业”的业务布局，实现多领域的协同发展	江苏省国信集团、甘肃省国有资产投资集团
双平台驱动模式	各省的两个集团分别作为地方国资的投资和运营平台，分工明确、相互合作	上海国际集团和国盛集团、广东粤海控股集团和恒健控股公司、广西投资集团和宏桂资本运营集团
“1+N”组合模式	组建一个国有资本运营公司和包括产业类投资公司、政策类投资公司在内的多家国有资本投资公司	山东省国有资产投资控股有限公司、河北省国控投资管理有限公司、开滦集团、冀中能源集团、河钢集团、河北港口集团等

2. 部委单位国有企业改革模式

部委所属国有企业是国有企业家族的重要组成部分。由于一些历史原因和行业特性，我国形成了部委党政机关、事业单位办国有企业的客观现实。本文分别梳理了教育部门、文化部门、中国科学院对国企的管理模式，从中找出一般规律及可供总局借鉴的经验。

（1）教育部门。按照《教育部直属高等学校国有资产管理暂行办法》，高校国有资产实行“国家统一所有，财政部综合管理，教育部监督管理，高校具体管理”的管理体制，总体特征是向各个高校充分授权。2018年《推进中央党政机关和事业单位经营性国有资产集中统一监管试点实施意见》印发后，财政部在6家中央部门开展了试点，具体包括财政部、国资委、教育部、农业部、中科院、人民日报社，改革路径即将上述6家中央部门的经营性国有资产纳入集中统一监管体系，具备条件的进入国有资本投资运营公司（即国务院直接授权履行出资人职责的平台公司，以下简称“平台公司”，暂定名为中国创新发展投资公司）。以教育部高校保留企业（即高校资产管理公司）为例，纳入平台公司监管后，平台公司由国务院直接授权履行出资人职责，高校资产管理公司的所有事项，按原来的管理规定需履行的高校资产管理公司—所属高校—教育部—财政部多级审批决策程序，简化为高校资产管理公司—平台公司一级决策程序。

（2）文化部门：中央文化企业国有资产监督管理领导小组办公室（以下简称“文资办”）负责中央国有文化企业的资产管理，但是，我国尚未建立统一的国有文化资产监督管理机构和监管模式。在实际运行中，文资办与国务院国资委存在很大区别，文资办把相关的管理权限委托给中央文化企业改制前的主管部门进行具体管理，而自身只是名义上承担国有文化资产的监督管理。根据调研，以总局主管的中国体育报社为例，中国体育报社管理基本上沿用了原有的部门主管模式，在人员任命、资产管理、绩效考核等方面主要与总局挂钩，文资办的影响没有预期的那么大。

（3）中国科学院：中国科学院的经营性国有资产监管由院资产管理相关部门（计划局、院地局等）和中国科学院国有资产经营有限责任公司（以下简称“国科控股”）共同承担，由国科控股履行出资人职能，负责日常的资产监管工作，重大投资、资产管理事项由中国科学院、财政部共同负责，依照国家相关规定处理。中国科学院下属各研究所的企业国有资产监管由各研究所、院相关部门、国科控股共同承担，研究所具体履行国有企业出资人的部分职能，负责具体的日常监管工作。自2008年起，国科控股作为机构投资人，开展私募股权投资业务，并围绕我国战略性新兴产业积极开展直接投资业务。

上文总结分析了与总局系统国资管理情况近似的三个部门的国资管理模式，从中我们可以看到一些共同点。例如，三种模式都是按照国家和财政相关规定，在部级（顶层）主管层面成立专门的国有资产管理部门和机构，履行行业和部门国有资产监管职能，负责本部门国有资产监管制度制定、计划规划编制、重大事项报备审批手续执行等；都是建立和完善主管部门和下属事业单位共同管理的企业国有资产监管制度。当然，我们也可以看到一些显著差别：首先，在监管机构方面，教育领域是财务司一个司局在管理；文化领域国家成立了专门负责资产管理的行政机构；中国科学院成立了专门的公司并由该公司一个部门进行管理；在总局，这项职能则集中于经济司和财务中心两个部门。其次，在出资人代表方面，除了文资办是行政部门直接代表外，其他三个部门都是由下属事业单位履行出资人职责。最后，几个部门单位的国资管理体系的集权（分权）程度各不相同（表2）。

表2　部门国资监管模式比较

	教育部门	中科院系统	文化部门	体育部门
监管机构	教育部财务司	国科控股	文资办	经济司+财务中心
出资人代表（股东代表）	各个高校（事业单位）	各研究所（事业单位）	文资办（行政部门）	项目中心及其他（事业单位）
分权程度	高度分权，高校自主	较高度分权，国科控股与各研究所结合	适度分权，国资管理与部门管理结合	较适度分权，国资管理与部门管理结合

四、总局系统国有资产投资运营平台实施建议

基于目前总局系统企业实际情况，借鉴相关部委和部分省级体育平台经验，应尽快分类推动企业改制和试点工作，建设体育国有资产投资运营平台。

（一）分类推动现有企业改制及集中统一监管试点

以分类实施为前提，以产权明晰、权责明确、政企分开、管理科学为基本要求，全力推动已经纳入总局系统企业改制改革范围的55家企业进行改革，尽快建立完善现代企业制度，实现资产的保值增值。已停止营业和计划撤销的企业，原有投资主体单位尽快按程序进行清算、注销。全民所有制企业是改制的重点，要全力依法依规进行公司制改革。

在改制改革的基础上，选取发展潜力大、有竞争优势、能发挥规模效应的企业先行开展总局系统企业集中统一监管试点工作，为下一步纳入中央经营性国资集中统一监管体系做好准备。

（二）实施直接授权的国有独资管理模式

依据国务院《关于推进国有资本投资、运营公司改革试点的实施意见》[①]提出的有关“直接授权”方式，总局可直接授予现有的国有资产集团公司作为投资运营平台国有资本出资人身份，将具备条件的其他实体企业纳入平台公司统一监督运营管理。平台公司嵌入政府和实体国有企业之间，形成“总局—出资人（平台公司）—实体国有企业（子公司）”三层国有资产管理架构，

① 文件提出，政府直接授权国有资本投资、运营公司对授权范围内的国有资本履行出资人职责。国有资本投资、运营公司根据授权自主开展国有资本运作，贯彻落实国家战略和政策目标，定期向政府报告年度工作情况，重大事项及时报告。政府直接对国有资本投资、运营公司进行考核和评价等。

有效地将总局（或其事业单位）与实体国有企业适当分离，避免政企不分。国有独资的投资运营平台公司直接作为政府出资人，具有完整的股东权利，可完全独立高效地进行投资运作。平台公司受总局委托，以产权为纽带，以提高资本回报率为目标，强化国有资本运作。平台公司以市场化运作方式依法对所属的子公司履行权责，缩短监管层级，并保证子公司的自主经营权。子公司将在自己的经营领域设定目标，积极开展经营，在兼顾社会效益的同时最大化地实现国有资产保值增值。

（三）规范监管制度

本着不越位、不缺位也不错位的原则，总局层面要依法制定科学有效的监管规范，减少干预平台公司经营决策的行为，让平台公司真正成为自主经营、自负盈亏、自担风险、自我约束的市场经济主体。梳理现有行政审批制度，加快行政审批制度改革，最大幅度减少涉及企业的行政审批事项。建立并完善以管资本为主的国有资产监督管理体系，按照政企分开、政资分开、政事分开的要求，加快完善国有企业分类考核和监管方式，提高监管的科学性和有效性。建立长效激励约束机制，强化国有企业经营投资责任追究机制建设。推进平台公司及其子公司在质量管理、生产管理、供应管理、销售管理、研发管理、人事管理、财务管理等诸多方面的制度建设。

（四）建立平台公司法人治理结构

依据法律法规，切实理顺平台公司的出资者、决策者和经营管理者的关系，形成股东会、董事会、监事会、党委会、经理层各司其职、协调运转、有效制衡的公司法人治理结构。明晰董事会、监事会与党委会各自的定位，还要理顺董事会与党委会之间的关系。董事会要独立于管理层，还可根据需要内设执行委员会、薪酬委员会、提名委员会以及审计委员会等相关委员会。董事长由出资人确定，董事可以由子公司负责人兼任，至少设置1名独立董事，独立董事建议由总局委派，与平台公司不存在关联关系，保证其客观公允性。监事会作为常设机构，可以对平台公司进行更加持续、全面的监督，并与独立董事的职责相互补充。切实发挥党委会政治核心作用，落实党委决定集团重要人事任免、参与其“三重一大”重大事项决策权。确立董事会与党委会的协调制衡关系，党委会依据党的规章纪律决策，董事会主要依据《中华人民共和国公司法》，按照法定程序独立研究决策企业战略及重大事项等。尊重市场规律，推动平台公司合理增加市场化选聘比例。

（五）以股权为纽带加强对子公司的管控

平台公司根据授权对总局系统国有资本进行市场化的投资运营，以股权为纽带，通过法定公司治理机制，行使股东职责。让子公司充分参与市场竞争，发挥其市场前沿作用，发挥国有经济的活力、控制力、影响力。平台公司要根据整体战略、产业布局的需要开展投资、股权持有以及资产运营等活动。积极组建多层次基金平台以及政府财政出资，多方并举吸引金融机构资金，为子公司发展筹集资金。有侧重地将资本向重点行业和关键领域集中，向优势企业集中。引导子公司突出主业，加大内部资源整合力度。鼓励非国有资本投资主体通过出资入股、收购股权、认购可转债、股权置换等多种方式，参与子公司混改。确保子公司经营自主性，引导其不断完善各项发展制度、改善治理结构。子公司要积极引入职业经理人制度，通过市场化竞聘构建专业高水平的经理层。

（六）健全激励机制

建立科学有效、覆盖全员的激励约束机制。在平台公司中，总局委派的董事、监事或高管，主要是以经营业绩衡量其履职成效，但实际中其薪酬受政府体系的影响而无法以市场化标准衡量，建议以年薪奖励和职务升迁的形式体现对其的双重激励效果，同时也可建立相应的扣除经营风险金和降职处理的惩罚机制。对经理层既要进行激励也要对其经营行为进行监督。有条件的子公司，可适当推行管理层持股并使管理层持股的层级多样化，健全公司治理的均衡结构。

五、结论

总之，总局系统要充分利用优势资源继续办好体育企业，把企业做大、做优、做强；更要顺应国家事业单位改革、国企改革的趋势，科学谋划、紧密部署，建设体育国有投资运营公司。

（一）总局系统继续办好企业符合体育发展的客观规律和现实需要

首先，我国体育服务业发展仍然处于起步期，总局系统国有企业要着力弥补体育事业单位提供公共服务能力不足的现状。总局系统目前拥有国内规模最大、质量最优的体育国有资源，以总局系统所办企业为载体，有效整合政府资源和市场资源、国内资源和国外资源，是我国体育产业发展的现实选择。其次，部委办企业是符合中国国情的通行做法。总局系统所办企业应得到加强而不是削弱，应成为我国体育发展特别是体育产业发展的关键力量。最后，总局系统办好企业是壮大国有经济的基本要求。坚定不移地把国有企业做大、做优、做强，是中央确定的国有企业发展方向。

（二）搭建国有投资运营平台是可行的，也是中央的统一部署，是总局落实国家全面深化改革的主要任务之一

体育国有投资运营公司由总局授权，以优化资本布局和结构为目的，以市场化主体身份对体育国有资本进行投资管理，依据市场提供优质产品和服务，并依据法定的股权对所投资（控股）企业进行有效科学治理。在整个过程中，总局（及其事业单位）放弃对实体国有企业的直接经营管理，而是以股权为纽带，依法参与投资运营平台公司治理，彻底实现政企分开。

（三）平台公司的打造路径

总局可直接授权现有的国有资产集团公司（如华体集团、中体产业等），履行投资运营平台国有资本出资人身份，采取股权无偿划转的方式将第一阶段试点的其他实体企业纳入平台公司统一监管，试点过程中不断优化完善平台公司的法人治理结构、决策审批监管制度、资本投资运营模式、激励考核约束机制等，逐步形成政企分开、权责明确、统一管理、布局优化、科学高效的以管资本为主的国资监管体系，从而实现企业健康发展和经营性国有资产保值增值。

参考文献

[1]奚希若.论国有资本投资运营模式[D].武汉：华中师范大学,2018.

[2]王曙光,杨敏.地方国有资本投资运营平台：模式创新与运行机制[J].改革,2018（12）：131-141.

[3]段夏青.一文读懂地方国有资本投资运营平台发展方向及风险演变[N].中国经营报,2018-04-09.

[4]西轩.地方国有资本投资运营平台的三种模式——以上海国际为代表的双平台驱动模式[DB/OL].（2019-18-23）[2019-11-30].http://www.xspinfo.com/xinwenzixun/xingyexinwen/20190823/612.html.

[5]于时雨.习近平国有企业改革思想研究[D].长春：东北师范大学，2018：29-35.

[6]阎晓莹.中国国有企业改革的动力机制和路径选择——基于改革历史的分析[D].北京：中央财经大学，2018：32-34.

[7]徐爱君.国有公司投资运营公司发展路径研究[D].南京：东南大学，2017：27-29，36-42.

[8] 王新有.功能属性视阈下竞争性国有企业改革路径研究[D].南昌：江西财经大学.2019：60-79.

新时代中华武术“走出去”研究

体育文化课题研究组

文化是民族的血脉，是人民的精神家园。党的十八大以来，习近平总书记高度重视中华优秀传统文化的传承和弘扬，将其视为我们文化自信的重要来源。武术是中华优秀传统文化的代表性项目之一，具有悠久的发展历史和深厚的文化内涵。《体育强国建设纲要》中明确提出，要提升中国体育国际影响力，实施中华武术“走出去”战略。本文运用文献资料法、访谈法和逻辑分析法，通过对中华武术协会会员、北京体育大学教师等武术一线工作者和专家学者进行访谈，对中华武术“走出去”的历史与现状进行梳理，进而探讨其未来发展之路，以期为新时代中华武术更好地“走出去”提供参考。

一、新时代中华武术“走出去”的重要意义

武术是中华民族源远流长的传统文化瑰宝。在一代代体育人的不懈努力下，武术项目广泛普及、长足发展，竞技水平不断提升，并逐步走上世界舞台。进入新时代，随着综合国力和国际地位的不断提升，中国正日益走近世界舞台中央，中华武术“走出去”在实现中华民族伟大复兴的进程中意义重大。

（一）中华武术“走出去”是坚定文化自信、传承中华传统文化的需要

中华武术源远流长、博大精深，是中华优秀传统文化的代表之一，也是中华民族重要的文化符号，是中国精神、中国价值、中国力量的集中体现。推动中华武术“走出去”是向世界展示和传播中国优秀传统文化的重要内容，有助于增强文化自信和文化自觉，在海内外中华儿女中筑牢中华民族共同体意识，增强民族凝聚力和自豪感。

（二）中华武术“走出去”是提升中国体育国际影响力、加快体育强国建设的需要

体育文化是一个国家体育发展的深层能力和精神内核。体育强国不仅体现在群众体育、竞技体育、体育产业等方面，更体现在体育文化的传播力和影响力。随着我国经济社会的不断发展，综合国力和国际地位显著提升，尤其是竞技体育已经达到世界一流水平，但与之形成鲜明反差的是，我国体育文化软实力相对较弱，需要有彰显自身文化内涵的传统体育项目登上世界舞台。中华民族传统体育并不缺少健身性、娱乐性、竞技性，它们在今天仍然具有强大的生命力，仍然受到广大中国民众乃至世界人民的喜爱，如中华武术作为独具中国特色、在世界各国有一定群众基础的中国传统体育项目，应该为世界体育文化的繁荣贡献自己的力量，这对提升中国体育的国际影响力、建设体育强国具有重要意义。

（三）中华武术“走出去”是促进文明交流互鉴、推动构建人类命运共同体的需要

体育作为世界通用语言，以独具特色的肢体动作超越了语

言文字的障碍，在促进国相交、民相亲、心相通方面具有积极的作用。独具东方文化特色的中华武术具有强大的亲和力，是东西方文化交流的重要方式。同时，中华武术所蕴含的“天人合一”“和谐包容”“止戈为武”“厚德载物”等思想内涵和价值理念与中华传统文化一脉相承，正是尊重世界文明多样性，以文明交流超越文明隔阂、文明互鉴，超越文明冲突、文化共存，超越文明优越的具体体现，这些中华武术价值理念的传播将对推动形成和而不同、包容互鉴的共同价值，促进各国人民友好交往，促进世界持久和平、稳定发展贡献中国智慧和中国方案。

二、中华武术“走出去”的历史和现状

从1936年柏林奥运会期间中国体育代表团武术队代表中国首次走进奥林匹克赛场，在柏林引起轰动，让世界为之瞩目，到1982 年全国武术工作会议上，原国家体委首次提出“积极稳步地把武术推向世界”的武术国际推广战略方针，中华武术作为中华优秀传统文化的代表一直在“走出去”的道路上努力前行。30多年来，无论是民间交流还是国家推广，无论是精英竞技还是大众普及，无论是技术推广还是文化传播，中华武术“走出去”都取得了积极的成效，成为世界人民了解中国文化的一个窗口。

（一）1982—2000年：以建立国际组织为龙头促进武术普及性推广

1982年全国武术工作会议从国家层面上提出武术国际推广战略，标志着武术开始有组织、有计划、有步骤地迈开“走出去”的步伐。1984年在武汉第一次举办了国际性单项武术比赛——国际太极拳邀请赛。1985年在西安举办了第1届国际武术邀请赛，在此期间成立了国际武术联合会筹备委员会，明确了以奥林匹克

运动为目标，加快推进竞技武术走向世界的步伐。1985年欧洲武术联合会成立，1986年南美功夫联合会成立，1987年亚洲武术联合会成立，1989年非洲功夫联合会成立，各洲际武术组织的建立为成立国际性武术组织提供了基础保障。1989 年，由原国家体委武术研究院审定的长拳、南拳、太极拳及刀术、剑术、枪术、棍术7 个规定套路被确定为国际武术比赛的正式项目，为武术国际推广的规范化发展奠定了重要基础。

1990年国际武术联合会（以下简称“国际武联”）在北京成立，1994年被国际单项体育联合会接纳为会员。1990年，武术作为第11届亚运会正式比赛项目第一次登上了综合性国际体育赛事的舞台。1991年在北京举办了第1届世界武术锦标赛，以后每两年举办一次，成为武术界最高级别的国际大赛。

随着国际武联的成立，武术国际推广具备了初步的基础，国际民间组织和个人赴中国学习武术的热情与日俱增，武术团队来访频次不断攀升。北京体育大学开设了国外来华学习武术者培训班，据统计10年内就培训了3万多人次的外籍武术学员。在这一时期，为有计划、有步骤地向国外推广武术，中华武术协会还多次选派优秀运动队教练员赴日本、墨西哥、加拿大、英国等国家进行援外教学，通过人才培养为武术普及推广奠定了良好的基础。

（二）2001—2011年：以“武术入奥”为目标推动武术竞技化发展

进入21世纪，随着我国改革开放的力度进一步加大，中国体育全面深度融入国际体坛。2001年，北京获得2008年奥运会举办权，为我国扩大国际交往、展示国家新形象创造了机遇。通过奥运会这个国际化舞台，可以把中国传统体育项目推向世界，展现国家软实力。“武术入奥”被切实提上议事日程，成为这一时期武术“走出去”的重要目标。2001年，国际武联首次提出申请武术成为奥运会正式比赛项目，在此之前，中华武术协会已经着手开始改革赛制，修订规则，建立新的竞赛体系，以适应和符合奥林匹克精神。2002年，经过多方努力，国际武术联合会被国际奥委会正式承认，但是由于奥运会瘦身改革和自身准备不足，武术没能进入奥运会。自此之后，国际武联又分别于2008年和2011年两次向国际奥委会提交了“武术入奥”申请。尽管“武术入奥”这一目标并未实现，但其扩大了武术的影响，增加了国际奥委会和国际社会对武术的了解，对武术国际化、竞技化、规范化发展起到了巨大的推动作用。

这一时期，国际武术赛事体系逐步建立并完善，国际武联在原有世界武术锦标赛的基础上，创办了散打世界杯（2002年创办）、世界传统武术（功夫）锦标赛（2004年创办）、世界青年武术锦标赛（2006年创办）等国际赛事，各洲际武术比赛也定期举办，如亚洲武术锦标赛、东南亚武术锦标赛、欧洲武术锦标赛和南美洲武术锦标赛等，广泛吸纳各会员组织参与，通过赛事平台加强武术国际交流推广。同时，武术积极争取进入综合性运动会，2009年成为世界运动会非常设项目，2010年进入世界武博运动会，成为正式比赛项目，提升了武术的国际影响力。

尽管入奥申请未得到国际奥委会认可，但遵循奥运会模式，武术也以“特设项目”的身份登上奥运舞台。经国际奥委会批准，在2008年北京奥运会期间成功举办了“北京2008武术比赛”，时任国际奥委会主席罗格亲临赛场观看比赛并为获奖运动员颁奖。2014年，按照“北京2008武术比赛”模式在南京青奥会期间成功举办了“南京2014青少年武术比赛”，国际奥委会主席巴赫亲自到赛场观看武术比赛和展示。通过北京奥运会和南京青奥会，极大地提升了武术的项目形象和国际认知度，为武术进入奥运会及其国际化发展积累了宝贵经验，奠定了坚实基础。

（三）2012年至今：以服务国家外交大局为引领加强武术文化传播

党的十八大以来，以习近平同志为核心的党中央高度重视体育在国家总体外交中的价值和作用，同时高度重视中华优秀传统文化传承发展，推动中外文化交流互鉴。这为新时期武术“走出去”提供了更为宽广的发展空间。

从国家战略层面，中华武术协会主动配合国家外交大局，积极推动“一带一路”体育交流，广泛参加金砖国家、上合组织（上海合作组织）等多边国际合作机制和高级别人文交流机制，彰显武术的独特作用和综合价值。自2013年起，在中美、中俄、中英、中法、中南、中德、中印人文交流项目中，武术都作为一项文化交流的重要内容，通过表演、培训、比赛等多种方式展示中华文化的魅力。中华武术表演团在纽约联合国总部和时代广场进行的高规格表演、连续举办5届的中法武林大会、配合上合组织青岛峰会举办的武术散打比赛、金砖国家举办的运动会武术表演和比赛、中印两国总理共同出席的“太极瑜伽相会”活动，在双边和多边的国际交流中增进了世界对中华武术的了解。自2016年起，为配合“一带一路”倡议，进一步加强武术国际推广，中华武术协会开展“中华武术丝路行”系列活动，2016—2018年，共出访21次，涉及29个国家，覆盖亚洲、欧洲、非洲等地区，通过技术培训、段位制培训和武术表演等方式，深化中外武术交流，助力各国武术普及推广和技术提升，充分发挥武术在互联互通，特别是民心相通方面的特殊作用。

在大众普及方面，自2014年以来，中华武术协会以《武术段位制推广十年规划（2014—2023）》为引领，统筹推进国际国内武术普及推广，明确国际推广项目，统一培训内容和考试标准，与多个国家武术联合会以及大学签署段位制合作推广协议，开展段位制培训和考评等工作。积极推动段位制“三进”：进孔子学院、进国际武术组织、进驻外机构，其中武术进孔子学院初具规模。经国家汉办（国家汉语国际推广领导小组办公室）批准，2008年、2012年、2013年，汉语国际推广少林武术基地、汉语国际推广武术培训与研究基地、汉语国际推广武术师资培训基地分别依托嵩山少林武术职业学院、首都体育学院、北京体育大学成立，三所以武术为特色的汉语推广基地的建立为全球孔子学院、孔子课堂和海外汉语教学机构的武术教学、培训与推广奠定了基础。

在竞技武术方面，国际武联进一步加强组织建设和竞赛体系建设，推动武术不断提升国际影响力。截至2019年，国际武联已经拥有了五大洲的洲际联合会和152个会员协会，申请加入国际武联的会员组织还在不断增加，会员发展势头良好。国际武联官方赛事每两年举办一届，自1991年以来，已连续成功举办了15届世界武术锦标赛、9届世界杯散打比赛、2届世界杯套路比赛、3届世界太极拳锦标赛、7届世界青少年武术锦标赛和8届世界传统武术（功夫）锦标赛。目前，武术已成为亚洲运动会、亚洲青年运动会、东南亚运动会、南亚运动会、伊斯兰团结运动会、葡语系国家运动会和世界武搏运动会等综合性运动会的正式比赛项目，是世界运动会、世界大学生运动会和非洲青年运动会的非常设项目。目前，武术正在为成为世界大学生运动会、全非运动会、泛美运动会、英联邦运动会以及地中海运动会的正式比赛项目而发力。随着国际武术赛事不断增多，习练人群的不断扩大，各国武术组织提升竞技水平的需求也与日俱增，中华武术协会与越来越多的国际武术组织建立了密切的联系，积极提供对外援教及来华训练，有力地提升了世界武术整体水平。

三、中华武术“走出去”存在的主要问题

经过30多年的国际推广，武术在国际社会的知名度和影响力逐步提升。武术以其独特的健康价值和东方文化魅力得到了越来越多国际友人的喜爱和认可。世界各地武术协会、孔子学院等，都非常欢迎中国派武术教练员、专家前往交流进行技术指导。但是面对国际上对武术日益增长的实际需要，武术国际发展不平衡不充分的问题十分显著，武术在普及程度、国际体育界的认可度、国际组织建设等方面还有差距，中华武术“走出去”仍任重而道远。

武术国际发展不平衡主要体现在：国际武联现虽有152个会员协会，但实际上武术除在东亚地区较为普及外，在其他国家开展和普及的程度相对不高，武术人口相对较少，总体技术水平也参差不齐。一些国家的会员协会仅仅是“有名无实”，没有相应的经费和人员推广武术运动，还有一些尚未得到本国官方机构的认可，这些情况限制了武术的发展。从第15届世界武术锦标赛的参赛情况来看，仅有94个国家和地区派运动员参赛，由此从一个侧面暴露出武术运动区域发展不平衡的问题。

武术国际发展不充分主要体现在：一是武术推广力量不足、相对分散，目前我国援外教练人才的缺乏与国外武术教练员巨大需求之间矛盾突出；二是武术推广标准化不足，武术国际推广的项目已根据《武术段位制推广十年规划（2014—2023）》确定，并具备统一的国际推广教材、标准，我国还主导制定了太极服、太极剑的体育国际标准，但是这些标准的国际推广缺乏延续性；三是武术推广机制不活，中华武术协会在武术国际推广中受到外事出访次数限制和经费不足的制约，而孔子学院主要以汉语推广为主，以语言能力为第一位的要求使武术师资“走出去”存在一定障碍，整体上看武术国际推广缺乏调动市场积极性的机制。这

些方面制约了武术在国际范围的普及和推广。

四、中华武术“走出去”的未来发展之路

党的十八大以来，中国特色社会主义进入新时代，这是中国发展新的历史方位。今天的中国，前所未有地靠近世界舞台中心，前所未有地接近实现中华民族伟大复兴的目标，前所未有地具有实现这个目标的能力和信心。这为中华武术“走出去”提供了更为坚实的基础，也提出了更为艰巨的任务。2017年，中共中央办公厅、国务院办公厅印发《关于实施中华优秀传统文化传承发展工程的意见》，从中央层面提出要“支持中华武术等中华传统文化代表性项目走出去”。2019年7月，国家体育总局、外交部、国家发展和改革委员会等十四部委联合印发《武术产业发展规划（2019—2025年）》，提出要实施“中华武术‘走出去’工程”。2019年8月，国务院办公厅印发《体育强国建设纲要》，提出“提升中国体育国际影响力。实施中华武术‘走出去’战略”。2019年10月，党的十九届四中全会再一次提出，“推进中华优秀传统文化传承发展工程”“坚持和完善繁荣发展社会主义先进文化的制度”。在新时代，中华武术必须肩负起更为重要的历史使命，在坚定文化自信、实现中华民族伟大复兴的伟大征程中发挥更大的作用。

（一）以构建人类命运共同体为目标，促进文明交流互鉴

要从全球视野去看待中华武术在世界的发展，从全球化的大格局去谋划武术“走出去”的路径，突出武术对全人类的共同价值。中华武术中不仅蕴含着深厚的中华传统文化价值理念，同时其以人为本的精神，其彰显的“身心调和、内外兼修”的健康价

值，“天人合一、师法自然”的和谐观念，“自强不息、厚德载物”的向上精神，“止戈为武”的和平理念对个人健康、社会和谐、世界和平都有着积极的意义，这是全人类共同的价值追求，也是武术能够得到世界人民喜爱的基础。奥林匹克运动之所以经历100多年的发展依然生机焕发，就是因为它彰显了人类的共同价值，通过体育教育青少年，传递团结、友谊、公平的价值理念，构建和平而更加美好的世界。要坚定文化自信，充分彰显中华武术对全人类的共同价值，促进文明交流互鉴，为构建人类命运共同体贡献中国智慧、中国理念。

要以开放的胸襟，看待武术“一体多元”的发展。武术全球化发展的过程也是武术不断创新发展的过程，基于当地的社会文化风俗、价值取向对武术的具体形式做出自我选择，在理解、吸收与融合中实现武术创新性发展。这是文明交流互鉴的必然结果，也是武术的生命活力所在。

（二）以“大文化观”为引领，拓宽中华武术“走出去”的渠道

武术是中华优秀传统文化的代表性项目，也是中华优秀传统文化的重要组成部分。武术与传统音乐、传统礼仪、传统中医、传统书法绘画有诸多联系，可以融合发展与推广，凝聚更大力量。要推动中华文化“走出去”，武术项目不必“单打独斗”，要积极融入中华文化“走出去”的大格局中，融入中国特色大国外交的大格局中，“由点及面，由面带点”，拓宽中华武术“走出去”的渠道，在中华文化整体的传播中找准定位、借势而为。

要积极服务国家外交发展大局，继续加大力度开展“武术丝路行”等品牌活动，推动“一带一路”体育交流，更广泛地参与中外高级别人文交流机制和多边合作机制，促进文明交流互鉴，增进各国人民友谊，推动世界和平发展。

要积极与商务部、教育部、文化与旅游部、外交部等部门合作，争取支持，协同推进。充分利用11部委对外文化工作部际联席会议，把武术融入对外文化工作的统筹规划中，借助现有海外活动、文化援助、中国文化中心等平台助力武术宣传推广。要积极寻求与国家汉办的合作，充分发挥武术通过肢体动作教学跨越语言障碍、亲和力强的优势，有序推动孔子学院开设中华武术课程，在外派师资中开展武术培训，建立武术推广志愿者队伍，通过教育体系有效推动武术覆盖更为广大的海外人群。要拓宽思路，向外交部、商务部等申请专项经费，拓宽资金来源渠道。

（三）以“武术入奥”为龙头，提升武术的国际影响力

武术进入奥运会是新时代实现中华民族伟大复兴的重要标志之一，是增强文化自信的重要内容，是中华文化走向世界的重要组成部分，也是我国成为体育强国的具体体现。“武术入奥”是有效提升武术项目国际影响力的重要手段，对世界各国从国家层面提升对武术的重视和投入，对武术在全球的普及具有积极的引领作用。当前武术在亚洲推广较好，既与武术项目在亚洲有着相对较好的发展基础有关，也与1990年武术成为亚运会项目，具有综合性赛事的引领作用有密切关系。目前，在许多国家，特别是欧美一些国家，国家武术协会尚没有得到官方认可，未成为国家正式开展的体育项目，这极大地制约了武术的发展，成为奥运会比赛项目将有助于改善这一局面。

目前，武术在普及程度、国际体育界的认可度、国际组织建设等方面还有差距。要以创造性转化和创新性发展的理念，改造项目设计，完善竞赛体系。巴赫就任国际奥委会主席以来，对奥运会实行了一系列的改革，关注奥运会对青少年的教育价值，项目的选择上更加注重年轻化、时尚化，重视观赏性、竞技性、普

及性、市场开发潜力。武术也必须深度挖掘、整理、完善项目设置和竞赛体系，使之更加符合奥林匹克运动的规律和国际奥委会对运动项目的要求。

要进一步提升项目的国际化水平，实施“养狼计划”，加大资金投入，通过“精准扶贫”“技术扶贫”，提高世界各国武术爱好者以及运动员的技术水平。要完善国际武联的组织建设，扩大组织规模，进一步提升国际武联的国际化程度，让更多的国际人士参与武术发展。

“武术入奥”是中华武术“走出去”的重要一步，但并不是武术“走出去”的终极目标，要统筹好普及推广和“武术入奥”两个战略，相互支撑，形成合力，扎扎实实扩大武术人口，推动项目进入奥运会，以进入奥运会为引领，推动武术进一步在世界推广，从而为进一步弘扬中华优秀传统文化、传播中国价值理念做出贡献。

（四）以段位制推广为抓手，久久为功做好武术普及

《中华武术段位制》是1998年原国家体委颁布的旨在全面评价习武者武术水平的等级制度，这一制度为武术爱好者建立了一套循序渐进的习练体系和公平的考试体系，对提升习练者对武术的兴趣、提升成就感和获得感具有积极的意义。段位制同时也是标准化的传统武术。武术套路门派众多，内容丰富，将有一定受众基础的项目标准化、规范化，适应受众的需要，是必然选择。这种标准化是对工商文明时代发展的一种适应方式，是对传统武术的创造性转化和创新性发展，有助于武术在世界范围内的普及推广。

2014年国家体育总局、中华全国体育总会颁布《武术段位制推广十年规划（2014—2023）》、2019年十四部委联合印发的

《武术产业发展规划（2019—2025年）》也将“武术段位制推广工程”作为重要内容。要坚持和完善段位制推广工作，梳理并明确海外推广的项目，根据各国受众不同的文化特点和需要，有选择地进行推广。要在现有段位制中文教材的基础上，编写统一规范的海外推广教材，培训海外师资力量。逐步在国际武联会员协会、孔子学院、中国文化中心、驻外机构中建立考点、培训基地等，组织武术段位制培训和考试活动，并逐步培养当地力量组织考评工作。循序渐进，探索将段位制的会员登记制度与海外武术社团、馆校、俱乐部认证评级有机结合，与武术赛事体系有机结合等，更好地发挥制度优势。

（五）以加强机制建设为保障，共建共享开放发展

建立政府主导、部门协同、市场支持、全社会共同参与的武术“走出去”发展机制。国际武联重点完善赛事体系、会员体系，加强教练员、裁判员、运动员培训。中华武术协会充分发挥在专业技术领域的优势，提供专业技术指导、培训，加大人才库建设、志愿服务队伍体系建设。要充分协同，摸清底数，在广泛、深入对各会员协会调研的基础上加强顶层设计，统筹国际国内两个市场、两种资源。

充分引入市场资源，调动各方面社会力量广泛参与，发挥民间团体的巨大作用，通过建立“武术国际推广基金”等方式将“游击队”收编为“正规军”。援外教练是我国体育外交的一支重要力量，目前国外对武术专业教练员的需求很大，但是随着国内生活水平的提高，援外教练派出困难，由于受出访次数、人数、时间等方面的限制，也不可能长时间、大批量地派出援外教练。可充分调动社会力量的积极性，加强志愿者队伍建设，在留学生、驻外机构工作人员等群体中培育武术传播者，让星星之火燎原。

坚持“走出去”和“请进来”相结合。既做好武术“走出去”的推广工作，同时也通过在国内举办国际级赛事、文化活动，开办教练员、运动员培训班，建立国际化训练基地等方式把武术爱好者“请进来”，使他们不仅能够在中国有更多的机会近距离接触高水平的专业人士，提升技术水平，也能够看到中国的开放进步，感受中国文化的无穷魅力。

（六）以加强自身文化建设为基础，打造项目全新形象

中华武术博大精深，拳种众多，仅经过中华武术协会认定的拳种就有129种之多，形成了一个庞大的文化资源体系。面对如此庞杂的体系，武术需要总结运动项目文化特点，凝练运动项目独特的精神标识，以利于更好地传播与推广。跆拳道项目在国际传播过程中就提出了“礼义、廉耻、忍耐、克己、百折不屈”12个字的跆拳道精神，凸显了跆拳道独特的文化内涵。武术也应该以武术文化建设为灵魂，凝练中华武术精神，建立武术礼仪和道德体系，统一规范武术服饰和器械，形成中华武术独具特色的国际形象。

用国际性语汇，用时尚化、年轻化、可视化的方式实现中华传统武术的创造性转化和创新性发展。2018年，一部陈氏太极拳第十三代传人参演、以太极为主题的说唱短视频《太极不太急》引起关注，它用充满时尚感的说唱方式将传统武术太极展现出来，同时又通过太极的心平气和与现代社会浮躁之气的强烈反差彰显出太极的时代价值。要充分挖掘整理武术历史资源，运用影视、艺术等时尚化的手段和新媒体等新兴技术手段展现武术的魅力，发挥武术明星的“粉丝效应”，增强武术对国内外青年人的吸引力和感召力，促进武术项目形成积极向上、时尚健康的全新的国际形象。

新时代，中华武术“走出去”面临着难得的发展机遇，武术作为中华优秀的传统文化和体育项目，在全世界已经具有了广泛的发展基础，它既是中国精神、中国力量的代表，也是全人类共同价值、共同追求的具体体现。要从文化自信的高度坚定武术“走出去”的信心和决心，以构建人类命运共同体为目标，以促进文明交流互鉴为使命，解放思想，凝心聚力，久久为功，增强统筹协同，保持政策的延续性和稳定性，按照《武术段位制推广十年规划（2014—2023）》《武术产业发展规划（2019—2025年）》等落实中华武术“走出去”的各项规划部署，扎实推进武术在国际及国内的普及推广，提升项目的亲和力、影响力和感召力，向世界讲好中国故事、传播好中国声音，为实现中华民族伟大复兴做出武术的更大贡献。

参考文献

[1] 龚茂富.美国“康村”武术的海外民族志研究[J].上海体育学院学报，2018（6）：69-73，81.

[2] 郭发明，赵光圣，郭玉成，等.中华人民共和国成立以来的武术对外交流及启示——基于武术家口述史的研究[J].上海体育学院学报，2018, 42（5）：72-78,86.

[3] 胡凯，王燕.武术的海外传播实证研究——以武术在美国孔子学院的传播为例[J].山东体育学院学报，2017（5）：36-39.

[4] 吕韶钧.“一带一路”倡议下中国“文化走出去”的战略转型——以武术国际推广3.0时代为例[J].北京体育大学学报，2018，41（6）：1-6.

[5] 温力.中华武术概论[M].北京：人民体育出版社，2019.

青少年运动队思想政治教育工作研究

——以北京体育大学青训体系为例

执笔人：顾春雨（北京体育大学）
小组成员：魏新翼（国家体育总局宣传司）
徐杰（国家体育总局青少司）

青少年后备人才是竞技体育的重要基石和人才保障，是体育强国建设的根本保障，更与中国梦的实现紧密相连，做好新时代青少年运动队的思想政治工作，培育“德、智、体、美、劳”全面发展的社会主义建设者和接班人，是既关乎长远又异常紧迫的战略问题。

一、做好青少年运动队思想政治教育工作的现实意义

（一）加强青少年运动队思想政治教育工作的重要性

思想政治教育工作是一切工作的生命线，是体育战线的优良传统，是体育工作必须长期坚持并行之有效的工作方法。强有力的思想政治教育工作在体育战线发挥了巨大的作用，已经成为运

动队取得优异成绩的重要保障。

现阶段，我国竞技体育运动员在国际重大赛事上取得了辉煌成绩，在体育综合改革的关键时期，面对体育强国建设的目标需求，要在竞技体育竞争中保持领先地位，长盛不衰，必须从青少年体育抓起。加强青少年运动队的思想政治教育工作，注重青少年运动队人才培养质量的全面提升，可以更好地为竞技体育的发展注入“新鲜血液”，为建设体育强国奠定扎实的基础。

加强青少年运动队思想政治教育工作有利于帮助青少年塑造健康的心理品格和高尚的道德品质，提高运动队后备人才的思想道德素质，提高后备人才知识能力素质结构的厚度、深度和广度，促进青少年后备人才的全面发展；有利于培植爱国主义情怀，塑造社会主义核心价值观，让运动员始终牢记增强“四个意识”、坚定“四个自信”、做到“两个维护”，始终与党中央保持一致；有利于筑牢运动员后备人才的理想信念，培育青少年发扬“使命在肩、奋斗有我”的精神，顽强拼搏，为实现体育强国建设，为弘扬社会正能量而奋斗。

（二）做好青少年运动队思想政治教育的紧迫性

随着社会的进步和人们生活水平的日益提高，受“再苦不能苦孩子”的思潮影响，青少年成了在“蜜罐中长大的一代”。长期以来，在现有运动员的培养体制下，学训矛盾激增，青少年后备人才普遍存在不同程度的“脱离家庭、脱离学校、脱离社会”的问题。青少年世界观、人生观和价值观尚未成熟，政治意识缺乏，法律意识淡薄，极易受到国际敌对势力的思想文化渗透，以及个人主义、拜金主义、享乐主义等消极腐朽思想的影响，这些都给青少年后备人才的培养带来了新的挑战。

竞技体育锦标主义、急功近利思想并未完全消除，部分青少年运动队的思想政治教育工作长期处于极端薄弱或者停滞状态，青少年运动队党团组织发挥作用不明显、思想教育方法手段陈旧、体制机制不健全、保障措施不到位等问题长期存在，青少年运动员对高质量个人成长发展的需求同供给的不平衡不充分之间的矛盾长期存在，加强青少年的思想政治工作是一项功在当代、利在千秋的大事，形势严峻，任务紧迫，必须居安思危，审时度势，积极应对，必须进一步加强和改进青少年运动队的思想政治工作，适应新形势、新要求，帮助青少年运动员树立正确的世界观、人生观、价值观，确保青少年运动员身心健康，全面成长成才。

（三）创新青少年运动队思想政治教育的必要性

党的十八大以来，以习近平同志为核心的党中央明确中国特色社会主义进入新时代的历史方位，对青少年培养提出了新的时代内涵和新要求，不仅科学回答了为什么对青少年进行思想政治教育，也准确描述了“如何做好青少年思想政治教育”，为做好新时代青少年思想工作提供了行动指南和基本准则。

北京体育大学办学治校66年来，积累了丰富的育人工作经验和思想政治教育工作经验，这些经验是培养世界冠军和奥运冠军的“成功法宝”。继承和发扬这些法宝一定要和新的时代条件相联系，我们过去沿袭日久、习以为常的许多做法不能适应时代的要求。“时移世易，变法宜矣”，必须不断发展，不断创新，不断变革，以工作方式的改进、工作水平的提高、工作方法的革新来保证青训队运动员思想政治教育的质量和效果。

为适应体育的发展需求，北京体育大学主动承接国家主导型竞技体育后备人才培养的重任，探索新时代“大学+基地”背景下的思想政治教育工作方案。为培养具有国家情怀、社会责任和国际水平的新时代竞技体育后备人才保驾护航，必须结合青少年后备人才的特点，依托北京体育大学的办学资源，创新青少年后备人才思想政治教育体制机制、方法体系和工作体系，将大学的思想政治教育工作资源和优势向青训体系延伸，推进思想政治教育工作的贯通化，将思想政治教育工作贯穿到教学、训练、比赛、管理等各项工作中，形成新时代高校办青训体系的思想政治教育工作新模式，既是破解当前青少年运动队思想政治教育工作难题的创新途径，也为丰富新时代青少年思想政治教育工作理论和实践提供参考和借鉴。

二、做好青少年运动队思想政治教育工作的核心要义

在充分认识新时代做好青少年运动队思想政治教育工作的现实意义的基础上，依据马克思主义的立场、观点、方法以及中华人民共和国成立以来党和国家领导人对青少年思想政治工作的重要论述，梳理出新时代开展青少年运动队思想政治教育工作的核心要义，为推进青少年思想政治教育工作的制度化、常态化，进一步优化内容供给、改进工作方法、创新工作载体，激活青少年运动队思想政治教育工作内生动力，努力形成一以贯之、久久为功的思想政治工作长效机制，为切实提高工作质量和实效提供了重要依据。

（一）坚持正确的政治方向是行动指南

做好青少年运动队的思想政治教育工作必须坚持正确的政治方向，坚持党的全面领导，全面贯彻党的教育方针，坚持社会主义办学方向，把政治建设摆在首位，牢牢把握思想政治工作主导权。

坚持马克思主义的指导，运用马克思主义中国化的最新成果指导青少年的思想政治建设，通过加强爱国主义、集体主义、社会主义和中华民族精神教育，引导青少年运动员树立远大理

想，通过加强正确的理想信念教育，引导青少年运动员把个人的成长进步同中国特色社会主义伟大事业、祖国的繁荣富强、体育强国建设紧密联系在一起，为担负起民族复兴的光荣使命时刻准备着。

（二）培养“德、智、体、美、劳”全面发展的时代新人是工作目标

培养“德、智、体、美、劳”全面发展的时代新人是时代要求，更是实现中华民族伟大复兴中国梦的必然要求，全社会都应将其作为育人目标和工作原则，齐抓共管，各司其职，营造立德树人的工作氛围，形成育人合力。2014年，习近平总书记到南京看望青奥会中国体育代表团时强调：“少年强、青年强则中国强。少年强、青年强是多方面的，既包括思想品德、学习成绩、创新能力、动手能力，也包括身体健康、体魄强壮、体育精神。”他希望运动员通过青奥会的精彩表现，带动全国广大青少年积极投身体育锻炼，既要提高学习成绩，又要塑造健康体魄，把体育锻炼作为促进青少年身心健康成长的重要方式，努力做一个心灵纯洁、人格健全、品德高尚的人，努力做一个有文化修养、有人文关怀、有责任担当的人，做到“德、智、体、美、劳”全面发展，将来成为祖国的栋梁之材。他在鼓励运动员时强调，“青少年是长身体的时候，是打基础的阶段，要注重全面的身体训练”。青训运动员训练的阶段特点和核心目标就是“打好基础”，为将来的全面发展做准备，打好基础是要打好全面的身体素质的基础，包括“体能、技能、战术、心理、运动智能”的全面协调发展。

（三）把握青少年思想政治教育工作的规律性是工作原则

做好青少年思想政治教育工作既要遵循思想政治教育工作规律，把握青少年成长成才规律，也要遵循教书育人规律。只有这样，工作才能体现针对性、实效性。

坚持遵循思想政治教育工作规律应该包括三个方面：一是遵循正确的政治方向，在开展青少年运动队思想政治教育工作中必须旗帜鲜明地坚持社会主义办学方向，培养中国特色社会主义合格建设者和可靠接班人。二是要强化科学理论指导引领，把加强马克思主义学习研究宣传作为重要职责，深入学习习近平新时代中国特色社会主义思想，引导师生树立正确的世界观、人生观、价值观。三是落实立德树人根本任务，坚持不懈培育和弘扬社会主义核心价值观。

坚持遵循青少年运动员成长发展规律，遵循青少年认知规律、心理特点和成长过程中的问题，强化道德实践、情感培育和行为习惯养成，围绕运动员，关照运动员，服务运动员，化解青少年成长困惑，因材施教，注重引导。

坚持教书育人规律，将教书与育人结合起来，智育与德育衔接起来，课上课下、网上网下贯通起来，增强思想政治教育工作的吸引力、感染力、针对性和实效性。

（四）培育和践行社会主义核心价值观，是核心内容

每个时代有每个时代的精神，每个时代有每个时代的价值观念，培育和弘扬社会主义核心价值观必须从小抓起，“少成若天性，习惯如自然”，培养青少年正确价值观，要把正确的道德认知、自觉的道德养成、积极的道德实践紧密结合起来。

注重核心价值观的培育，要让社会主义核心价值观的种子从小就在少年儿童心中生根发芽，养成好思想、好品德、好习惯。

学校要把青少年社会主义核心价值观教育摆在突出位置，融入国民教育全过程。坚持以文化人、以文育人，增强青少年的“四个自信”。强调文化在青少年成长成才中的重要作用，有助于提升青少年思想政治教育的实效性和亲和力。将坚定文化自信作为青少年思想政治教育工作的重要指向，强调构建齐抓共管、协同育人的青少年思想政治教育工作体系。

（五）发扬奥林匹克精神和中华体育精神，是重要方法

体育是一面镜子，折射了一个民族的精气神。一代代体育人前仆后继在竞技场上奋勇争先，锻造出以为国争光、自强不息为核心的中华体育精神，成为亿万国人的共同记忆，化作全民族的精神财富。运动员要在赛场上享受比赛、学习、交流的每一个过程，不仅为奖牌而战，还要学到相互尊重、遵守规则、公平公正的观念，把团结、友爱、包容的精神传向全世界。

新时代，奥林匹克精神和中华体育精神被赋予新的内涵，这种精神需要代代传承，时刻不忘在青少年运动员心中播撒奥林匹克精神和中华体育精神的种子，培植厚重的文化自信土壤，让中华体育精神成为运动员心中的图腾，成为战胜各种艰难险阻的精神源泉。

（六）优化工作机制、夯实队伍建设，是保障措施

做好青少年运动队的思想政治教育工作，必须有健全的保障举措，强有力的工作队伍，建立良性的工作机制，保障工作协调推进、齐抓共管，形成合力。

习近平总书记指出，要坚持把立德树人作为中心环节，把思想政治教育工作贯穿于教育教学全过程，实现全程育人、全方位育人，要建立党委统一领导、党政齐抓共管、有关部门各负其

责、全社会协同配合的思想政治教育工作格局。在运动队建设上，青少年运动队要构建教练员、领队、思政教师和内管干部队伍齐抓共管，学校、家庭、社会同步，入队、集训、学习、比赛等各环节贯通的全员、全方位、全过程育人的工作格局，保证青少年运动队思想政治教育工作有效运行。

三、青少年运动队思想政治教育工作研判

充分了解和把握青少年运动队的实际情况是做好运动队思想政治教育工作的逻辑起点，以北京体育大学青训体系为例，笔者在充分调研的基础上，获得了北京体育大学青训体系的总体状况和开展思想政治教育工作的情况。对青训队思想政治教育工作进行研判，有利于把握思想政治教育工作的逻辑起点，为做好思想政治工作提供依据。

（一）青训队人员总体状况

2017年以来，北京体育大学积极回应国家体育总局（以下简称“总局”）备战规划，开展了以足、篮、排三大球为龙头，田径和游泳等基础大项为依托，以手球、曲棍球、棒球、垒球、水球为特色，以冰球、冰壶、冰上舞蹈等冬季项目为突破口的项目布局，加快发展国家急需项目、短板项目，实现夏奥项目与冬奥项目、优势与潜优势项目、基础项目及集体项目全面科学协调发展。

截至2019年6月10日，各项目学院通过多层面发动，全方面参与，在全国范围内开展了广泛的选材工作，经过报名遴选、试训考核等环节，共招收青少年运动员741名，外派学员370名，组建35支队伍。

（二）青训队队员思想状况

从青训队的年龄结构来看，从U13到U19，均出生于2000年

以后，其中13～14岁的运动员基数最大，逐渐递减，符合“金字塔”的结构逻辑。这个年龄段运动员的成长环境、物质生活已极大丰富，家庭条件相对富足，对外交流广泛、深刻，视野广阔，接受新鲜事物的能力强。这个年龄段的运动员，是伴随中国互联网发展和经济转型成长起来的一代人，网络已成为运动员获取外界信息的最重要来源，信息获取方式多而杂；在交流方式上，手机成了交流交往的重要渠道；存在沉溺于网络游戏、过度用网等情况。这些难免造成青少年价值观走偏、行为失范。但这个年龄段的运动员更加理性，更加务实，个性更加突出，目标较为明确，有的为进入职业队打基础，有的为升学做准备。虽然他们热爱自己的专业，但文化水平普遍较低，知识结构参差不齐，对思想引领、价值观的塑造难以入脑、入心，这些现象给思想政治教育工作带来新的挑战。

（三）青训队思想政治教育工作开展情况

北京体育大学积极推进“大学+基地”人才培养举措，利用大学优质资源，为青训队提供高质量的训练保障条件、学习资源和日常服务保障，在思想政治教育工作上也进行了积极的探索和实践，积累了丰富的经验，取得了丰硕的成果。

在工作机制上，实行教练员负责制。教练员作为思想政治教育工作的主体，作用发挥显著，成效突出。师徒制的感情基础在青少年运动队的思想工作中发挥重要的作用，领队与教练员配合共同解决学生的日常思想政治教育工作。思想政治教育工作在训练和竞赛中以为国争光、克服困难、突破极限等为目标要求，采用鼓励、激励及榜样示范等形式开展。

长期以来，青训队注重发挥党组织的引领作用，加强基层组织建设，确保运动员培养的正确的政治方向。以党团组织为单位，开展党的十九大和习近平新时代中国特色社会主义思想学习的主题教育活动，实现全覆盖；加强团组织工作，做好团员的发展工作，逐步完善基层团组织建设，成立多个临时团支部和学习小组，开展主题团日活动。秦皇岛基地开展党建带团建，通过“大手拉小手，携手共圆体育强国梦”活动引导学生树立“中国梦、体育梦、北体梦”。

厚植爱国主义情怀，注重日常教育，培育和践行社会主义核心价值观。开展升旗仪式活动、加强思政德育与文化学习活动，邀请专家学者举办讲座，开展冠军运动员宣讲活动，树立榜样意识。通过橱窗和微信平台加强宣传，营造学习氛围，开展“先进队伍”“先进队长”“进步青年”“文明宿舍”“积极进步”奖项评选活动，营造良好的学风校风。规范日常管理，注重纪律教育和行为习惯养成，实施“晚出晚归”登记制度、“学生借用会议室登记”制度、“自行车登记”制度，采用“竞技体校学生思想行为记录表”约束行为，考核等级。

创新德育课教学，注重运动员的全面发展。秦皇岛足球学校开设音乐、美术、劳技课，以及书法校本课和电影赏析校本课等；开展社会实践和志愿服务工作，锻炼运动员服务社会的本领，增长见识；保障运动员上好德育课，配齐配强德育师资队伍，为班级配备班主任，坚持召开班主任会议，开展工作交流，加强培训，提高德育工作的水平和能力。

聚焦主业，做好训练保障，以运动成绩的突破，建立自信，获得成就感。学校为学生搭建国际高水平竞技体育后备人才最前沿和最高端的培养平台，利用国内外先进的体育资源、训练体系和赛事资源，培养具有国际视野和国际水平的中国竞技体育后备人才。外派队伍由合作方负责组织，需每周同对方国家同级别队伍进行比赛，不断提高技战术水平。

保障学习，促进运动员高质量全面发展。学校为青训运动员建立了完备的文化课教育体系，坚持“一条龙”的培养模式，纵向打通基础教育向高等教育的上升通道，横向保障运动项目与基础教育的精准对接。为海外运动员定制专属课程，派出由国外合作方负责提供现场外语教学，与“学而思”教育集团签订了长期合作协议，针对国内训练的青训运动员，学校在文化课教学方面按照运动员的适学年龄，配备相应的学科教师，严格按照全国普通中学的课程安排进行日常教学，通过灵活多样的学习途径满足运动员的教育需求，确保文化课与项目训练并重。

学校按照培养国际化高水平的竞技体育后备人才标准，结合现有条件和青少年优秀运动员的特点，充分发挥大学的优质资源，不断加强和改进青训队的思想政治教育工作。进入新时代，青少年思想政治教育工作面临新的挑战，站在长远和全局的视角去审视当前青少年思想政治教育工作，与新时代青少年人才培养的新要求仍有较大差距。

一是学训矛盾依然突出。青训队运动员学习基础参差不齐，学习与比赛的时间冲突，导致经常误课。运动员每天在上课—训练—上课—训练之间来回变换，教师接触学生的时间有限，学习不系统，运动员存在学习自信心不足、学习动力不足的倾向。课程安排不能满足学习需求，现存文化学习模式为一部分没有安排文化课学习，一部分外请教师临时上课，一部分挂在附属中专上课，外出比赛由“学而思”教育集团通过互联网远程上课。在课程设置上，无论是国内集训还是外派训练，学生学习的课程，主要是语文、数学、外语三门课程，在国内加上政治课，以上四门是中考和高考体育单招的必修课程，与九年义务教育要求的九门课程相比差距甚远。为青少年运动员的长远发展，加强知识储备，打牢基础，是亟待解决的现实问题。

二是对青少年运动员的思想特点和成长规律把握不足。把握青少年运动员的思想特点和成长规律是做好思想政治教育工作的逻辑起点，新时代的青少年有新的成长和发展环境，其行为方式、思维逻辑，无不体现时代和社会环境的特点，以往的好经验、好做法随着时代的发展变化逐渐不能适应新的需求，针对性和实效性也日趋降低。青少年运动员是在互联网背景下成长的一代，网络已经成为他们获取信息的主要渠道，互联网思维、互联网语言对他们影响深远而广泛。新时代，善于运用互联网思维做好青少年思想政治教育工作，把握青少年意识形态新的主阵地，既是当务之急也是长远之策。结合现实情况来看，受环境和条件约束，当前的青少年运动队的思想政治教育工作运用互联网和大数据把握青少年思想和成长规律的意识和能力都亟待提升。

三是青少年运动队的思想政治教育工作，缺乏时代性、有效性和预见性，亟待发展创新。青少年运动队开展思想政治教育工作不系统、不经常，多存在以“思想教育”替代“思想政治教育工作”，缺乏政治工作内容，教练员负责制的工作主体相对单一，党团组织发挥作用不明显、功能弱化，未能实现全覆盖，部分青训队尚未建立党团组织，德育课基本在探索实践中，没有找到便于青训队开展的模式，工作队伍配置不全，分工不明确，德育教师紧缺，工作机制亟须创新和完善。

四、加强青少年运动队思想政治教育工作的对策和措施

思想政治教育工作是学校各项工作的生命线，关乎办学方向，关乎育人根本，具有丰富而深刻的内涵。做好青训队思想政治教育工作，必须坚持以习近平新时代中国特色社会主义思想为指导，坚持立德树人的根本任务，落实总局党组关于深化体育改革有关部署，紧扣学校“大学+基地”融合发展的办学定位，坚持正确的政治方向，坚持遵循规律，坚持问题导向和目标导向，坚持改革和分类指导，进一步建立健全北京体育大学青训队党建和

思想政治教育工作机制，将思想政治教育工作融入教学、训练、比赛、管理等各项工作中，切实提高青训队思想政治教育工作的针对性和实效性。

（一）主要方法

1. 加强党的领导，推进青训队基层党团组织建设

根据青训队实际情况，加强和坚持党对青训队思想政治教育工作的全面领导，重点加强党的组织建设和思想建设，发挥“党建带团建”的作用，结合实际探索“团支部建立在青训队上”的模式，发挥好青训队党支部的战斗堡垒作用，发挥党员的先锋模范作用和共青团组织的助手作用。

部分青训队的基层组织建设工作仍属空白或者相对薄弱，对尚未成立党团支部的要明确隶属关系，按照《中国共产党支部工作条例（试行）》和《中国共产主义青年团基层组织工作条例（试行）》成立基层党团支部，在学校党委和团委的指导下开展工作。加强流动党（团）员和出国党（团）员的管理工作，对出国参训不超过6个月的党员，应成立临时党（团）小组加强教育管理，实现党（团）组织不缺位、不断层、全覆盖。

加强基层组织规范化建设。党支部的“三会一课”基本制度和团支部的“三会两制一课”是党团组织加强日常教育管理的主要途径，必须一以贯之，常抓不懈。在内容上更突出对政治的学习和教育，加强党性锤炼，强化团员意识，通过定期收缴党费、团费，牢固树立青少年运动员的责任意识。做好青训队党、团员的发展工作，规范发展程序，严把发展质量关，优中选优，发挥好党员、团员的培养、教育、管理，与日常思想政治和服务管理联系起来。青训队、党（团）支部应每月相对固定1天开展主题党（团）日，过组织生活，组织党（团）员集中学习，进行民主议事，等等。主题党（团）日开展前，党（团）支部应当认真研

究确定主题和内容，抓好落实。

2. 加强德育课程建设，开齐开足德育课程

做好课程设计，创新教学方法，强化实践体验，拓宽教育资源，充分发挥思政课堂“主渠道”作用。

做好课程设计。保证德育课程全学年不少于64学时，统一使用国家规划教材，做到大纲、教材、教师、课时和考核“五落实”，尝试开设灵活多样的选修课程作为补充，借助学校心理学院和心理健康教育与咨询中心资源，开展形式多样、主体突出的心理健康教育、优秀传统文化教育、安全教育和反兴奋剂教育等选修课程或者讲座，探索和创新有青训队特色的德育校本课程和教材体系。

创新教学方法。从解决青少年运动员的学训矛盾出发，遵循贴近实际、贴近生活、贴近运动员的原则，突出青训队教育特色，充分发挥运动员的主体性，积极探索形式新颖、灵活多样、内容管用的教学方式方法。善于用奥林匹克精神、中华体育精神、国内外优秀运动员的先进事迹、运动项目的精神内涵教育引导运动员。注重现代教育手段的运用，不断增强德育课教学的亲和力、感染力和吸引力。

强化实践体验。积极拓宽德育课实践教学渠道，充分利用青训队外训等机会，因地制宜，通过参观红色教育基地、改革开放典型地区、高科技企业，走进军营等形式开展爱国主义教育、理想信念教育，创新德育课程途径。

拓宽教学资源。深化教学研究，围绕青训队运动员德育课程教学目标、教学内容、实践教学、学习评价等模块进行德育课程资源建设，形成好传统、好经验、好做法，形成独具青训队特色的教学研究成果，向全国推广。

3. 构建日常思想政治教育和管理服务工作体系，发挥思想政治工作“主阵地”作用

结合青少年运动员的发展需求，推进资助育人、网络育人、训练竞赛管理育人、文化育人、服务育人的协同效应，形成全方位育人的工作格局。

完善青少年运动员的奖学金助学体系。设立优秀运动员奖学金、学业奖学金等，注重发挥优秀运动员的榜样示范作用，加强对获奖学生的宣传引导，将奖励与育人结合起来，引领创先争优、奋发争先的队风、学风。

筑牢意识形态阵地，运用好、发挥好新媒体新技术。在当今社会思想意识多元多样、信息传播媒介和传播方式发生深刻变化的背景下，网络成为思想政治工作的重要阵地，既带来了良好契机，也带来了新的挑战。因此，要重点关注青少年运动员在自媒体时代的网络表达，掌握其思想动态，积极引导，正确防控，避免网络、游戏、不良信息对青少年运动员的滋扰。创新网络思想政治教育的工作内容和方法，让思想政治教育工作活起来，增强时代感和吸引力。

注重把思想政治教育工作贯穿日常训练和比赛。训练和比赛是青少年运动队思想政治工作的核心区域，潜移默化，也最容易接受。教练员要因势利导，借助关键环节，围绕训练不同阶段运动员所担负的任务和责任，把思想政治工作渗透到青训队日常管理、训练、比赛中，认真分析青训队训练、比赛过程中出现的热点、难点问题，帮助运动员战胜各种考验，分析每一个阶段会给运动员思想上带来的问题，做到思想政治工作有计划性、预见性和针对性。

思想政治工作与解决运动员的实际问题相结合。加强对竞技体育后备人才思想状况和发展需求调研，聚焦重点任务、重点领域、薄弱环节，突出问题导向与目标导向，使教育更有温度、引领更有力度、立德树人更有效度。思想政治工作应回应青少年运动员关注的现实问题，从为运动员解决实际问题入手，教育人、引导人、关心人、帮助人，关心和解决运动员工资、奖金、津贴等方面待遇差异较大、分配不公的问题。要处理好训练和节假日探亲问题，要更好地解决运动员文化教育和优秀运动员退役出路问题以及训练比赛过程中的医疗保障等问题，时刻把对运动员的关怀落到实处。

加强训练基地环境和文化建设。注重以文化人、以文育人，注重文明环境的创建，抓好运动员驻地和训练、比赛场馆内外的环境建设，开展环境评比活动，做到宿舍整洁，环境美化，形成形式多样、健康向上、格调高雅的生活训练环境。将大学的公共学习资源向青训运动员开放，建立青训队荣誉陈列室，编写新的队歌、队训和座右铭，将其作为加强队伍文化建设的重要载体。

关注运动队的涉外训练管理。青训队采用国际化的培养模式，经常要在国外训练和比赛，到国外训练期间，教育引导青训队员抵制国外意识形态渗透，遵守法律法规和外出训练的纪律要求，尊重各国文化习俗，加强对青训队员涉外礼仪等的培训，严格管理。

（二）重点内容

1. 加强习近平新时代中国特色社会主义思想教育

理论是行为的先导，各运动队要制订切实可行的学习计划，深入学习习近平总书记关于体育、青年、爱国主义的重要论述，引导青训队员积极培育和践行社会主义核心价值观，树立远大理想。认真学习中华优秀传统文化、中华民族传统体育文化，善于讲好中国故事、中国体育故事。以“口袋书”为重要读本，在“学”上留痕迹，在“思”上见反响，在“悟”上见体会，在“践”上见效果。将理论学习的成果体现在优良作风、拼搏精神和爱国行动上。

2. 培育和践行社会主义核心价值观

加强理想信念教育。通过优秀传统文化、革命文化和社会主义先进文化的引领，牢固树立文化自信。将社会主义核心价值教育渗透到青训队教学、训练、竞赛中，体现在日常管理中，融入日常行为规范教育、入队教育等环节。精心设计“入队第一课”，将其打造为各青训队的标志性品牌，力争做到“一队一品”。严格队伍生活管理制度，做到赏罚分明，以鼓励为主。要采取运动员喜爱和容易接纳的方式，在训练过程中见缝插针式地提醒，领队和教练员要主动找运动员谈心，和运动员交朋友，同时要经常性地走访、联系运动员的家人、亲友，帮助运动员拓展精神支持的渠道，确保运动员精神饱满地投入备战训练。

3. 加强爱国主义教育

积极利用学校马克思主义学院、心理学院、人文学院等学科的人才资源，选拔骨干教师和优秀学生组建北京体育大学青训宣讲团，围绕国史、党史、中华体育史等开展主题宣讲。开展青训队军训和军事理论学习，培植家国情怀，将青训队运动员纳入学校“星语星愿—奥运冠军宣讲”“形势政策大讲堂”“师统名家讲堂”等覆盖范围，定期组织升国旗、共唱国歌等仪式教育活动。

4. 加强文化知识教育

根据青训队运动员的年龄特点按阶段分班开展文化教育，发挥大学优质教育资源，按照贯通化的培养思路，依托附属竞技体校、秦皇岛附属中专以及国外教育资源，线上线下结合，拓展学习渠道。对于处在义务教育阶段的运动员，保障集中学习文化知识的时间，逐步开齐九门必修课程，打好文化基础。

5. 加强职业道德教育

坚持弘扬奥林匹克精神和中华体育精神，强化运动员的祖国培养意识，继续发扬我国体育界在长期拼搏奋斗过程中所孕育出的宝贵精神财富，将运动员的满腔爱国热忱转化为训练、比赛的动力。要在运动员中大力倡导体育道德规范，不断增强职业道德意识，严禁使用兴奋剂，“要拿奥林匹克精神的金牌，也要拿遵纪守法的金牌，更要拿干干净净的金牌”。严格赛风赛纪，教育运动员在训练、比赛过程中尊重队友、尊重对手、尊重裁判、尊重观众。

6. 加强心理健康教育

利用学校心理学专业、心理健康教育咨询中心的资源，做好对青少年运动员心理健康状况的普查和有针对性的心理辅导，开展针对青少年运动员的心理教育和心理问题预防的工作和研究，从解决思想问题与心理问题入手，缓解竞赛压力，解决成长困惑，提高运动员的自我控制能力和自我调节能力，提高运动员的自我应变能力。

（三）保障措施

做好青训队思想政治教育工作，人、财、物的保障是基础，更重要的是将人、财、物串联起来，确保工作有效落实。

1. 工作机制保障

加强学校党委对青训队思想政治教育工作的全面领导。青训队所属学院分党委（党总支）要把青训队思想政治教育工作纳入党组织工作的议事日程，同规划、同部署、同落实。落实好工作责任机制。青训队所属学院分党委（党总支）负主体责任；各青训队的领队和主（总）教练是青训队思想政治教育工作的直接责任人，具体负责思想政治教育工作的组织实施；教练员是思想政治教育工作最直接的践行者，是主要的直接责任人，负有在训练、比赛、思想、学习和生活等方面零距离指导运动员的职责；德育教师负责青训队运动员的思想政治课堂教育管理。逐步形成党委领导，各职能部门和相关学院紧密配合、齐抓共管，学校、家庭、社会联动的工作机制，共同构建学校教育、家庭教育、社会教育为一体的育人工作格局。

2. 工作队伍保障

为每一支青训队配备专兼职辅导员、班主任或指导教师，加强教育管理，开展党团组织活动。加强德育课教师队伍建设，选派组建思想政治坚定、德才兼备的高素质、高水平外派管理队伍，扩大思想政治工作队伍外沿，高度重视队医、科研人员、后勤人员在思想政治教育工作中的作用，赋予他们履行好思想政治教育工作的职责。注重对青训队思想政治教育工作队伍的指导和培养，强化落实师德师风建设，提升思想政治工作能力和育人水平，保障青少年运动队思想政治工作的正确方向和有效实施。

3. 工作经费保障

设置青训队思想政治教育工作专项经费，用于解决党团建设中爱国主义教育、理论学习、参观考察、文化交流等所需费用，解决工作人员经费，确保各项活动有效开展和落实。

4. 工作配置保障

做好各类保障资源的协调配置，在人员配置、活动场所方面给予必要支持。将思想政治工作与各层次管理人员年终考核相挂钩，使思想政治工作更直接，更有针对性，更有操作性，着力推动国家队思想政治教育工作制度化、规范化建设。

参考文献

[1] 冯刚.加强青少年思想政治教育[N].中国教育报，2017-09-23(1).

[2] 吴云志.论邓小平青少年思想政治教育观[J].辽宁师范大学学报（社会科学版），2012（5）：307-310.

[3] 张永明.江泽民对青少年思想政治教育理论的发展[J].学校党建与思想教育，2009（18）：29-30.

[4] 柳礼泉，周文斌.试析胡锦涛对青少年思想政治教育的理论贡献[J].思想教育研究，2013（2）：29-33.

[5] 夏伟东.中国共产党思想道德建设史略[M].济南：山东人民出版社，2006.

[6] 魏建克，郝身沛.改革开放以来党的青少年思想政治教育工作的回顾与启示[J].河北青年管理干部学院学报，2009（4）：24-27.

青少年体育俱乐部规范化发展研究

执笔人：徐杰（国家体育总局青少司）
小组成员：姜玉龙（国家体育总局航空无线电模型运动管理中心）
马萌（中国足球协会）

习近平总书记十分关心青少年体育工作，多次发表重要讲话，做出重要批示和指示。习近平总书记对青少年的谆谆教诲，为我们做好青少年体育工作指明了方向。为贯彻落实习近平总书记对青少年体育工作的要求，体育系统在全国范围内扶持创建青少年体育俱乐部（以下简称“俱乐部”），将其打造成服务青少年体育需求的重要平台和载体，通过俱乐部向青少年提供体育培训和赛事等服务，进一步激发社会活力。因此，厘清俱乐部的内涵外延、发展规律，以及应开展的重点工作，提出适宜我国青少年体育俱乐部规范发展的管理模式，对更好地指导社会组织参与青少年体育工作，推进全民健身和健康中国战略、建设体育强国具有重要意义。

一、青少年体育俱乐部的界定、作用及发展现状

青少年体育俱乐部从2000年开始创建，经过近20年的积累，

俱乐部数量快速增长，全国布局更加均衡，服务范围不断扩大，社会影响力不断提升，在增强青少年体质、培养终身体育习惯、发现和培养体育人才、丰富青少年业余文化生活等方面，发挥了积极重要的作用，深受社会、学校、家长和青少年的欢迎。

（一）青少年体育俱乐部的界定

2000年3月1日，国家体育总局印发通知，在全国范围内开展创建青少年体育俱乐部试点工作。2006年发布的《体育事业“十一五”规划》中对青少年体育俱乐部是这样定义的：“青少年体育俱乐部指政府倡导和体育彩票资助，依托各级各类学校、体校、体育场馆、社区和基层体育项目协会等单位和组织，以培养青少年体育兴趣、爱好和终身体育锻炼习惯，传授体育运动技能，发现培养体育人才，普遍增强青少年体质为主要目的的社会化、公益性群众体育组织。”同时还要求青少年体育俱乐部“取得‘民办非企业’登记证书”。

青少年体育俱乐部从组织建设角度看，属于体育类民办非企业单位。按照民政部对体育类民办非企业单位的定义，体育类民办非企业单位是指由企业事业单位、社会团体、其他社会力量和公民个人，使用非国有资产举办，以开展非营利性的体育活动为主要内容，民办的中心、院、社、俱乐部和体育场馆等社会组织。俱乐部开展的培训和赛事等活动应为公益性项目，公益性项目不等于免费活动，是指具有非营利性和具有社会效益的项目。

青少年体育俱乐部从发展目标角度看，既具备培养青少年体育兴趣，传授体育运动技能的普及功能，也具备发现培养和输送体育后备人才的提高功能。

青少年体育俱乐部从服务范围角度看，属于群众体育组织，但以服务青少年人群为主。可以看出，青少年体育俱乐部在创建初期，国家还利用彩票公益金扶持资助其开展公益性的活动和赛事。

目前，社会上同青少年体育俱乐部相似的或容易混淆的名称还有“青少年体育社会组织”“青少年体育培训机构”等。从组织体系的角度看，青少年体育俱乐部属于青少年体育社会组织的一个分支，除此以外，青少年体育社会组织还包括青少年体育社团、基金会等非营利性组织。青少年体育培训机构更突出以体育培训为工作内容，组织形式上既包括在民政部门登记注册的民办非企业单位，也包括在工商部门登记注册的企业单位。

（二）青少年体育俱乐部的作用

1. 是推广普及运动项目，提高青少年身体素质的重要阵地

各级体育行政部门肩负着发展体育运动，提高青少年身体素质，为社会主义培养合格的建设者和接班人的职责和使命。根据国家体育总局青少司《2017年全国青少年体育基础数据统计》，截止到2017年年底，全国在册青少年体育俱乐部共计7621个，俱乐部注册或备案在训青少年223.6万名，全年共有1436万名青少年参加俱乐部组织的体育活动，其中篮球、田径、乒乓球、羽毛球和足球为青少年参与最多的5个项目。按照全国2.6亿青少年来统计，有5.5%的青少年在俱乐部搭建的平台上参与体育培训和竞赛，通过这些活动青少年掌握了1~2项运动技能，养成了体育锻炼的生活习惯，营造了良好的体育氛围。由此可以说明，俱乐部已经成为推广普及体育运动，提高青少年身体素质的重要阵地。

2. 是推动“体教结合”的重要突破口

“体教结合”是新的历史条件下整合体育教育资源，推动素质教育，促进青少年体育训练，为国家培养全面发展的社会主义建设者和接班人，培养优秀的体育后备人才的一项重要举措。青少年体育俱乐部服务的对象是青少年，在体教结合培养模式中的作用日益凸显。

3. 是促进体育产业发展的重要引擎

目前，有1400多万名青少年参与俱乐部组织的日常活动，随着俱乐部数量的持续增加和业务的不断拓展，参与人数还将不断增加。青少年体育俱乐部使青少年掌握运动技能，从小养成体育锻炼习惯，培育体育消费人群的忠实群体，对体育产业甚至国民经济发展产生不可低估的作用，是促进体育产业发展的重要引擎。

4. 是培养和输送竞技体育后备人才的重要基地

当前，原有的竞技体育后备人才培养体系的基础受到较大冲击，由于大部分青少年体育俱乐部依托于学校或者直接承担学校的课后服务，特别是随着青少年体育俱乐部数量的快速增加和服务质量的提升，青少年体育俱乐部成为青少年学生课后业余体育训练的一个基础平台，在培养和发掘高水平体育后备人才、增加体育后备人才储备方面的作用越发明显。

5. 是退役运动员、社会体育指导员就业的新途径

青少年体育俱乐部为了提高训练水平，需要聘请大量的高水平体育人才，这就为大量的退役运动员和社会体育指导员提供了众多的就业机会。这些高水平的体育人才服务于青少年体育俱乐部，既解决了退役运动员等体育专业人才的就业之忧，又为青少年体育俱乐部树立了良好的品牌形象。

6. 是优化社会治理结构的关键一环

青少年体育俱乐部作为非营利性体育组织，在向青少年提供体育服务的过程中，客观上也成为政府、学校、家庭、社会等多方主体沟通、交流与协作的平台。学校和家庭通过青少年体育俱乐部满足青少年参与体育的相关需求，青少年体育俱乐部也成为弥补和完善政府、学校体育公共服务产品供给不足的一种重要载体，成为优化社会治理结构的关键一环。

（三）国外青少年体育组织发展状况

由于体制机制和国情的不同，各国在推动青少年体育组织发展过程中存在着较大的差异。按照其存在的体制特征，主要有政府主导类型、社会主导类型以及政府社会共同主导类型。

德国的青少年体育组织属于社会主导类型。政府不干预社会体育组织管理的内部事务，只负责研究制定体育的相关政策及标准，对符合国家体育事业发展的项目提供资助，充分保证了社会体育组织的自治地位。目前，德国的体育组织主要是德国体育联合会、德国奥委会、德国体育基金会，这三个体育组织目标明确、地位平等、各司其职。德国民间成立了大量的俱乐部等社会体育组织，为不同性别、年龄、兴趣爱好的公民提供良好的体育服务。从各个年龄段的俱乐部会员数量的分布以及人口占比中可以看出，比例最高的是青少年，根据德国体育联合会统计，德国7～18岁的青少年中，有68.03%是俱乐部会员，这个数字表明了俱乐部在德国的普及程度。

日本的青少年体育组织体制与德国比较相似，都属于社会主导类型。总体上来看，在日本形成了一种政府机构负责宏观调控，社会团体承担策划实施工作，民间组织作为有益补充的组织结构。在日本体育的管理结构中，日本文部科学省是最高行政机关，日本奥委会、日本体育协会和各竞技项目体育协会在各自范围内实现着各自的功能，互相配合、共同协助进行发展。文部科学省在对文化教育事业统一管理的同时，专门成立了体育局负责管理青少年体育工作。日本体育协会成立了专门负责青少年体育工作的日本体育少年团，日本体育少年团分三级管理，分别设有都道府县级体协和市区町村级体协。

英国的青少年体育组织属于政府社会共同主导类型。英国的政府行政部门、半官方的体育管理机构以及社会体育组织都参与青少年体育工作的管理。英国文化媒体及体育部是国家体育事业发展的官方机构，它是英国青少年体育工作的行政主管部门，除此以外，国家卫生部、儿童学校及家庭部、大学及技能部等部门也在各自领域参与青少年体育工作的管理。除了政府行政部门外，英国还成立英国体育、体育英格兰和青少年体育基金会等半官方机构承担促进青少年体育发展的工作。非官方机构在青少年体育管理体制中发挥着重要的作用。体育行政部门主要负责制定体育的相关法律、政策、规划和标准，通过资助符合体育事业发展和政策规划的项目，鼓励支持这些半官方机构开展青少年社区体育和培养高水平运动员的工作。

从以上国家可以看出，无论青少年体育组织属于何种类型，政府、社会组织和企业都在青少年体育中扮演不同的组织角色，承担各自的社会责任，为青少年参与体育活动提供多元服务。其中，政府部门都通过制定相关政策和标准，提供青少年体育项目资助或政府购买青少年体育服务等形式，促进青少年社会体育组织健康有序发展。

（四）国内青少年体育俱乐部发展状况

自2000年在国家体育总局的支持和扶持下，青少年体育俱乐部经过近20年的发展，已经形成总量持续增加、地区全面覆盖、结构不断优化、行业趋向规范、影响稳定上升的局面。截止到2017年年底，全国共有7621所俱乐部，各级俱乐部中共有青少年223.6万余名，教练员55 225人，年组织活动18.6万次，参与人数1436万余人。根据《中国体育社会组织发展报告（2016）》，全国正式登记的体育类社会组织有32 785个，其中体育类民办非企业单位11 901个，青少年体育俱乐部占体育类民办非企业单位总数的52.6%，占全部体育类社会组织总数的19.0%。从青少年体育俱乐部的分布情况看：东中部省（自治区、直辖市）俱乐部数量多，西部省（自治区、直辖市）俱乐部少；国家级俱乐部数量多，省（自治区、直辖市）级俱乐部数量少，俱乐部层级呈现“倒金字塔”结构。从青少年体育俱乐部依托单位情况看：依托学校和体校的俱乐部数量占总数的2/3，依托体育场馆和体育协会的俱乐部数量占到俱乐部总数的1/5，其他依托企业、社区的俱乐部数量约占总数的1/7。在青少年体育俱乐部中开展比例最高的运动项目分别是篮球、乒乓球、足球、羽毛球和田径等项目。为了进一步促进和规范青少年体育俱乐部发展，发挥枢纽性组织的自我规范、自我服务、自我管理的作用，2018年9月，全国体育运动学校联合会青少年体育俱乐部分会成立，截止到2018年年底，全国共有1/3的省（自治区、直辖市）成立了青少年体育俱乐部联合会（协会）。

二、我国青少年体育俱乐部发展的瓶颈

经过近20年的发展，青少年体育俱乐部发展取得了阶段性成效。但由于青少年体育俱乐部是新生事物，随着全面深化改革的深入推进，青少年体育服务供给需求关系深刻调整，青少年体育俱乐部发展也面临一系列阻力。

（一）性质和定位界定不清

依托学校创建的俱乐部大多由校长或校领导兼任法人，俱乐部的发展取决于校长或学校的态度。一些学校将俱乐部等同于学校内设机构管理，财务、人员等与学校划分不清晰，在运行管理中存在风险。部分地区教育部门对青少年体育俱乐部存疑，将依托学校的俱乐部免费使用学校场地资源视同国有资产流失，影响俱乐部运行发展。少数地区干脆采取“一刀切”方式，使得学校在如何对待俱乐部的问题上面临两难抉择，影响了依托学校的俱

乐部的发展。

（二）内部治理能力有待提高

青少年体育俱乐部的内部治理能力不足、不均衡是当前其发展中的突出问题。约33%的青少年体育俱乐部处于经营亏损的状态，近半数的俱乐部创收途径单一，82.6%的俱乐部没有集资或募捐活动，宣传形式单一和宣传能力不足。青少年体育俱乐部财务制度监督机制尚不完善，自身财务管理能力有限，透明度不高，极个别俱乐部违规运行，给行业带来重大负面影响。学校实行事业单位绩效工资制度后，学校教师在俱乐部兼职无法取酬，积极性受一定影响。目前，还没有相关文件对依托学校的俱乐部收费行为明确界定，因而各地方对俱乐部收取费用是否合规存在不同认识。在部分地区，俱乐部收费行为被教育部门视作“教育乱收费”和设立“小金库”，影响了俱乐部的日常运行。

（三）外部发展环境艰难

由于我国长期对社会组织实行严格控制发展的政策，相关法规以程序性文件为主，实体性规划缺乏，偏重监督管理，忽视培育扶持，引导和保障不足。绝大部分社会组织尤其是体制外俱乐部难以得到人事、社会保障、财政、税收等多个方面的政策或制度支持。

1. 青少年体育俱乐部管理和业务指导处于“九龙治水”局面，未形成共治机制和部门合力

青少年体育俱乐部的性质属体育类民办非企业单位，主管部门为民政部门，业务指导部门为体育部门，税收对口税务部门，财会制度和购买服务相关规定遵照财政部门要求，依托于学校的俱乐部还受教育部门管理，相关部门在俱乐部管理上缺乏协同配合机制，部分工作存在交叉和重复。同时，青少年体育俱乐部发展相关的政策落实不到位，缺乏配套文件或实施细则，例如社会组织税收优惠，使用体育场馆等健身场所水、电、气、热价格优惠等政策，在基层难以落地，不能有效支持服务青少年体育俱乐部运行发展。

2. 青少年体育俱乐部发展所需资源紧缺，各方面条件改善滞后于发展需求

青少年体育俱乐部可使用的场地设施不足，校外俱乐部进校难，体育系统场地数量较少，社会力量建设的体育场地设施更少；现有体育场地设施利用率不高，人口稠密区青少年体育需求高、场地少，跨区域使用场地设施交通成本高，目前场地设施条件还不能完全满足青少年体育俱乐部快速发展需要。青少年体育俱乐部普遍面临专业人才资源短缺，俱乐部间对具有一定水平的教练员竞争比较激烈，大多数俱乐部加强教练队伍的方式是加薪“挖角”，用人成本快速提高。青少年运动技能等级标准缺乏，青少年运动技能等级标准制定未引起足够重视，只有少数运动项目制定了等级标准，青少年参加俱乐部活动、培训难以对运动技能水平进行评价，缺乏对青少年长期参与体育锻炼和技能培训的导向。经费来源有待拓展，体育部门采取补贴方式对命名的国家级俱乐部、国家示范性俱乐部资助3年，除此之外，政府向俱乐部购买服务项目很少，教育、民政、税务等相关部门对促进俱乐部发展缺乏支持政策，大部分俱乐部运行经费基本依赖服务收费，进一步发展的经费渠道还不畅通。

（四）运行管理监督机制方面的问题

青少年体育俱乐部管理机制有待健全和完善。对青少年体育俱乐部监督指导相对匮乏，行业年度检查机制有待建立。行业自治尚未形成，青少年体育俱乐部作为社会组织，不适合采取行政化管理，更多需要依靠枢纽型组织开展行业自治，特别是在人员编制有限的情况下，各级体育部门对青少年体育俱乐部直接管理越来越难以适应其发展形势。青少年体育俱乐部行业尚未建立信息化平台，体育部门获得的行业数据信息还较少，管理人员了解掌握国家政策和行业整体情况不足，俱乐部间跨地区交流少，运行发展上往往“闭门造车”，社会能获取的信息有限，难以对青少年体育俱乐部及其服务进行比较选择。多数青少年体育俱乐部内部管理机制还需要进一步健全，收支账目公开机制尚未建立，俱乐部运行效率还不高。青少年体育俱乐部运营管理人员管理能力和水平在一定程度上制约俱乐部发展。

三、青少年体育俱乐部规范发展的对策和措施

本小组在充分了解青少年体育俱乐部发展现状、制约因素的基础上，通过总结国内外经验，分析存在的困难和问题，探索提出扶持我国俱乐部发展的对策与建议，进一步厘清政府、市场和社会的关系，明确各方职责，激发社会力量活力，提高公共服务供给水平，促进青少年体育俱乐部健康有序发展。

（一）完善青少年体育俱乐部管理机制

管理机制是决定管理效能的核心问题。需要加强青少年体育俱乐部的多部门联合治理，从顶层设计层面共同研究出台促进其发展的政策。需要明确其性质定位、运营行为、内部建设和监督检查等关键环节，厘清其进一步发展的政策边界。协调民政、税务等相关部门，研究制定《关于加快发展体育产业促进体育消费的若干意见》提出的税费优惠政策的相关配套文件，推动相关优惠政策落地。

（二）构建青少年体育俱乐部赛事体系

体育竞赛是青少年体育俱乐部可持续发展的重要抓手。需

要充分发挥赛事杠杆作用，进一步打造青少年体育俱乐部联赛品牌，积极引入社会力量承办的模式，选取社会基础较好的项目纳入青少年体育俱乐部联赛，采用社会承办、社会报名、社会参赛的形式，进一步发挥俱乐部作用，调动社会组织积极性。青少年体育俱乐部赛事在安排上打破寒、暑假局限，探索尝试利用周末、节庆日等结合2小时高铁圈开展区域性赛事，丰富完善赛事体系。

建立开放、便利和网络化的全国青少年体育俱乐部赛事体系。推动建立分项目的青少年体育俱乐部赛事积分体系和赛事分级制度，打造全国、省、市三级青少年体育俱乐部赛事，建立青少年体育俱乐部赛事标准体系。采取分级授权、等级评价等方式，鼓励社会力量作为办赛主体，依托青少年体育俱乐部广泛举办赛事积分体系内的市场化赛事，丰富赛事供给，从中培育一批社会影响力大、知名度高的青少年体育精品赛事。推动符合条件的青少年体育俱乐部赛事列入可办理运动员等级的赛事。

积极培育三大球和冰雪项目的青少年体育俱乐部赛事。以筹办北京冬奥会为契机，将花样滑冰、冰球、冰壶、滑雪等冰雪项目作为青少年体育俱乐部赛事发展的重点项目，推动冰雪项目青少年体育俱乐部赛事发展。推动社会基础较好的足球、篮球、排球项目建立完善的青少年体育俱乐部赛事体系。

打通青少年体育俱乐部赛事体系的上升通道。建立青少年从俱乐部赛事进入省队、国家集训队等高水平运动队的选拔机制。全国青运会等大型综合性运动会允许以俱乐部名义组队参加。经选拔的青少年体育俱乐部组队参加国内、国际比赛并获得名次，可参照相关奖励办法享受同等奖励。

（三）构建青少年体育俱乐部人才培养体系

千秋基业，人才为本。做好新时代的青少年体育俱乐部工作，需要构建好人才这个第一资源的培养体系。

促进青少年体育俱乐部从业人员培养体系的完善。组织研制青少年体育俱乐部从业人员资质和服务规范标准，引导提高青少年体育俱乐部教练、管理人员等从业人员的专业能力水平，规范从业者行为，提高青少年体育俱乐部体育服务质量。调动运动项目管理中心、单项协会积极性，推动各运动项目研制出台青少年运动技能等级标准和各项目业余教练员培训大纲教材，推动形成青少年体育俱乐部教练员标准化培训。引导社会力量及有条件的俱乐部建立教练员培训机构、开设教练员培训班，广泛参与俱乐部从业人员培训。

建立社会化的教练员等级制度。体育项目协会需要将教练员等级体系向社会延伸覆盖各类“草根”组织，对青少年中普及程度高、社会化程度高的运动项目，优先推进教练员职务等级标准修订，推动教练员等级授予与培训向基层社会组织倾斜。

建立青少年体育俱乐部专兼职教练员的服务发展体系。体育项目协会需要将青少年体育俱乐部教练员信息纳入教练员资源库，建立青少年体育俱乐部教练员信息化档案，健全基于互联网平台的备案、培训、进修、考核评价、监管机制，提高教练员服务的及时性和便利性。

加大教练员培训力度，提高教练员培训质量。需要开展经常化、系统化的教练员培训。探索建立引入社会机构进行教练员培训的机制。积极鼓励获得教练员等级的退役运动员到俱乐部担任教练员。

（四）完善政府向青少年体育俱乐部购买服务的相关政策

政府购买服务是党中央、国务院为了转变政府职能，加强和创新社会管理，改进政府提供公共服务方式所做的一项重大部署。在促进青少年体育俱乐部规范有序发展中，需要完善政府向俱乐部购买服务的相关政策。

需要探索建立政府购买服务项目、服务收费和社会力量投入等多渠道支撑青少年体育俱乐部发展的模式。要积极推动青少年体育俱乐部枢纽式管理，支持成立青少年体育俱乐部行业协会或联合会，发挥青少年体育俱乐部枢纽组织在行业中自我规范、自我服务、自我管理的功能，加强与政府部门的沟通协调作用。

需要将政府购买服务纳入各级体育事业发展规划，制定向青少年体育俱乐部购买服务的基本清单、重点领域、重点项目等政策，调动青少年体育俱乐部参与青少年运动技能培训、赛事举办的主动性与积极性。要逐步提高政府向青少年体育俱乐部购买服务的份额或比例。按规定程序适时将新增需求纳入政府购买青少年体育服务指导性目录并加强管理，明确适宜由青少年体育俱乐部承接的具体服务项目。

要加强与教育等部门的沟通，支持青少年体育俱乐部服务学校，承接学生课后体育活动、课余训练与竞赛等服务。适度放宽社会服务机构类俱乐部承接政府购买服务的要求。支持同等条件下优先向非营利性青少年体育俱乐部购买服务。

（五）强化体育场地对青少年体育俱乐部的支撑作用

体育场地是制约青少年体育俱乐部发展的关键问题。制定政策扶持公共体育场馆以支持青少年体育俱乐部开展活动，享受大型体育场馆补贴的公共体育场馆安排专门时段提供优惠或免费场地供青少年体育俱乐部使用；支持和鼓励青少年户外体育活动营地、青少年活动中心、青少年宫、青少年校外体育活动中心、妇女儿童活动中心等各类场地资源服务青少年体育俱乐部发展。鼓励有条件的俱乐部自建或合作建设场地设施。

（六）营造青少年体育俱乐部发展环境

推动青少年体育俱乐部成为青少年运动技能普及的主阵地。引导足球、篮球、羽毛球、乒乓球、武术、跆拳道等成熟项目在青少年体育俱乐部高质量发展，大力支持体操、田径、游泳等基础性项目俱乐部健康有序发展，积极鼓励冰雪运动、极限运动、科技体育等新兴项目俱乐部加快发展。要加快建立运动水平等级配套的评定体系和机制，将青少年体育俱乐部作为加快推进运动技能等级标准落地施行的主体。构建社会化和网络化的青少年体育冬夏令营体系，引导青少年体育俱乐部举办冬夏令营。

培育青少年体育俱乐部成为体育后备人才培养的新阵地。研究建立依托青少年体育俱乐部培养竞技体育后备人才的长效机制。建立覆盖后备人才的发现、培养到输送全过程的青少年体育俱乐部培养支持机制，探索在有条件的青少年体育俱乐部建立高水平运动队和专业化的科学训练保障团队。

支持社会力量创建青少年体育俱乐部并依法开展活动。引导企事业单位、社会团体和个人通过多种形式捐赠和赞助俱乐部发展。运动项目协会要制定规则规范引导俱乐部的服务活动，研究制定本项目青少年体育俱乐部的服务标准。

会同教育部门加强对依托学校的青少年体育俱乐部的规范和指导，建立多部门协调、监督、检查、指导工作机制。积极协调教育、民政等部门出台推进校内俱乐部建设的指导性文件，对校长兼任俱乐部法人、对俱乐部未设立独立账号等情况加以规范。整合各相关部门监督检查工作，建立多部门的青少年体育俱乐部发展运行协调监督检查机制，共同研制出台青少年体育俱乐部服务管理规范、青少年体育俱乐部评价标准等配套文件，形成多部门联合监管指导、服务规范的行业发展局面。

参考文献

[1] 黄亚玲，郎玥.中国青少年体育发展状况[M]//刘扶民，杨桦.中国青少年体育发展报告（2016）.北京：社会科学文献出版社，2017：1-13.

[2] 邱招义，叶茂盛，孙双明.我国青少年体育发展概况[M]//高峰.中国青少年体育发展报告（2017）.北京：社会科学文献出版社，2018：1-8.

[3] 肖林鹏，张鹭，刘欣婷，等.我国青少年体育社会组织发展现状与对策研究[M]//高峰.中国青少年体育发展报告（2017）.北京：社会科学文献出版社，2018：9-38.